Haipeter/Lehndorff: Atmende Betriebe, atemlose Beschäftigte?

Forschung aus der Hans-Böckler-Stiftung   57

Herausgegeben von der Hans-Böckler-Stiftung, Düsseldorf

Thomas Haipeter
Steffen Lehndorff

Atmende Betriebe, atemlose Beschäftigte?

Erfahrungen mit neuartigen Formen
betrieblicher Arbeitszeitregulierung

Bibliografische Informationen Der Deutschen Bibliothek

Die Deutsche Bibliothek verzeichnet diese
Publikation in der Deutschen Nationalbibliografie;
detaillierte bibliografische Daten sind im Internet
über http://dnb.ddb.de abrufbar.

ISBN 3-89404-988-X

© Copyright 2004 by edition sigma, Berlin.

Alle Rechte vorbehalten. Dieses Werk einschließlich aller seiner Teile ist urheberrechtlich geschützt. Jede Verwertung außerhalb der engen Grenzen des Urheberrechtsgesetzes ist ohne schriftliche Zustimmung des Verlags unzulässig und strafbar. Das gilt insbesondere für Vervielfältigungen, Mikroverfilmungen, Übersetzungen und die Einspeicherung in elektronische Systeme.

Umschlaggestaltung: Neumann Kommunikationsdesign, Wuppertal

Druck: Rosch-Buch, Scheßlitz   Printed in Germany

Inhalt

Vorwort   9

Einleitung   11

TEIL 1: PROBLEMATIK UND FRAGESTELLUNG   15

1. **Die atmende Fabrik: Geht der tarifvertraglichen Arbeitszeitregulierung die Luft aus?**   15

1.1   Zwischen innerer Erosion und regulierter Flexibilität   16
1.2   Arbeitszeit, Arbeitsorganisation und industrielle Beziehungen   24

2. **Stärken und Schwächen der tarifvertraglichen Arbeitszeitregulierung**   31

2.1   Die Entwicklung einer Arbeitszeitdrift   31
2.2   Differenzierung der Arbeitszeiten   36
2.3   Brennpunkt Metallindustrie   38
2.4   Grauzonen der Arbeitszeitregulierung   40

3. **Gegenstand, Fragestellung und Methode unserer Untersuchung**   45

3.1   Der Untersuchungsgegenstand: Neuartige Formen der Arbeitszeitregulierung   45
3.2   Das Problem: Die praktische Wirksamkeit neuartiger Formen der Arbeitszeitregulierung   47
3.3   Untersuchungsbetriebe und Methode   49

Inhalt

TEIL 2: DIE UNTERSUCHTEN BETRIEBE: ARBEITSZEITREGULIE- 57
RUNG, ORGANISATION UND INDUSTRIELLE BEZIEHUNGEN

4. Luftschiff: Die atmende Produktion 57

4.1 Grundlinien der Organisation von Unternehmen und Arbeit 57
4.2 Die industriellen Beziehungen und die Genese der Arbeitszeitregulierung 61
4.3 Elemente der kollektiven Arbeitszeitregulierung 64

5. HighTech: Überwindung der Quote 67

5.1 Grundlinien der Organisation von Unternehmen und Arbeit 67
5.2 Die industriellen Beziehungen und die Genese der Arbeitszeitregulierung 69
5.3 Elemente der kollektiven Arbeitszeitregulierung 73

6. Software: Rückgewinnung der normativen Bindekraft der Arbeitszeitregulierung 77

6.1 Grundlinien der Organisation von Unternehmen und Arbeit 77
6.2 Die industriellen Beziehungen und die Genese der Arbeitszeitregulierung 80
6.3 Elemente der kollektiven Arbeitszeitregulierung 83

7. IT-Services: Der Dienstleistungstarifvertrag 87

7.1 Grundlinien der Organisation von Unternehmen und Arbeit 87
7.2 Die industriellen Beziehungen und die Genese der Arbeitszeitregulierung 90
7.3 Elemente der kollektiven Arbeitszeitregulierung 95

8. Kommunikator: Ergebnisorientierte Arbeitszeitregulierung 99

8.1 Grundlinien der Organisation von Arbeit und Unternehmen 99
8.2 Die industriellen Beziehungen und die Genese der Arbeitszeitregulierung 102

Inhalt 7

8.3	Elemente der kollektiven Arbeitszeitregulierung	105
9.	**Zusammenfassung**	**109**

TEIL 3: DIE PRAXIS – PROBLEMBEREICHE DER WIRKSAMKEIT NEUARTIGER ARBEITSZEITREGULIERUNGEN — 113

10.	**Der Funktionswandel der Gleitzeit**	**113**
10.1	Gleitzeit im Wandel der Zeit	113
10.2	Gleitzeit als zentrales Flexibilitätsinstrument	114
10.3	Die Überbeanspruchung eines Flexibilitätsinstruments	119
10.4	Zusammenfassung	126
11.	**Bezahlte Mehrarbeit – der einfachste Weg**	**129**
11.1	Wahlmöglichkeit zwischen bezahlter Mehrarbeit und Freizeitausgleich	129
11.2	Abbau von Überstunden durch Übergang zur 40-Stunden-Woche?	133
11.3	Verhandlungen im Vorfeld als Mitbestimmungsschwelle	136
11.4	Zusammenfassung	138
12.	**Unbezahlte Mehrarbeit als „sachliche Notwendigkeit"**	**141**
12.1	Das Verfallen geleisteter Arbeitszeit	141
12.2	Arbeitszeitverlängerung in eigener Initiative	149
12.3	Arbeitszeitverlängerung als Vergeudung von Ressourcen	152
12.4	Zusammenfassung	153
13.	**Probleme der Zeitentnahme aus Langzeitkonten**	**155**
13.1	Was sind Langzeitkonten?	155
13.2	Unwägbarkeit der Nutzung	157
13.3	Unmöglichkeit der Nutzung	160

13.4	Zielkonflikte	162
13.5	Zusammenfassung	166

14.	**Individualisierte Aushandlung – die (fast) brachliegende Arena**	169
14.1	Arbeitszeit als Partizipations- und Rationalisierungsinstrument	169
14.2	Störfaktor Hierarchie	174
14.3	Indirekte Steuerung, Aushandlungen über Arbeitszeit und Zielvereinbarungen	180
14.4	Ein Gegenbeispiel	184
14.5	Zusammenfassung	188

15.	**Mitbestimmung – der Anker der Arbeitszeitregulierung?**	191
15.1	Vertretungsdilemma in der indirekten Steuerung	191
15.2	Indirekte Steuerung und traditionelle Mitbestimmung	193
15.3	Neue Mitbestimmungsformen in der Praxis	195
15.4	Zusammenfassung	199

TEIL 4:   SCHLUSSFOLGERUNGEN   201

16.	**Wirksame und unwirksame Arbeitszeitregulierungen**	203
16.1	Arbeitszeitkonten als Flexibilitäts- und als Verlängerungsinstrument	203
16.2	Der schwierige Abschied von der Mehrarbeit	206
16.3	Langzeitkonten mit Risiken und Nebenwirkungen	208

17.	**Indirekte Steuerung und Interessenvertretung**	211
18.	**Betriebliche Arbeitszeitpolitik der Gewerkschaften**	219

Literatur   223

Vorwort

Das Projekt, dessen Ergebnisse wir in diesem Buch vorstellen, wurde in den Jahren 2002 und 2003 am Forschungsschwerpunkt Arbeitszeit und Arbeitsorganisation des Instituts Arbeit und Technik im Wissenschaftszentrum Nordrhein-Westfalen durchgeführt. Der Hans-Böckler-Stiftung schulden wir großen Dank nicht allein für die finanzielle, sondern auch – und hier denken wir vor allem an *Gudrun Linne* – für die praktische Unterstützung. Außergewöhnlich anregend und hilfreich waren die Diskussionen im Projektbeirat der Stiftung, der unsere Forschung begleitet hat. Wir haben uns redlich bemüht, die wertvollen, zum Nachdenken anregenden Vorschläge dieser Kolleginnen und Kollegen aufzunehmen.

Ganz besonders danken möchten wir den Interviewpartnerinnen und -partnern, die uns lehrreiche Einblicke in ihre Arbeit gewährt und dafür viel Zeit geopfert haben. Wir hoffen, dass wir ihrer Situation und ihren Intentionen in unserem Bericht gerecht werden und dass alle Beteiligten, trotz unterschiedlicher Interessen, einen Nutzen aus der im Folgenden präsentierten Sicht Außenstehender auf ihre Probleme ziehen können.

Das Projekt und das vorliegende Buch wurden von Thomas Haipeter und Steffen Lehndorff gemeinsam konzipiert. Die Fallstudien wurden von Thomas Haipeter durchgeführt. Die Teile 2 und 3 des Buches sind unter seiner Federführung entstanden, die Teile 1 und 4 unter der von Steffen Lehndorff. Die Datenauswertungen für den ersten Teil haben *Alexandra Wagner* (Forschungsteam Internationaler Arbeitsmarkt, Berlin) und *Sebastian Schief* vom IAT besorgt. Ihnen vielen Dank für die gute Zusammenarbeit. Herzlicher Dank gebührt auch *Lisa Schlänger* für die mühevolle Arbeit der Endkorrektur des Manuskriptes.

Leserinnen und Lesern, die an den Einzelanalysen und an weiteren Informationen über die untersuchten Betriebe interessiert sind, stehen die ausführlichen Fallstudien im Internet auf der Homepage des IAT zur Verfügung.

Gelsenkirchen, im August 2004 *Thomas Haipeter*
Steffen Lehndorff

Einleitung

Das System der Flächentarifverträge in Deutschland ist heftig umstritten, und im Brennpunkt steht die Arbeitszeitregulierung. Es ist nichts Geringeres als ein Systemwechsel in der Tarifpolitik, der auf die politische Tagesordnung gesetzt wurde, und die Arbeitszeit soll als Vehikel fungieren. Das Stichwort für die von den Arbeitgeberverbänden und weiten Teilen der Politik geforderte ordnungspolitische Wende lautet, dass den Betrieben mehr Möglichkeiten eingeräumt werden müssten, in eigener Entscheidung von den Normen der Flächentarifverträge abzuweichen. Würde dies realisiert, dann wäre der Traditionsbruch perfekt.

Bis in die 90er Jahre des 20. Jahrhunderts hinein war Arbeitszeitpolitik ein zentrales Thema der Tarifvertragsparteien, und ihr Medium waren die Flächentarifverträge. Motor der Arbeitszeitpolitik waren, wie in vielen Jahrzehnten zuvor, die Gewerkschaften mit ihren Forderungen nach kollektiven Arbeitszeitverkürzungen. Seitdem haben sich die Gewichte deutlich verschoben. Die Initiative in der Arbeitszeitpolitik ist auf die Unternehmen übergegangen, und das hauptsächliche Politikfeld ist einstweilen nicht die tarifvertragliche Normierung der Arbeitsbedingungen auf Branchenebene, sondern die differenzierte und flexible Gestaltung der Arbeitszeit im Betrieb. Arbeitszeitregulierung wird, um die etwas sperrige Formulierung aus der einschlägigen Literatur zu verwenden, „verbetrieblicht". Doch – und dies ist der Stein des Anstoßes – ein grundlegendes Set an Normen, das bei der Flexibilisierung und Differenzierung auf betrieblicher Ebene zu beachten ist, wird weiterhin durch die Flächentarifverträge definiert. Oder sollte man besser sagen „wurde"? Denn Ausnahmen von den Grundsätzen der Flächentarifverträge konnten auch in der Vergangenheit vereinbart werden, wenn sich die Tarifvertragsparteien auf betriebliche Änderungstarifverträge verständigten. Mittlerweile gewinnt jedoch die Zahl und vor allem die wirtschaftliche und politische Bedeutung derartiger Ausnahmen an Gewicht, und so mancher Beobachter fragt sich, was zukünftig noch von der Regel übrig bleiben wird. Sind die Tarifverträge auf Branchenebene nicht jetzt schon auf dem besten Wege, beim Setzen von Standards für die Gestaltung der Arbeitszeit abzudanken? Und dies um so mehr, als der Anteil der Betriebe, die an Tarifverträge gebunden sind, kontinuierlich abnimmt?

Wenn sich ein neuer Trend in der Arbeitswelt abzeichnet, lassen sich die Forscherinnen und Forscher nicht lange bitten. Die Flexibilisierung der Arbeitszeit im Betrieb ist zum Gegenstand vieler sozialwissenschaftlicher Untersuchungen geworden. In der Literatur hat sich schon vor Jahren eine Diskussion um den Begriff der „Erosion" der Flächentarifverträge entwickelt. In ihren Arbeiten zu dieser Problematik unterscheiden Bispinck und Schulten (2003) zwei miteinander verbundene Prozesse. In sinkenden Mitgliederzahlen der Verbände und in der Ausbreitung tarif- und mitbestimmungsfreier Grauzonen drücke sich eine „äußere Erosion" aus. Daneben gebe es auch eine „innere Erosion", in deren Zentrum die zunehmende Verlagerung von Regulierungsinhalten von der Ebene des Branchentarifvertrags auf den Betrieb steht. Beides zusammen bewirke, dass die „inhaltliche Prägekraft" der Tarifverträge nachlasse.

Ob diese Einschätzung richtig ist, muss man vor allem an der Arbeitszeitregulierung erkennen können. Aber es geht nicht allein darum zu beurteilen, ob es eine „innere Erosion" gibt und wie weit sie gegebenenfalls vorangeschritten ist. Soziale Veränderungen laufen schließlich nicht auf Schienen. Der Geist der „Verbetrieblichung" ist aus der Flasche, und es ist mehr und mehr der Betrieb, in dem die Musik spielt, wenn es um Arbeitszeitregulierung geht. Doch ist „der Betrieb" gleichbedeutend mit „das Management"? Ist „Verbetrieblichung" wirklich nichts anderes als eine Verlagerung der hauptsächlichen Regulierungsebene, die zwar räumlich näher bei den Betroffenen im Arbeitsprozess sein mag, aber deren individuelle und vielfältige Zeitbedürfnisse ebenso wenig zum Gegenstand hat, wie dies für die Regulierung auf Branchenebene gilt? Immerhin bewirken die gegenwärtigen Prozesse der Dezentralisierung in der Arbeitszeitregulierung, dass tausende oder zehntausende neue Akteure auf der Bühne der Arbeitszeitpolitik erscheinen. Ihnen begegnet die Flexibilisierung und Dezentralisierung der Arbeitszeitorganisation sowohl als wirtschaftlicher Imperativ als auch als Verheißung größerer individueller Gestaltungsspielräume. Zwar sind Zweifel am Gewicht des Imperativs nicht angebracht, umso größere dagegen – dafür sprechen jedenfalls eine Reihe empirischer Untersuchungen der letzten Jahre – an der daran gekoppelten Verheißung. Doch ist die Verheißung deshalb politisch irrelevant?

Wenn man mehr über die *mögliche* Zukunft der Arbeitszeitregulierung auf *allen* Ebenen, also sowohl in Betriebsvereinbarungen und Firmentarifverträgen auch in vielleicht reformierten Flächentarifverträgen wissen möchte, dann kann man aus Erfahrungen lernen, die heute in den Betrieben mit differenzierter und flexibler Arbeitszeitgestaltung gesammelt werden. Wir haben uns deshalb einige Betriebe näher angesehen, in denen mit neuartigen Formen betrieblicher Arbeitszeitregulierung experimentiert wird. Der gemeinsame Nenner der Arbeitszeitmodelle in diesen Betrieben besteht in dem erklärten Anspruch der Regelungen, die Arbeitszeiten zu variabilisieren und dabei den Beschäftigten größere individuelle Gestaltungsmöglichkeiten zu geben. Die Frage ist nur, welche Rolle derartige Regelungen in der Praxis spielen. Sind sie im Wesentlichen auf geduldiges Papier gedruckt, oder prägen sie den betrieblichen Alltag?

Auf das Wort „prägen" kommt es uns an. Denn dahinter verbirgt sich das Problem, in welchem Maße Arbeitszeitregulierungen heute und in Zukunft *normenstiftende* Kraft entfalten können. Wenn es stimmt, dass Tarifverträge nicht allein an „äußerer" Bindungswirkung verlieren, weil der Kreis der rechtlich durch sie gebundenen Unternehmen kleiner wird, sondern auch von „innen" her erodieren,

Einleitung

weil die vereinbarten Normen entweder großen betrieblichen Interpretationsspielraum enthalten oder einfach nicht mehr so ernst wie früher genommen werden, dann kommt es darauf an, ob es im Prozess der Verbetrieblichung gelingt, auf betrieblicher Ebene eigenständig Normen zu etablieren. Dabei kann es sich um Normen handeln, die noch eng an den Tarifverträgen orientiert sind, es können aber auch ganz neue Normen sein auf Gebieten, zu denen die Tarifverträge wenig oder nichts aussagen. Diese betrieblich vereinbarten Normen, ihre Etablierung und ihre praktische Wirksamkeit sind es, die im Zentrum unserer Untersuchung stehen. Die Befunde über die praktische Wirksamkeit neuer betrieblicher Arbeitszeitnormen bilden eine Grundlage, um neu über die Tarifverträge nachzudenken: Wie hilfreich sind die Tarifverträge in ihrer heutigen Konstruktion, mit ihren heutigen Inhalten für die betrieblichen Akteure? Was sollte, was könnte an den Flächentarifverträgen geändert werden, um die Wirksamkeit betrieblich vereinbarter Arbeitszeitnormen zu erhöhen?

Selbstverständlich ist die Wirksamkeit – oder Wirkungslosigkeit – betrieblicher Arbeitszeitregulierung von sehr vielen Faktoren abhängig. Es ist ja nicht allein die Qualität der Regulierung selber, die zählt. Noch wichtiger vielleicht ist das Umfeld, in dem sie ihre Wirkung entfalten soll: die Branche mit ihren wirtschaftlichen Bedingungen, die daraus abgeleiteten Anforderungen an die Beschäftigten, überhaupt die Art ihrer Tätigkeit und die ganze Organisation der Arbeit und des Unternehmens, die Politik von Management und Betriebsrat und die Art ihres Umgangs miteinander. Und, *last but not least*, sind es die Beschäftigten selber, Männer oder Frauen, Jüngere oder Ältere, alleine oder mit Partner/in und mit oder ohne Kinder lebend, Menschen mit ganz unterschiedlichen persönlichen und beruflichen Erwartungen und Perspektiven, die ein Interesse daran haben müssen, die Normen zu leben, wenn es denn wirksame Normen sein sollen. Und dies nicht etwa, weil es um die Normen ginge, sondern deshalb, weil es um die Menschen geht: Sie sind es, die die Normen – wenn sie sie überhaupt kennen – für sich persönlich als mehr oder weniger sinnvoll, mehr oder weniger hilfreich und nützlich betrachten müssen, wenn denn die Norm ihren erklärten Zweck erreichen soll. Der Satz, eine Regelung sei gut gedacht, aber nicht zu realisieren, ist die höfliche Beschreibung einer Totgeburt. Wenn Regelungen dagegen von den betrieblichen Akteuren, vor allem also von den Beschäftigten aufgegriffen, genutzt, als Unterstützung angesehen werden, dann ist dies der Stoff, aus dem für die Zukunft der Arbeitszeitregulierung auf allen Ebenen gelernt werden kann. Nicht, indem sie im Sinne der *Best-Practice*-Mode nachgeahmt werden, sondern weil sie ein tieferes Verständnis der Voraussetzungen ihrer Wirksamkeit ermöglichen, das für Reformen tarifvertraglicher Arbeitszeitregulierung an anderer Stelle genutzt werden kann.

Angesichts der Vielfalt nicht allein der Arbeitszeitmodelle selber, sondern auch der Bedingungen, die für die normenstiftende Kraft betrieblicher Regulierungen wichtig sind, bleibt der sozialwissenschaftlichen Forschung, wenn sie nicht vor dem Reichtum der Realität kapitulieren oder – eine andere Form der Kapitulation – in blutleere Modelle flüchten will, die Möglichkeit des *exemplarischen* Lernens. Wir haben uns deshalb für einige wenige, dafür intensive Fallstudien entschieden. Die fünf Betriebe, deren Erfahrungen im Zentrum dieses Berichts stehen, gehören größeren Unternehmen, zum Teil auch international tätigen Konzernen an. Bei dreien von ihnen handelt es sich um IT-Dienstleister, dazu gesellen sich die Entwicklungsorganisation eines großen Industrieunternehmens sowie ein Produktionsbetrieb (der einzige in unserem Sample), der Teil eines europäischen Montageverbundes von Flugzeugen ist. Zwar verfügen alle fünf Betriebe über einen Betriebsrat, doch nur drei von ihnen sind tarifgebunden. Diese drei wiederum haben nicht einfach nur, wie gewöhnlich, Betriebsvereinbarungen im Rahmen des Tarifvertrages abgeschlossen (es handelt sich dabei stets um die Flächentarifverträge der Metallindustrie), sondern die betreffenden Unternehmen haben mit der IG Metall Änderungs- oder Ergänzungstarifverträge abgeschlossen, die auf die spezifischen Bedingungen dieser Unternehmen zugeschnitten sind. Dieser Umstand bietet uns die Möglichkeit, auch den praktischen Umgang mit diesem noch weniger bekannten Regulierungsinstrument zu beleuchten, das aller Voraussicht nach in den nächsten Jahren größere Verbreitung finden wird.

Wir haben uns also Inhalt und Form der Arbeitszeitregulierung angesehen, ebenso wie wir uns dafür interessiert haben, ob die Wirksamkeit von Betriebsvereinbarungen von der Tarifbindung eines Unternehmens beeinflusst wird oder nicht. Denn dies war der Dreh- und Angelpunkt der vielen Gespräche mit Managern, Betriebsräten und Beschäftigten in verschiedensten Tätigkeitsbereichen dieser Betriebe: Fungiert die betriebliche Arbeitszeitregulierung als Richtschnur für den praktischen Umgang mit der Arbeitszeit im Betrieb?

Der folgende Bericht, in dem wir diese Fallstudien auswerten, besteht aus vier Teilen. Zunächst beschreiben wir unsere Forschungsperspektive und das thematische Umfeld, in dem unsere Untersuchung angesiedelt ist. Es kommt uns dabei darauf an herauszuarbeiten, mit welchen Problemen die Verbetrieblichung der Arbeitszeitregulierung verbunden sein kann. Zu diesem Zweck überprüfen wir auch anhand von Daten, die die amtliche Statistik bereithält, ob die Erosion der Flächentarifverträge bereits an der Entwicklung der tatsächlichen Arbeitszeiten abgelesen werden kann.

Im zweiten Teil stellen wir die besuchten Betriebe näher vor und erläutern, welche Regulierungen dort vor allem unser Interesse geweckt haben. Den Erfahrungen mit diesen Regulierungen ist der dritte Teil unseres Berichts gewidmet. Im vierten Teil fassen wir die Ergebnisse zusammen und ziehen einige Schlussfolgerungen für die zukünftige Gestaltung der Arbeitszeitregulierung auf den Ebenen des Betriebs und der Flächentarifverträge.

Teil 1: Problematik und Fragestellung

Die von uns untersuchten Fallbeispiele sind Bestandteil eines sich zwar erst andeutenden, aber offenbar grundlegenden Wandels der Arbeitszeitregulierung. Um verstehen zu können, was aus ihnen für die Gestaltbarkeit dieses Prozesses gelernt werden kann, ist es sinnvoll, sich zunächst auf allgemeinem Niveau die Tendenzen und Probleme zu vergegenwärtigen, mit denen wir es hier zu tun haben. Wir werden deshalb im Folgenden, gestützt auf die einschlägige Literatur einschließlich unserer eigenen Vorarbeiten, die Herausforderungen analysieren, denen sich die betrieblichen Akteure mit der Verbetrieblichung von Arbeitszeitregulierung gegenübersehen (Kapitel 1). Diese Überlegungen, die vor allem auf qualitative Forschungen gestützt sind, ergänzen wir durch Datenanalysen (Kapitel 2). Mit Hilfe der amtlichen Arbeitszeitstatistik ist es zumindest in groben Umrissen möglich, ein Bild der Stärken und Schwächen der tarifvertraglichen Arbeitszeitregulierung zu gewinnen. Wir wenden uns dann einigen Reformansätzen zu, mit denen Tarifvertrags- oder Betriebsparteien auf die beschriebenen Herausforderungen zu antworten versuchen und die den Kontext der von uns betrachteten Fallbeispiele bilden. In diesem Zusammenhang erläutern wir die Fragestellungen und Methoden, mit denen wir an die Untersuchung dieser Fallbeispiele herangegangen sind (Kapitel 3).

1. Die atmende Fabrik: Geht der tarifvertraglichen Arbeitszeitregulierung die Luft aus?

Wenn Arbeitszeitregulierung, wie in den zurückliegenden zwei Jahrzehnten geschehen, mehr und mehr dezentralisiert wird, kann dies als eine allmähliche Veränderung der Funktionsweise interpretiert werden oder aber als ein Erosionsprozess. Welche der beiden Interpretationen zutrifft, lässt sich nur beurteilen, wenn Ebenen und Inhalte von Arbeitszeitregulierung und das betriebliche und politische Umfeld der Akteure im Zusammenhang betrachtet werden. Das Umfeld im Betrieb wird geprägt durch die Organisation des Unternehmens und der Arbeit, mit der das Management auf die Anforderungen der Konkurrenz zu antworten versucht. Das politische Umfeld drückt sich aus in den industriellen Beziehungen innerhalb und außerhalb des Betriebes. All dies entscheidet mit darüber, welche Verträge zustande kommen und ob das Vereinbarte zu einer gelebten Norm wird. Diese Zusammenhänge wollen wir im Folgenden beleuchten.

1.1 Zwischen innerer Erosion und regulierter Flexibilität

Verbetrieblichung kann nicht per se mit Deregulierung gleichgesetzt werden. Insoweit ist Schroeder/Weinert (1999) zuzustimmen, die von einer „kontrollierten Dezentralisierung" sprechen. Tatsächlich zeichnen sich auf betrieblicher Ebene neue Konturen der Arbeitszeitregulierung ab, in deren Zentrum das Instrument der Arbeitszeitkonten steht. In vielen dieser Fälle wird man tatsächlich von einer *regulierten* Flexibilität sprechen können (Seifert 2001; Haipeter/Lehndorff 2002).

Anders stellt sich die Problematik jedoch dar, wenn man – worauf Artus (2003: 269) hinweist – die Verbetrieblichung nicht „primär als regelungstechnisches", sondern „als machtpolitisches Problem" auffasst. In einer solchen Perspektive wird man sich schwerlich der nüchternen, wenn auch zurückhaltend formulierten Bewertung von Schild/Wagner (2003: 331) verschließen können:

> „In der Hochphase fordistischer Prosperität war betriebsnahe Tarifpolitik als Offensivkonzept gedacht, heute steht ‚Verbetrieblichung' für eine Situation, die eine Defensivkonstellation einschließt."

Implizit wird hier ein wichtiger Aspekt der machtpolitischen Verschiebung in den zurückliegenden Jahrzehnten angesprochen: In der betriebsnahen Tarifpolitik sahen sich die Gewerkschaften als Initiatoren und Akteure, während die Verbetrieblichung ein Prozess ist, der zwar von den Gewerkschaften gemeinsam mit den Arbeitgeberverbänden begünstigt wird, aber ohne aktive Mitwirkung der Gewerkschaften ablaufen kann.

Daraus entstehen hohe Anforderungen an die Betriebsräte. Ihnen wächst die Verantwortung zu, die betriebsspezifischen Regelungen nicht nur mit dem Management auszuhandeln, sondern diesen – mit oder ohne Unterstützung durch das Management – eine inhaltliche Prägekraft für den Alltag der Arbeitszeitorganisation zu verleihen, die auch die wesentlichen Normen des Tarifvertrags umfasst. Häufig scheint dies zu gelingen, wie u. a. unsere Befunde aus der Automobilindustrie (Haipeter/Lehndorff 2002) oder den von Promberger et al. (2002) untersuchten Produktionsbetrieben zeigen. Doch selbst in der Automobilindustrie, die zweifellos zu den Flaggschiffen gewerkschaftlichen Einflusses gehört und deren Betriebsräte eine weithin unangefochtene Autorität in den Belegschaften und gegenüber dem Management genießen, sind Grenzen der normgebenden Wirkung der Arbeitszeitregulierung sichtbar. So offenbart das bisherige Konzept der Kombination von Flächentarifverträgen mit Öffnungsklauseln und in der Metallindustrie – differenzierten Regelungen zur Dauer der Arbeitszeit unter Angestellten, und dort insbesondere unter höher Qualifizierten, eine problematische Durchlässigkeit. Die Betriebsräte fungieren also zunehmend als Anker der Arbeitszeitregulierung, aber das politische, soziale und arbeitsorganisatorische Umfeld, in dem sie agieren, bietet ihnen dafür einen schwächer werdenden Halt.

Die atmende Fabrik 17

Deshalb ist die Warnung von Bispinck und Schulten (2003: 165) vor einer nicht allein „äußeren", also durch abnehmende Tarifbindung verursachten, sondern auch „inneren Erosion" des Tarifvertragssystems ernst zu nehmen: Ob das deutsche Tarifsystem, das „in seinem Kern derzeit immer (noch) als recht stabil" erscheine, dies auch in Zukunft bleiben werde, hänge maßgeblich davon ab,

„ob das Ineinandergreifen von gewerkschaftlich-tarifpolitischer und betrieblicher Interessenvertretung ... auch in Zukunft funktionieren wird. Letzteres dürfte jedoch grundlegend in Frage gestellt werden, wenn eine fortlaufende Dezentralisierung der Tarifpolitik die traditionelle betriebliche Entlastungsfunktion des Flächentarifvertrags weiter unterminiert."

Diese innere Erosion könne sich durchaus auf dem Wege einer dem Anspruch nach „kontrollierten Dezentralisierung" durch Nutzung von Öffnungsklauseln, also unter formaler Beachtung von Tarifverträgen ausbreiten.

Setzen wir uns also mit der Frage auseinander, was eigentlich passiert, wenn wichtige Bereiche der Arbeitszeitregulierung auf die betriebliche Ebene verlagert werden. Der Grundgedanke jeder Öffnung von Flächentarifverträgen für betriebliche Regelungen besteht ja darin, dass auf der betrieblichen Ebene etwas gelingen kann, was auf Branchenebene nicht zu leisten ist: spezifische Lösungen zu finden, die sowohl auf die Interessen und Bedingungen des jeweiligen Unternehmens zugeschnitten sind als auch über den Weg betrieblicher Aushandlungen individuelle Bedürfnisse von Beschäftigten oder Beschäftigtengruppen berücksichtigen können. Das Zauberwort, mit dem dieser Prozess der Verbetrieblichung vorangetrieben wird, heißt Flexibilität. Was bedeutet diese Flexibilität für Inhalt und Wirksamkeit der Regulierung?

Um das Neue zu verstehen ist es sinnvoll, sich kurz an das Alte zu erinnern. Grundsätzlich steht jede Form der Regulierung von Arbeitsbedingungen im Gegensatz zu Markt und Konkurrenz und stellt diese zugleich auf einer neuen Basis wieder her. Sie steht also auch in einem widersprüchlichen Verhältnis zur Flexibilität von Unternehmen und Arbeitnehmer/innen und ist zugleich eine Voraussetzung für deren Flexibilität. In ihrer einfachsten Form, dem Kollektivvertrag zwischen einem Arbeitgeber und den bei ihm Beschäftigten, eliminiert die Regulierung von Arbeitsbedingungen die Konkurrenz zwischen den Beschäftigten im Hinblick auf die vertraglich definierten Arbeitsbedingungen. Erst dadurch werden zwei zunächst ungleiche Vertragsparteien mit Verhandlungsmacht auf dem innerbetrieblichen Arbeitsmarkt ausgestattet. Konflikte um die Mindestbedingungen werden zeitweilig stillgelegt. Allerdings können dadurch die Konkurrenzbedingungen zwischen den Unternehmen verzerrt werden. Dies wird durch unternehmensübergreifende Kollektivverträge (z.B. auf dem Niveau einer Branche) oder gesetzliche Mindestbedingungen verhindert. Sie bieten den Beschäftigten größere Chancen einer allgemeinen Verbesserung ihrer Arbeitsbedingungen (unabhängig von ihrer Verhandlungsmacht im einzelnen Unternehmen) und haben für die Unternehmen den Vorteil, die vertraglich definierten Arbeitsbedingungen aus der Konkurrenz zwischen den Unternehmen herauszunehmen. Damit konzentriert sich die Konkurrenz auf andere Felder, zum Beispiel auf die Verbesserung der Produktionsverfahren oder die Erhöhung der Qualität. Insbesondere die Qualifikation der Beschäftigten, eine der wichtigsten Quellen von Flexibilität, kommt erst durch Regulierung von Arbeitsbedingungen zu ihrem Recht.

In diesem Zusammenhang besteht die Spezifik der Arbeitszeitregulierung darin, das Durchschlagen von Marktschwankungen auf die individuellen Arbeitszeiten zu dämpfen. Die Regulierung der Zeit, in der die abhängig Beschäftigten den Arbeitgebern zur Verfügung stehen, erhöht für die Arbeitgeber die ökonomische Notwendigkeit, die Arbeitskraft der bei ihnen Beschäftigten planmäßig und möglichst regelmäßig zu nutzen. Kommen sie mit dem vertraglich vereinbarten Arbeitsvolumen nicht aus, ist dies zunächst ihr Risiko, das mit einem definierten Aufschlag, der Bezahlung von Überstunden, bewertet wird. Auch eine Unter-Ausnutzung der Arbeitszeit erhöht für die Arbeitgeber die Arbeitskosten pro produzierter Einheit. Mit anderen Worten: Die Arbeitszeitregulierung kann als eine Einschränkung der Koppelung von Arbeitszeit und Markt verstanden werden. Sie nimmt damit zugleich einen Teil des Beschäftigungsverhältnisses zeitweilig aus dem Markt heraus. So ist sie ein maßgeblicher Teil des Normalarbeitsverhältnisses, der unbefristeten Vollzeitbeschäftigung mit tariflich regulierten Standards und sozialstaatlicher Absicherung, das in der Bundesrepublik zu einer tragenden sozialen Institution der Nachkriegszeit wurde (Bosch 2001).

Traditionell ergibt sich die Arbeitszeitregulierung in der Bundesrepublik aus einem hierarchischen Zusammenspiel der Regulierungsarenen Tarifvertrag und Mitbestimmung. In den Manteltarifverträgen zur Arbeitszeit werden die grundlegenden Arbeitszeitnormen hinsichtlich der Dauer, teilweise auch der Lage und der Verteilung der Arbeitszeiten eindeutig definiert. Die 40-Stunden-Woche, die Fünf-Tage-Woche und der Acht-Stunden-Tag, diese Normen prägten den Rhythmus der Produktion von Gütern und Dienstleistungen in Deutschland über Jahrzehnte hinweg – und tun es vielfach weiterhin. Abweichungen haben darin formal (nicht unbedingt auch praktisch) einen Ausnahmestatus. Und auch diese werden tarifvertraglich bestimmt und, wichtiger noch, an Verfahren geknüpft und mit Kosten belegt. Arbeitszeiten außerhalb der jeweils festgelegten Dauer, Verteilung und Lage werden als Mehrarbeit, Nachtarbeit, Sonntagsarbeit, gelegentlich auch Samstagsarbeit definiert und können nur gegen den Aufpreis tariflich definierter Zuschläge geleistet werden. Zugleich gelten sie – gestützt durch die Regelungen des Betriebsverfassungsgesetzes – als Tatbestand der Mitbestimmung des Betriebsrates. Flexibilität ist also auch innerhalb traditioneller, so genannter „starrer" Regulierungsformen möglich, und in diesen Formen wird sie denn auch alltäglich zehntausendfach praktiziert. Doch sie ist für die Unterneh-

Die atmende Fabrik 19

men mit zusätzlichen Kosten verbunden und kann vom Betriebsrat entweder zu Koppelgeschäften genutzt oder – zumindest theoretisch – ganz unterbunden werden. Es ist keineswegs so, dass das traditionelle Zeitregime ein Hemmschuh für die Entfaltung einer produktiven und rentablen Produktion dargestellt hätte. Im Gegenteil, es entwickelte sich ein weitreichendes Entsprechungsverhältnis (Lipietz 1985) zwischen dem Regime der Zeit und dem Regime der Produktion insbesondere in den Leitindustrien des bundesdeutschen Wirtschaftswunders. In den Sozialwissenschaften wird vielfach, anlehnend an die französische Theorie der Regulation, der Begriff des fordistischen Produktionsmodells verwendet (Boyer/Durand 1997; Dörre/Röttger 2003; vgl. am Beispiel Volkswagens Haipeter 2001). Darunter wird ein besonderes Verhältnis von Managementstrategien, Organisationsstrukturen und Arbeitsbeziehungen in den Betrieben und Unternehmen verstanden. Die Managementstrategien zielten auf die Einspielung positiver Skaleneffekte durch die Produktion standardisierter Produkte in großen Stückzahlen. Die Organisationen zeichneten sich durch vielstufige Hierarchien, zentralisierte Entscheidungsketten, aufgetrennte Funktionsbereiche und bürokratisierte Prozesse aus. Und die Arbeitsbeziehungen schließlich wurden von zwei Pfeilern getragen, der tayloristischen Arbeitsteilung mit ihrer Trennung von Ausführung und Disposition bei zergliederten Tätigkeiten auf der einen und einer an Verteilungsfragen und der menschengerechten Gestaltung des Taylorismus orientierten betrieblichen und gewerkschaftlichen Interessenvertretung auf der anderen Seite.

In diesem Regime wurde die Standardisierung der Zeit nicht nur zu einer äußeren Norm, sondern auch zu einem Teil seiner inneren Funktionslogik. Zeitstandards und Standardzeiten nahmen einen herausragenden Stellenwert in der tayloristischen Rationalisierung der Produktionsprozesse ein. Zwar ist, wie es Williams et al. (1994: 97) an der Vorzeigebranche des Taylorismus beschreiben, „die Geschichte der Automobilproduktion der Kampf des Produktionsflusses gegen die Beschränkungen des Marktes, und in letzter Instanz triumphieren die Beschränkungen immer über den Fluss". Aber gerade die Zuschlagpflichtigkeit der Mehrarbeit motivierte die Unternehmen, die Störungen, die von Marktschwankungen ausgehen, so weit wie möglich vom Produktionsprozess fernzuhalten. Gerade weil zeitweilige Verlängerungen der Arbeitszeit von den Gewerkschaften teuer und verhandlungspflichtig gemacht wurden, mussten die Unternehmen neben der Produktivitätssteigerung durch Mechanisierung und Automatisierung der Verbesserung der Standardabläufe und der Reduzierung der Standardzeiten großes Gewicht beimessen. Zugleich wurde ein möglichst kontinuierlicher Produktionsfluss angestrebt, um Stillstandsverluste zu vermeiden und den kapitalintensiven Maschinenpark auszulasten. Mit anderen Worten: Die Normen der Arbeitszeitregulierung sind aus arbeitszeitpolitischen Konflikten zwischen Gewerkschaften und Arbeitgeberverbänden hervorgegangen, doch die zum Teil nach jahrzehntelangen Auseinandersetzungen erreichten Kompromisslösungen vertrugen sich schließlich gut mit den herrschenden, von Fordismus und Taylorismus geprägten Leitbildern des Managements. Es waren nicht zuletzt die kollektiven Normen der Arbeitszeitregulierung mit ihren festen materialen Standards hinsichtlich Dauer, Lage und Verteilung der Arbeitszeit, die für eine Trennung des produktiven Kerns der fordistischen Organisation von den Schwankungen und Unsicherheiten der Märkte genutzt werden konnten (Thompson 1967). Die traditionelle Arbeitszeitregulierung kann deshalb als eine aus Konflikten hervorgegangene und weiterhin konfliktreiche Symbiose bezeichnet werden.

Den äußeren Anlass zu den gegenwärtig zu beobachtenden Versuchen einer Neuorientierung der Arbeitszeitregulierung boten die stufenweisen tariflichen Arbeitszeitverkürzungen der 80er und 90er Jahre (Herrmann et al. 1999). Mit dem Tausch Arbeitszeitverkürzung gegen Flexibilisierung der Arbeitszeiten wurde einem Geist die Flasche geöffnet, auch wenn es noch einige Jahre dauerte, bis er sie tatsächlich verließ. In allen Branchen wurden Spielräume der Variabilisierung der Arbeitszeiten eingeführt, also der Möglichkeit, Schwankungen in der Verteilung der Arbeitszeiten als Schwankungen der Regelarbeitszeit darzustellen. In der Metallindustrie fand auch eine Differenzierung der Arbeitszeiten statt, in deren Rahmen die vertraglichen Arbeitszeiten für definierte Anteile der Beschäftigten nach oben abweichen konnten. Zunächst blieben die neuen Spielräume betrieblicher Arbeitszeitflexibilisierung wenig genutzt (Promberger/Trinczek 1993). Doch in der zweiten Hälfte der 90er Jahre änderte sich dies auf breiter Front – zu einem Zeitpunkt also, da der Zusammenhang zu tarifvertraglichen Arbeitszeitverkürzungen schon längst nicht mehr gegeben war. In einer zu Beginn des Jahres 2000 durchgeführten Befragung des DIHT (2000) gaben rund zwei Drittel der Unternehmen an, irgendeine Form flexibler Arbeitszeitorganisation zu nutzen, und wiederum zwei Drittel von ihnen hatten dies in den zurückliegenden drei Jahren getan. Offensichtlich begann die Flexibilisierung der Arbeitszeit eine eigene Dynamik zu gewinnen.

Auch wenn, wie unsere Datenanalyse im nächsten Kapitel zeigen wird, die Differenzierung der Arbeitszeiten zunehmende Bedeutung erlangt, richtet sich das Hauptaugenmerk der Unternehmen bislang auf die Variabilisierung der Arbeitszeiten. Deren einfachste Funktion besteht in der Umwandlung teurer in billigere Arbeitszeiten (Bosch 1996), weil für die zulässigen Schwankungen in der Verteilung der Arbeitszeiten keine Zuschläge mehr gezahlt werden müssen. Zugleich reduziert sie den Anteil mitbestimmungsrelevanter Arbeitszeitänderungen bei der Gestaltung von Flexibilität. Durch die Entwicklung der Konkurrenzbedingungen sehen sich die Unternehmen dazu gezwungen, möglichst kurze Reaktionszeiten bei möglichst niedrigen Kosten auch mit Hilfe einer variablen Anpassung der Arbeitszeiten an schwankende Aufträge und Verkehrsströme anzustreben. Durch neue Formen der Arbeitszeitorganisation werden derartige Schwankungen zum Bestandteil der normalen Funktionsweise des Arbeitszeitsystems. Kurz: Während der Kern jeglicher Arbeitszeitregulierung darin besteht, die Koppelung der individuellen Arbeitszeit an den Markt einzuschränken, zielen die neu entstehenden Formen der Arbeitszeitorganisation darauf ab, diese Koppelung so weit wie möglich wiederherzustellen.

Im Zuge der anwachsenden Fundamentalopposition gegen jegliche Form von Arbeitsmarktregulierung und Gewerkschaftseinfluss schließt diese Neuorientierung durchaus auch eine „wilde" Flexibilisierung der betrieblichen Arbeitszeitpolitik ein (Bispinck/Schulten 2003: 165), also die offene Verletzung von Tarifverträgen bis hin zur Flucht aus jeglicher Tarifbindung. Über eine gelegentliche oder häufige Unterschreitung von Tarifstandards berichteten 15% der Betriebsräte der privaten Wirtschaft, die 2002 vom WSI befragt wurden, in 36% dieser Betriebe betraf dies die Arbeitszeit (Bispinck/Schulten 2003: 159). Allerdings hat die Verletzung von Tarifnormen nach dieser Befragung in den letzten Jahren nicht zugenommen, wogegen die Deckungsrate der Flächentarifverträge in Westdeutschland zwischen 1996 und 2001 von 69% auf 63% der Beschäftigten zurückgegangen ist, in Ostdeutschland von 56% auf 44% (Kohaut/Schnabel 2003). Unterdurchschnittliche Tarifbindung ist vor allem bei kleinen und – wichtig für den Trend – bei jungen Unternehmen anzutreffen. Allerdings ist die Bindungswirkung der Tarifverträge höher, als es diese Zahlen ausdrücken, weil die Bedeutung der Firmentarifverträge wächst und auch viele nicht tarifgebundene Unternehmen sich nach eigenen Angaben an den Tarifverträgen orientieren. Doch zum Schönreden der Situation sind diese Relativierungen nicht geeignet, denn bei genauerem Hinsehen ist – zumindest in Ostdeutschland (vgl. Schmidt et al. 2003) – die Tarifvertrags-Orientierung der Unternehmen mit Haustarifvertrag oder ohne Tarifbindung teilweise doch recht lückenhaft. Abgesehen davon: Die Tendenz ist eindeutig. Und schließlich darf man auch nicht übersehen, dass die Flächentarifverträge immer mehr Regelungskompetenzen an die Betriebsparteien delegieren, aber nur knapp die Hälfte der in „betriebsratsfähigen" Betrieben der Privatwirtschaft Beschäftigten einen Betriebsrat haben (Ellguth 2003: 195) – mit zumindest bis zur jüngsten Veränderung des Betriebsverfassungsgesetzes längerfristig abnehmender Tendenz (Beyer et al. 2002: 13). Der Spielraum für eine Flexibilisierung der Arbeitszeitorganisation ohne kollektiv-vertragliche Arbeitszeitregulierung wird also größer.

Trotz dieser gebotenen Einschränkung ist aber festzuhalten, dass einstweilen die Arbeitszeitflexibilisierung für die meisten Arbeitnehmer/innen *im Rahmen* der Tarifverträge forciert wird. Dies führt zu genau jener widersprüchlichen Entwicklung, die im Zentrum unserer Untersuchung steht: Der klassische Kompromiss zur Regulierung der Arbeitszeit wird von den Unternehmen in Frage gestellt, um die Produktion möglichst eng und kostengünstig mit den Marktbewegungen verbinden zu können und um dezentrale Entscheidungen über die Arbeitszeitorganisation unterhalb der betrieblichen Mitbestimmungs- und Verhandlungsebene zu fördern. Gewerkschaften und Betriebsräte wiederum suchen angesichts dieser Herausforderung verstärkt nach Möglichkeiten einer Rettung bisheriger Formen der Arbeitszeitregulierung oder aber auch nach neuen Regulierungsformen. Zumindest dort, wo der Einfluss von Gewerkschaften und Betriebsräten dies verlangt, sind die Unternehmen deshalb an neuartigen Regulierungskompromissen interessiert, um Blockaden ihrer Reorganisationsbemühungen zu vermeiden. Die Flexibilisierung der Arbeitszeit*organisation* löst dann notwendig eine Suche nach Möglichkeiten einer Flexibilisierung der Arbeitszeit*regulierung* aus.

Das Neue an diesen Regulierungskompromissen im Vergleich zur bisher vorherrschenden Arbeitszeitregulierung besteht also nicht darin, dass überhaupt Flexibilität eingeführt würde, sondern darin, unter welchen Bedingungen dies geschieht. Ob in einem Unternehmen mit einer flexiblen Regulierung tatsächlich mehr Flexibilität praktiziert wird als unter den bisherigen Bedingungen, ist eine ganz andere Frage. Wichtig ist zunächst, dass Flexibilität eine neue Form erhält, auf neue Weise zustande kommt. Sie verliert ihren normativen Ausnahmestatus und wird zu einem normativen Regelfall innerhalb des jeweils definierten Flexibilitätsrahmens.

Das Grundproblem in diesem Veränderungsprozess besteht darin, Lösungen für die schwierige Balance zwischen Flexibilität und Sicherheit zu finden, also einen Kompromiss zwischen zwei potentiell einander entgegenlaufenden Anpassungsinteressen: dem Interesse des Unternehmens an möglichst reibungsloser und kostengünstiger Anpassung der Arbeitszeiten an Markterfordernisse – und dem Interesse der Beschäftigten, die Arbeitszeit an die Erfordernisse und Bedürfnisse des eigenen Lebens anzupassen. Das zuerst genannte Interesse ist ein Verwertungsinteresse, das zweite ist ein Lebensinteresse von Menschen. Wie will man es allgemein bestimmen, um es zu einem Ausgangspunkt für Regulierungen machen zu können? Die klassische Lösung bestand darin, die Dauer der Arbeitszeit für alle verbindlich zu begrenzen, darüber hinaus teilweise sogar ihre Lage kollektivvertraglich festzulegen, und allen Abweichungen von diesen Regeln einen gesondert zu entgeltenden Ausnahmestatus zu verleihen. Diese Lösung war individuellen Interessen gegenüber prinzipiell gleichgültig und war für viele Einzelne notwendig mit Restriktionen verbunden (zum Beispiel war es für Langschläfer auch vor dem Zeitalter der „Individualisierung" schon hart, morgens um sechs zur Arbeit zu erscheinen). Doch die Kehrseite der Restriktion bestand darin, allen einen sicheren Rahmen zu bieten, innerhalb dessen sie ihren individuellen Alltag gestalten konnten.

In der Gegenwart wird es nun erstmalig zu einem explizit bearbeiteten Problem, die unterschiedlichen Arbeitszeitinteressen auszutarieren. Es liegt bereits in der inneren Logik von Dezentralisierung, die sich ja nicht notwendig auf die

Betriebe beschränkt, sondern sich auch im Innern der Betriebe fortsetzen kann, dass das klassische Konzept von Sicherheit für die Beschäftigten durch die Unternehmen in Frage gestellt wird. Umgekehrt stoßen sich aber auch größere Teile der Beschäftigten – vor allem im Zuge der zunehmenden Erwerbstätigkeit von Frauen – an der restriktiven Seite der Sicherheit. So wird der klassische Zeitkompromiss prekär.

Diese Veränderung ist so grundlegender Natur, dass von einem stillen Konflikt um die zukünftige Funktion von Arbeitszeitregulierung gesprochen werden kann. Aus Arbeitgebersicht hatte die Arbeitszeit im fordistischen Zeitregime noch die Funktion, den produktiven Kern der Organisation von den Schwankungen und Unwägbarkeiten der Märkte zu entkoppeln. Auch wenn diese Funktion nur eine unbeabsichtigte Nebenfolge von Normen war, die als Ergebnis einer konfliktreichen Aushandlung zwischen Gewerkschaften und Arbeitgebern entstanden sind, so wurde sie doch zu einem prägenden Element des fordistischen Produktionsregimes. Mit dem flexiblen Zeitregime hingegen streben die Unternehmen an, dass Arbeitszeitnormen die Rückkoppelung der Produktion an die Märkte ermöglichen und vielleicht sogar unterstützen. Im populären, vom VW-Arbeitsdirektor Peter Hartz entwickelten Konzept des „atmenden Unternehmens" (Hartz 1996) wird dieser angestrebte Funktionswandel augenfällig. In dieser Perspektive sollen Flexibilisierung und Massenproduktion *mit Hilfe* von Arbeitszeitregulierung systematisch versöhnt werden (Haipeter 2000).

Aus Sicht der Arbeitnehmer/innen stünde eine andere Funktion der flexiblen Arbeitszeitregulierung im Vordergrund. Die Regulierung müsste auf der einen Seite – wie bisher – verhindern, dass die individuelle Arbeitszeit vorrangig den Marktschwankungen unterworfen wird, oder positiv formuliert: sie müsste die Planbarkeit der individuellen Arbeitszeit garantieren. Doch auf der anderen Seite geschähe dies unter der Voraussetzung, dass dabei die Bewältigung von Marktschwankungen Bestandteil der individuellen Arbeitszeitplanung wird. Das Leitmotiv würde dann nicht mehr lauten, „Ich habe feste Arbeitszeiten, und wenn der Arbeitgeber Flexibilität will, muss er dafür bezahlen", sondern eher: „Ich akzeptiere die Flexibilitätsbedürfnisse des Betriebes und beachte dies bei der Planung und Gestaltung meiner Arbeitszeit". Diese veränderte Sicht von Arbeitnehmer/inne/n auf die Funktion von Arbeitszeitregulierung reflektiert sich in ersten Ansätzen heute bereits in der differenzierten Wahrnehmung von Arbeitszeitkonten. Arbeitszeitkonten sind aus Sicht vieler Beschäftigter zwar mit mehr Abhängigkeit von betrieblichen Erfordernissen verbunden, aber von immerhin fast der Hälfte aller Beschäftigten werden sie zugleich als Gewinn an persönlicher Zeitsouveränität betrachtet (Bundesmann-Jansen et al. 2000: 167).

Die Realisierbarkeit dieses Anspruchs ist ebenso wenig konfliktfrei zu erreichen wie die relative Sicherheit der Arbeitszeiten vor Marktschwankungen in der herkömmlichen Arbeitszeitregulierung. Dies wird deutlich, wenn man ihre

Voraussetzungen betrachtet. Die Arbeits*zeit*organisation muss mit der Arbeitsorganisation und mit den industriellen Beziehungen korrespondieren. Und dies ist, wie wir im Folgenden zeigen, keineswegs selbstverständlich.

1.2 Arbeitszeit, Arbeitsorganisation und industrielle Beziehungen

Das Tauschgeschäft „Arbeitszeitflexibilisierung für den Betrieb – mehr persönliche Zeitsouveränität für die Beschäftigten" kann nur zustande kommen, wenn der strukturelle Zusammenhang zwischen Arbeitszeitgestaltung und Arbeitsorganisation berücksichtigt wird (Lehndorff 1999): Formale Gestaltungsspielräume der Arbeitszeit werden erst dann praktisch wirksam, wenn ihnen partizipative Bedingungen auf der Seite der Arbeitsorganisation zugrunde liegen. In einem auf Hierarchie und Arbeitsteilung beruhenden tayloristischen Organisationsumfeld haben individuelle Gestaltungsansprüche der Arbeitszeit kaum Realisierungschancen. Die Beteiligungsrechte würden sich an der Trennung von Planung und Ausführung brechen. Erst in Organisationsformen mit Einflussmöglichkeiten auf die eigenen Arbeitsbedingungen und mit integrierteren Tätigkeitszuschnitten bekommen diese Ansprüche eine realistische Grundlage. Dies trifft vor allem auf gruppen- oder projektförmige Organisationskonzepte zu. Insbesondere gruppenförmige Arbeitszusammenhänge können zudem den Vorteil nach sich ziehen, dass die Beschäftigten Arbeitsbelastungen besser auf verschiedene Schultern verteilen können. Damit werden individuelle Arbeitszeitpräferenzen auch unter Bedingungen schwankenden Arbeitsanfalls eher realisierbar.

Unternehmen, die die individuellen Gestaltungsspielräume der Beschäftigten erweitern, möchten damit zugleich das Erfahrungswissen der Beschäftigten nutzbar machen und ihr „commitment", ihre normative Einbindung in die Organisation, stärken. Dies wurde auch in der bereits erwähnten Managementbefragung des DIHT deutlich. Ein knappes Drittel der Unternehmen, die flexible Arbeitszeitformen eingeführt haben, erklärte, damit die Arbeitsmotivation der Beschäftigten erhöhen zu wollen (DIHT 2000).

In der Praxis ist jedoch das partizipative Management in vielen Unternehmen und Bereichen trotz vieler rhetorischer Bekenntnisse nicht über den Anspruch hinausgekommen. In der Industriesoziologie wird seit einigen Jahren von einer Re-Taylorisierung, von einer Rekonventionalisierung der Arbeitspolitik oder einem Rückschwung des arbeitspolitischen Pendels gesprochen (Schumann 1998; Springer 1999; Gerst 2000; Dörre 2002). Verantwortlich dafür ist in den Augen der meisten Beobachter ein Wandel in der Steuerung der Unternehmensorganisation, in dessen Konsequenz partizipative Managementkonzepte einem neuartigen betriebswirtschaftlichen Rechtfertigungsdruck ausgesetzt werden. Langfristig angelegte Reorganisationsprojekte werden einer kurzfristigen betriebswirtschaftlichen Bewertung unterzogen, so dass es zu einem „Spannungsfeld zweier Zeithorizonte" kommen kann (Dörre 1996). Der Kern der neuen Steuerungsformen von Unternehmen und Arbeitsprozessen besteht in einem Vorgang, den man als „Öffnung der Fabrik" bezeichnen kann. In der tayloristischen Fabrik wurde der Marktdruck vom Management aus der Organisation herausgehalten, um den Produktionsprozess möglichst ungestört zu halten. Heute geht die Tendenz dahin, die Tore der Fabrik zu öffnen und den Sturm der Konkurrenz und des Marktes ins Innere der Organisation hineinzulassen. Der davon ausgehende Rationalisierungsdruck soll nicht mehr nur für das Management, sondern auch für die Beschäftigten spürbar werden. Unter den vom Management gesetzten Rahmenbedingungen werden die Beschäftigten mit den Imperativen der Konkurrenz unmittelbar konfrontiert. Deshalb wird diese Entwicklung auch als „Internalisierung des Marktes" bezeichnet (Moldaschl 1997; Moldaschl/Sauer 2000; Dörre 2002). Damit ist gemeint, dass Marktkoordination zunehmend als Instrument zur internen Steuerung der Organisationen genutzt wird.

So überzeugend die für diese Argumentation beigebrachten Befunde auch sind, so wenig trennscharf ist die Kategorie der Marktsteuerung aber für weiterführende empirische Analysen. Deshalb seien an dieser Stelle einige Differenzierungen angefügt.

Marktsteuerung kann sich auf zwei Ebenen abspielen, der Ebene der strategischen Unternehmensführung, der Corporate Governance, und der Ebene der operativen Steuerung dezentraler Einheiten. Die Aufspaltung beider Ebenen, die Zentralisierung strategischer Entscheidungen und die Dezentralisierung operativer Entscheidungen, ist geradezu ein Kernbestandteil marktförmiger Steuerungssysteme (Haipeter 2003).

Auf der Ebene der Corporate Governance besteht das Neue der Marktsteuerung darin, dass die Unternehmensleitungen mehr als zuvor strategische Entscheidungskompetenzen bündeln und zugleich ihre Strategien an Marktsignalen und -erwartungen ausrichten. Neu ist auch, dass dafür die Kapitalmärkte eine immer größere Rolle spielen. Auch im deutschen Institutionenkontext gewinnen Grundprinzipien des Shareholder Value Managements an Bedeutung, das vorwiegend die Interessen der Anteilseigner an Renditemaximierung und Erhöhung des Aktienwertes der Unternehmen an den Börsen bedient (Rappaport 1999; Copeland et al. 2002). Diese Entwicklung ist bereits so weit vorangeschritten, dass von einer grundlegenden Neukonfiguration der Corporate Governance in Deutschland und der „Abwicklung der Deutschland AG" gesprochen wird (Streeck/Höppner 2003).

Wichtige Elemente der traditionellen Governance-Strukturen wie die enge personelle Verflechtung der Unternehmensaufsichtsräte, die Dominanz interner Kontrollformen, die langfristige Kreditpolitik der Banken oder die Orientierung des Managements am Unternehmenswachstum geraten unter Druck. Verantwortlich dafür sind nicht zuletzt der sukzessive Rückzug der Banken sowohl aus den Aufsichtsratsgremien der Unternehmen als auch aus der langfristigen Kreditfinanzierung, das Entstehen eines Marktes für Unternehmenskontrolle und die Gefahr feindlicher Übernahmen sowie das wachsende Gewicht institutioneller Investoren und das Eindringen neuer kognitiver Orientierungen in die deutsche Managementelite. Indikatoren eines Shareholder Value Managements sind ambitionierte Renditeansprüche an die Organisationseinheiten, die Definition rentabler Kerngeschäfte, die Umstellung auf internationale Standards der Rechnungslegung oder die Anbindung der Gehälter von Managern und Führungskräften an finanzwirtschaftliche Kennziffern.

Zugleich ist aber auch auf die strategischen Optionen der Unternehmensleitungen hingewiesen worden (Becker 2003; Kädtler/Sperling 2002; Kädtler 2003). Shareholder Value ist keine Einbahnstrasse. Wie weit sich die Unternehmensleitungen dem Shareholder Value verschreiben, ist empirisch alles andere als geklärt. Dies liegt schon daran, dass aus den Zielen der Renditemaximierung und der Steigerung des Aktienwertes nicht automatisch eine eindeutige weil beste Unternehmensstrategie folgt. Wie so häufig können mehrere Wege nach Rom führen. Wohl aber, und an diesem Punkt treffen sich die Einschätzungen wieder, verhilft der Verweis auf die Kapitalmärkte den Unternehmensleitungen zu einer internen Legitimierung steigender Renditeanforderungen an die operativen Einheiten der Organisation. In diesem Sinne dürfte eine „Finanzialisierung" der Unternehmensentscheidungen weit verbreitet sein.

Die Kehrseite der strategischen Zentralisierung ist die Dezentralisierung der operativen Entscheidungskompetenzen. Zentrale Strategien definieren Vorgaben, an denen sich operative Einheiten verantwortlich ausrichten müssen, sei es kosten-, sei es profitverantwortlich. Dabei lassen sich strategische Vorgaben auf unterschiedliche Weise an die dezentralen Einheiten weiterleiten. Eine traditionelle Form ist die Definition von Budgets und damit der Ressourcen, mit denen die dezentralen Einheiten wirtschaften können. Eine neuere Form stellen Kennziffern dar. Kennziffern sind quantitative Vorgaben für bestimmte Zielgrößen wie Rendite oder Kosten, die dezentrale Einheiten zu erfüllen haben. An diesen Zielgrößen richten sich zugleich die variablen Vergütungsbestandteile von Managern aus. Es bleibt im Rahmen der operativen Dezentralisierung (Faust et al. 1994) den dezentralen Einheiten überlassen, wie sie mit den ihnen zugewiesenen Budgets zurechtkommen oder auf welche Weise sie versuchen, die Kennziffern zu erfüllen.

Die für die Entwicklung der Arbeitsorganisation wohl entscheidende Folge der Marktsteuerung ist, dass die Beschäftigten direkt mit den Anforderungen des Marktes als einer sachlichen Notwendigkeit konfrontiert werden. Sei es in „konventionalisierten" oder „innovativen" Formen der Arbeitspolitik (Schumann

1998), die Beschäftigten haben einen eigenen Beitrag zur Erfüllung der marktgebundenen Ziele zu entrichten, um das Überleben ihrer Einheit zu sichern oder ihren Arbeitsplatz zu verteidigen. Die Auseinandersetzung der Beschäftigten mit dem Markt wird auch als „indirekte Steuerung" (Glißmann/Peters 2001) bezeichnet, weil die Hierarchie als Koordinationsmechanismus zumindest teilweise durch Marktprozesse ersetzt wird und auf diese Weise hinter anonyme Systemzwänge zurücktritt. Die indirekte Steuerung erscheint deshalb auch als „abstrakter Kontrollmodus" (Dörre 2002).

Aber auch für die indirekte Steuerung in der Arbeitsorganisation gilt, dass sie in mehreren Formen auftreten kann. Erstens kann es so sein, dass der Marktdruck als Existenzdruck der operativen Einheit wirkt. In diesem Szenario ist das mit dem Marktdruck verbundene Beschäftigungsrisiko die „Triebkraft der Rationalisierung" (Dörre 2002). Zweitens kann den Beschäftigten der Markt auch in der konkreten Gestalt des Kunden gegenübertreten. Dies ist vor allem in Unternehmensbereichen der Fall, in denen Beschäftigte einen direkten Kundenkontakt haben. Kundenbeziehungen können aber auch innerhalb der Organisation durch die Schaffung interner Kunden quasi simuliert werden. Auch in diesen Fällen wird eine Verantwortung für Qualität, Termintreue oder, allgemeiner, Kundenzufriedenheit geschaffen. Und drittens schließlich kann der Markt in Form von Leistungs- und Ergebniszielen Einzug in die Arbeitsorganisation halten. Das zentrale Instrument der Zielvermittlung und -formulierung sind Zielvereinbarungen.

Die Formen der indirekten Steuerung allerdings beruhen nicht nur auf der Marktkoordination. Hierarchien sind ein Grundelement jeder Organisation (Kühl 2002a). Die hierarchische Steuerung wird deshalb nie vollständig ersetzt, sondern durch marktorientierte Steuerungsformen allenfalls ergänzt. Ob Beschäftigte mit dem Markt in Form allgemeinen Drucks, der konkreten Gestalt des Kunden oder durch das Instrument der Zielvereinbarungen konfrontiert werden, immer ist ihre operative Einheit auch durch Hierarchien gekennzeichnet, die freilich in unterschiedlicher Intensität und unterschiedlichem Umfang das Organisationsgeschehen prägen können.

Diese Hierarchien bedienen sich heute vielfach diskursiver Elemente, des Instruments der „Verständigung". Nicht zuletzt die wachsende Beliebtheit von Zielvereinbarungen verweist auf die neue Rolle dieser Steuerungsform. Zielvereinbarungen können sowohl Instrument der hierarchischen Kontrolle als auch Transmissionsriemen der indirekten Steuerung sein. In diesem Sinn ist auch von einer „diskursiven Kontextsteuerung" (Bender 1997) gesprochen worden, in deren Rahmen zwischen unterschiedlichen Hierarchieebenen eine Vereinbarung über die Ziele und Rahmenbedingungen der Arbeit stattfindet. Dabei gilt aber zum einen, dass das Vorhandensein einer Hierarchie stets Voraussetzung derartiger Vereinbarungen ist. Und zum anderen ist zu beachten, dass Marktsteuerung im Prinzip keiner Verständigung bedarf. Denn die Selbstorganisation der Beschäftigten zur Bewältigung von Anforderungen des Marktes kann auch ohne diskursive Mechanismen auskommen. Das eigentlich Neue marktorientierter Steuerungsformen, aber auch ein wichtiges Kriterium ihrer internen Differenzierung, scheint also darin zu bestehen, dass Hierarchien durch andere Herrschaftsmedien ergänzt werden. Die Hierarchie tritt an bestimmten Punkten zur Seite und macht anderen, marktförmigen Koordinationsformen Platz. Doch der Markt bleibt hierarchisch eingebunden, seine Regeln werden vom Management definiert. Dies ist keine Abschwächung des Marktprinzips, sondern entspricht der „Natur" von Märkten. Wenn es richtig ist, dass „eine Gesellschaft die Märkte hat, die sie sich gibt" (Gadrey 2000: 144), dann funktionieren auch unternehmensinterne Märkte nie voraussetzungslos. Sie sind durch Entscheidungen des Managements reguliert.

Je ausgeprägter der Akzent der Organisation auf marktorientierten Steuerungsformen liegt, desto mehr ist davon auszugehen, dass die Beschäftigten in eine ambivalente Arbeitssituation geraten können. Die Herausforderung, die die indirekte Steuerung an ihr individuelles Problemlösungspotential stellt, birgt große Möglichkeiten der Entwicklung beruflicher und persönlicher Kompetenzen. Dies wird von vielen Beschäftigten als Chance und oftmals auch als Befreiung aus einem vormals engen Aufgabenzuschnitt bewertet. Die Voraussetzung und Basis für diese Herausforderung ist jedoch, dass das Unternehmen einen Teil des Risikos, das in der Umwandlung von Arbeitskraft in Arbeitsergebnis liegt, auf die Beschäftigten abwälzt. Wenn die Verantwortung und Selbständigkeit des Einzelnen im Arbeitsprozess zunehmen, kann sich ein Spannungsverhältnis zu den Rahmenbedingungen der Arbeit, vor allem zu den zur Verfügung gestellten Ressourcen ergeben, die für die Erfüllung der Arbeitsaufgabe benötigt werden. „Mehr Druck durch mehr Freiheit" (Glißmann/Peters 2001) ist das Motto, das diese widersprüchliche Arbeitssituation auf den Punkt bringt.

Gerade darin aber liegt ein grundsätzliches Problem für die Arbeitszeitregulierung. Denn im Rahmen marktorientierter Steuerungssysteme können „finanzialisierte" Unternehmensstrategien einen neuartigen Rendite- und Kostendruck auf die dezentralisierten Einheiten ausüben. Wenn aber die Freiheiten der neuen Selbständigkeit innerhalb des abhängigen Beschäftigungsverhältnisses den als sachlich erscheinenden Zwängen knapper Ressourcen und hohen Ergebnisdrucks gegenüberstehen, kann die kollektive Regulierung der Arbeitszeit von den Beschäftigten als Hemmschuh für die Erreichung der individuellen Ziele empfunden werden. In dieser Situation kann die Rationalisierung in eigener Regie zu einer Unterlaufung kollektiver Normen in eigener Regie führen. Lange, kollektivvertraglich nicht legitimierte Arbeitszeiten entstehen dann nicht trotz, sondern wegen der neuen Autonomie der Beschäftigten. Flexible betriebliche Arbeitszeitregulierung, die implizit immer die tatsächliche Möglichkeit von Par-

Die atmende Fabrik

tizipation und dezentraler Aushandlung voraussetzt, wird dann durch den stummen Zwang der Verhältnisse ausgehebelt.

Ebenso grundsätzlich wie an die Arbeitszeitregulierung ist die Herausforderung an die Mitbestimmung der Betriebsräte, der ja mit der Verbetrieblichung der Arbeitszeitregulierung eine noch zentralere Rolle als in der Vergangenheit zugesprochen wird. Wenn kollektiv vereinbarte Regulierungen individuell unterlaufen werden, sind es die Betriebsräte, die zum Wächter kollektiver Normen gegenüber den Beschäftigten werden und sich versucht sehen können, diese Normen als „Arbeitszeitpolizei" auch gegen den Willen vieler Beschäftigter durchzusetzen. Zugleich können sie vor allem in schwierigen wirtschaftlichen Situationen in die Rolle gedrängt werden, mit dem Arbeitgeber darüber zu verhandeln, wie tarifliche Normen so an betriebliche Bedürfnisse angepasst werden können, dass sie in der Konsequenz de facto umgangen werden. Damit können Betriebsräte in eine doppelte Zwickmühle geraten. Sie müssen auf der einen Seite die Bindekraft kollektiver Arbeitszeitregulierungen gegenüber den Beschäftigten verteidigen und sehen sich zugleich dem Druck „des Marktes" gegenüber, an den betriebliche Regulierungen auch um den Preis der Durchlöcherung tariflicher Normen angepasst werden müssen. In dieser Situation sind sie Bewahrer der praktischen Wirksamkeit der Arbeitszeitregulierung und zugleich Akteure im Prozess ihrer Erosion.

Dieses Szenario des zweifachen Unterlaufens beschreibt eine Möglichkeit, oder aus gewerkschaftlicher Perspektive: eine Gefahr. Ob und inwieweit diese Möglichkeit konkrete Gestalt annimmt, und welche Erfahrungen mit neuen Gestaltungsansätzen gesammelt werden, die sich dieser Herausforderung stellen, hängt von den Akteuren der industriellen Beziehungen ab und ist damit eine Frage politischer Auseinandersetzungen.

Ein allgemeiner, grober Indikator für den Realitätsgehalt dieses Szenarios ist die Entwicklung der tatsächlich geleisteten Arbeitszeiten. Wenn es richtig ist, dass die Arbeitszeitregulierung sowohl von außen als auch von innen erodiert, dann muss dies an Veränderungen in den Arbeitszeitstrukturen ablesbar sein. Selbstverständlich ist für die Beurteilung der Arbeitszeitrealitäten die Dauer der Arbeitszeit nur ein Aspekt unter mehreren. Eine ausführliche Analyse müsste weitere Aspekte wie die Lage und Verteilung der Arbeitszeit einschließlich der Regulierung von Teilzeitarbeit einbeziehen. Wir beschränken uns hier auf die Dauer der Wochenarbeitszeit, weil sie der zentrale Regelungsinhalt der Tarifverträge zur Arbeitszeit ist. Wir nehmen sie als Indikator für die Wirksamkeit und die Krisensymptome der Arbeitszeitregulierung per Tarifvertrag.

2. Stärken und Schwächen der tarifvertraglichen Arbeitszeitregulierung

Die durchschnittlichen tarifvertraglichen Arbeitszeiten in Deutschland liegen seit Mitte der 90er Jahre unverändert bei 37,65 Wochenstunden (BMWA 2003). Zuvor hatte es in Westdeutschland im Zeitraum Mitte der 80er bis Mitte der 90er Jahre deutliche Verkürzungen des tarifvertraglich vereinbarten Niveaus gegeben. In Ostdeutschland fielen die Verkürzungen Anfang und Mitte der 90er Jahre geringer aus. Wie verhalten sich nun die tatsächlichen Wochenarbeitszeiten im Vergleich zum Tarifniveau?

2.1 Die Entwicklung einer Arbeitszeitdrift

Die tatsächlichen Arbeitszeiten können auf verschiedene Weise geschätzt werden (vgl. Kasten 1). Eine mögliche Annäherung ermöglicht das Instrument repräsentativer *Betriebs*befragungen. So wird im IAB-Betriebspanel das Management nach der durchschnittlichen Dauer der *betrieblich vereinbarten* Wochenarbeitszeiten von abhängig in Vollzeit Beschäftigten im jeweiligen Betrieb gefragt. Da nur ein Teil der Betriebe der Tarifbindung unterliegt, ist davon auszugehen, dass die betrieblich vereinbarten Arbeitszeiten im Schnitt länger sind als die per Tarifvertrag vereinbarten. Tatsächlich lagen laut IAB-Betriebspanel im Jahre 2002 die durchschnittlichen vereinbarten Wochenarbeitszeiten in Westdeutschland bei 38,8 und in Ostdeutschland bei 39,6 Wochenstunden (Ellguth/Promberger 2003). Die Differenz zu den tarifvertraglichen Arbeitszeiten betrug demnach 1,4 bzw. 0,5 Wochenstunden.

Wichtig für die Höhe dieser Differenz sind sowohl die Tarifbindung (Kölling/ Lehmann 2002) als auch – vor allem in Westdeutschland – die Existenz eines Betriebsrates: So sind in Westdeutschland die vereinbarten Arbeitszeiten in Betrieben mit Betriebsrat um 0,6 Wochenstunden kürzer als in Betrieben mit ansonsten gleichen Charakteristika, aber ohne Betriebsrat (Ellguth/Promberger 2004).

Kasten 1: Die „Messung" der tatsächlichen Arbeitszeiten

Die tatsächlichen Arbeitszeiten können nur geschätzt werden. Das IAB zum Beispiel verfügt über eine lange Tradition der Rekonstruktion der durchschnittlichen Arbeitszeiten aus verschiedenen statistischen Quellen. Für das Jahr 2000 betrug die auf diese Weise, in zahlreichen Arbeitsschritten ermittelte durchschnittliche Arbeitszeit von Vollzeit-Arbeitnehmer/inne/n 1.654 Stunden (Bach et al. 2002). Dies entspricht un-

gefähr einer Wochenarbeitszeit von 39 Stunden. Ein Schwachpunkt dieser Methode besteht darin, dass für die Berechnung der Überstunden lediglich die beim Statistischen Bundesamt erfassten bezahlten Überstunden im produzierenden Gewerbe als Ausgangspunkt genommen werden.

Um derartige Beschränkungen zu vermeiden, kann auf repräsentative Beschäftigtenbefragungen zurückgegriffen werden. Die amtliche Statistik bietet hier als Quelle den Mikrozensus. Die Befragten werden dort um Selbsteinschätzungen ihrer „normalerweise" pro Woche gearbeiteten Stunden gebeten, außerdem nach den tatsächlichen Arbeitszeiten in einer bestimmten Woche. Zwei weitere wichtige Erhebungen sind die vom ISO Institut im Auftrag des Arbeitsministeriums von Nordrhein-Westfalen durchgeführte Arbeitszeitberichterstattung sowie das beim DIW geführte Sozioökonomische Panel (SOEP). Gefragt wird je nach Erhebung nach den „normalen", „gewöhnlichen" oder „im Durchschnitt tatsächlichen" Arbeitszeiten pro Woche, teilweise darüber hinaus nach den tatsächlichen Arbeitszeiten in einer bestimmten Woche, so dass implizit oder – wie beim SOEP – explizit regelmäßig gearbeitete Überstunden ins Erhebungskonzept einbezogen sind. Die verschiedenen Erhebungen produzieren höchst unterschiedliche Ergebnisse (Tabelle 1).

Die Ursachen dieser Unterschiede sind zunächst bei den angewandten Methoden zu suchen. Die methodischen Probleme beginnen bei der genauen Formulierung der Frage und ihrer Stellung im Fragebogen. So ist es für die Höhe der geschätzten tatsächlichen Wochenarbeitszeit wichtig, ob zuvor nach der vereinbarten Arbeitszeit gefragt wurde (wie in der ISO-Erhebung) oder nicht (wie beim Mikrozensus). Die Antwort hängt ebenfalls davon ab, ob ausdrücklich nach Überstunden gefragt wurde (Schief 2003). Zu methodischen Problemen der Arbeitszeitmessung am Beispiel der Europäischen Arbeitskräftestichprobe vergleiche auch Bruyère/Chagny (2002) und Robinson et al. (2002). Die Schwierigkeit im Umgang mit diesen unterschiedlichen Angaben liegt darin, dass es nicht möglich ist, aufgrund der Fragestellung zu entscheiden, welche von ihnen am „realistischsten" ist. Der Grund dafür liegt in der Sache selbst: Es wird für Beschäftigte heutzutage immer schwieriger, eine präzise Antwort auf die Frage zu geben, wie viele Stunden sie gewöhnlich pro Woche arbeiten. Die Flexibilisierung der Arbeitszeit macht für viele Arbeitnehmer/innen die Wochenarbeitszeit zu einer abstrakter werdenden Größe. Viele derjenigen, die da antworten, kennen die „richtige" Antwort selber nicht. Was zählt und gemessen wird, ist das „Gefühl" der Befragten. Man mag sich pragmatisch auf den Standpunkt stellen, das Gefühl der Betroffenen sei allemal der sicherste Gradmesser. Die mangelnde Präzision und die ihr zugrunde liegende Problematik in der Sache müssen aber im Blick behalten werden.

Hinsichtlich der ermittelten Daten ist zum einen hervorzuheben, dass die ISO-Erhebung sich bei den vereinbarten Arbeitszeiten mit dem IAB-Panel deckt. Dies spricht für die Zuverlässigkeit auch der Angaben zu den tatsächlichen Wochenarbeitszeiten.

Außerdem ist wichtig, dass die hier verglichenen Erhebungen nur im Niveau, nicht jedoch in der Tendenz zu unterschiedlichen Ergebnissen führen. Die im Folgenden dargestellte Entwicklung der Wochenarbeitszeiten in den 80er und 90er Jahren lässt sich also auch mit dem SOEP belegen.

Wir haben uns aus mehreren Gründen für die Verwendung des Mikrozensus entschieden. Zu den großen Vorzügen dieser Datenquelle gehören die hohe Fallzahl sowie die Möglichkeit, längere Zeitreihen zu erstellen. Hinzu kommt, dass ein Sample aus dem Mikrozensus in die Europäische Arbeitskräftestichprobe eingeht, so dass EU-Vergleiche auf der Grundlage harmonisierter Erhebungen angestellt werden können. Wir verwenden im Folgenden die Angaben des Mikrozensus bzw. der Europäischen Arbeitskräftestichprobe zu den „normalerweise" pro Woche gearbeiteten Stunden, die wir im Text der besseren Verständlichkeit halber als „tatsächliche Arbeitszeiten" bezeichnen.

Tab. 1: Vereinbarte und tatsächliche durchschnittliche Wochenarbeitszeit von Vollzeit-Arbeitnehmer/inne/n nach verschiedenen Datenquellen (Westdeutschland, 1999/2000*, in Stunden pro Woche)

	Mikrozensus	ISO	SOEP	IAB**
Vereinbarte Arbeitszeit 1999/2000	–	39,0	38,6	38,9
Tatsächliche Arbeitszeit 1999/2000	40,2	41,5	44,6	–

*   Angaben des ISO für 1999
**   Betriebspanel des IAB für 2002; nur Industrie und privater Dienstleistungssektor; Ost- und Westdeutschland
Quellen: BMA (2002), Bundesmann et al. (2000), Sonderauswertungen des SOEP und des Mikrozensus durch Alexandra Wagner (FIA)

Neben Betriebsbefragungen bieten repräsentative Beschäftigtenbefragungen eine Annäherung an die Ermittlung der tatsächlichen Arbeitszeiten. Laut Mikrozensus des Statistischen Bundesamts arbeiteten abhängig beschäftigte Vollzeit-Arbeitnehmer/innen in Deutschland im Jahre 2001 im Durchschnitt rund 40 Stunden, der Unterschied zwischen Ost- und Westdeutschland war nur minimal. Dies entspricht – entgegen einem vor allem in Deutschland verbreiteten Vorurteil – dem Durchschnitt aller EU-Länder (Lehndorff 2003a). Zwischen der durchschnittlichen tatsächlichen und der durchschnittlichen tarifvertraglichen Wochenarbeitszeit liegen in Westdeutschland etwas über zweieinhalb Stunden und in Ostdeutschland knapp eine Stunde (Tabelle 2).

Tab. 2: *Durchschnittliche tarifvertragliche, betriebliche und tatsächliche Wochenarbeitszeit von Vollzeit-Arbeitnehmern in Deutschland (2001/2002)*

	West	Ost
Tarifvertragliche Arbeitszeit (2002)	37,4	39,1
Betrieblich vereinbarte Arbeitszeit (2002)	38,8	39,6
Individuelle tatsächliche Arbeitszeit (2001)	40,0	40,0

Anmerkung:
Differenzierte Angaben zu den tatsächlichen Arbeitszeiten in Ost- und Westdeutschland sowie auf Branchenebene waren zum Zeitpunkt der Untersuchung nur bis 2001 möglich.

Quellen: BMWA 2003; Ellguth/Promberger 2003; Mikrozensus

Zu den Unterschieden zwischen tariflicher, vereinbarter und tatsächlicher Arbeitszeit kommt es nicht allein wegen bezahlter oder unbezahlter Überstunden, sondern auch aus zahlreichen anderen Gründen: Nicht alle Betriebe sind tarifgebunden (zur abnehmenden Tarifbindung vgl. Kohaut/Schnabel 2003); etliche Tarifverträge enthalten Öffnungsklauseln oder andere Möglichkeiten für Arbeitszeitabweichungen nach oben (Bispinck et al. 2004); die Arbeitsbedingungen eines Teils der Angestellten sind außertariflich geregelt; und *last not least* wird gegen bestehende Tarifverträge verstoßen (vgl. am Beispiel der ostdeutschen Metallindustrie Schmidt et al. 2003).

Bemerkenswert ist nun, dass die Kluft zwischen tariflicher und tatsächlicher Wochenarbeitszeit in den 90er Jahren größer geworden ist (Abbildung 1). Während der zweiten Hälfte der 80er Jahre waren in Westdeutschland die Arbeitszeiten trotz Wirtschaftsaufschwungs noch zurückgegangen. Sie folgten den tarifvertraglichen Arbeitszeitverkürzungen wie an einem Gummiband. Nach der Rezession 1993/94 begannen sie jedoch zu steigen. Für den Beginn eines Aufschwungs ist dies nicht ungewöhnlich. Am Beginn von Aufschwungphasen halten sich die Unternehmen zunächst mit Neueinstellungen zurück und fahren vermehrt Überstunden, bevor sie sich bei einer Stabilisierung des Aufschwungs durch Neueinstellungen die Teilnahme am weiteren Wachstum sichern. Das Neue in den 90er Jahren bestand nun darin, dass die für den Beginn der Wachstumsphase typische Arbeitszeitverlängerung über die gesamte Wachstumsphase des Zyklus hinweg fortgesetzt wurde. Damit korrespondierte der geringe Beschäftigungszuwachs in diesem Zeitraum. Anders als in dem Wirtschaftsaufschwung der 80er Jahre konnte in den 90er Jahren die gewerkschaftliche Arbeitszeitpolitik der Verlängerung der tatsächlichen Arbeitszeiten nichts mehr entgegensetzen. Eine ganz leichte Verkürzung der tatsächlichen Arbeitszeiten trat erst mit dem Erlahmen des (ohnehin geringen) Wirtschaftswachstums in 2001 ein, Hand in Hand mit dem Rückgang der Beschäftigtenzahlen.

Stärken und Schwächen der tarifvertraglichen Arbeitszeitregulierung

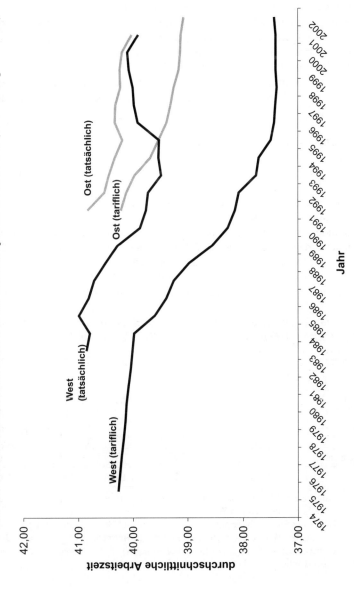

Abb. 1: Entwicklung der durchschnittlichen tarifvertraglichen und tatsächlichen regelmäßigen Wochenarbeitszeit von Vollzeit-Arbeitnehmer/inne/n in der Bundesrepublik Deutschland (in Stunden pro Woche)

Quellen: BMWA 2003; Europäische Arbeitskräftestichprobe

In Westdeutschland hat sich also in den 90er Jahren – parallel zur „negativen Lohndrift" – eine „Arbeitszeitdrift" entwickelt. Demgegenüber blieben in Ostdeutschland die tatsächlichen Arbeitszeiten in dieser Periode weitgehend stabil, nachdem sie zu Beginn der 90er Jahre im Gefolge der tarifvertraglichen Arbeitszeitverkürzungen zunächst gesunken waren. Im Ergebnis näherten sich bis zum Ende der 90er Jahre die westdeutschen Arbeitszeiten dem höheren ostdeutschen Niveau an – trotz der fortbestehenden Differenz zwischen den tarifvertraglichen Arbeitszeiten von 1,7 Wochenstunden.

Diese Durchschnittszahlen ergeben sich aus Veränderungen der Arbeitszeitstrukturen, die auf Schwachstellen der Arbeitszeitregulierung schließen lassen.

2.2 Differenzierung der Arbeitszeiten

Nicht alle Vollzeitbeschäftigten mussten in den 90er Jahren länger arbeiten. Der Hauptgrund für die längere Durchschnittsarbeitszeit war eine stärkere Ausfächerung der Arbeitszeiten nach oben. Dies wird sichtbar, wenn man die Verteilung der tatsächlichen Arbeitszeiten von Vollzeit-Arbeitnehmer/inne/n auf verschiedene Stunden-Intervalle betrachtet (Tabelle 3). Die Arbeitszeitverkürzungen hatten zunächst dazu geführt, dass bis zum Beginn der 90er Jahre in Westdeutschland die 40-Stunden-Woche als faktischer Arbeitszeitstandard abgelöst wurde durch eine starke Häufung im Bereich von 36 bis 39 Wochenstunden. Auch danach, als ab Mitte der 90er Jahre die Durchschnittsarbeitszeiten wieder anstie-

Tab. 3: Häufigkeitsverteilung der tatsächlichen Wochenarbeitszeiten von Vollzeit-Arbeitnehmer/inne/n (nur Westdeutschland)*

Stunden-Intervall	1984	1995	2000	2001
bis einschließlich 35**	2,3	3,9	10,0	10,3
36 bis 39	0,5	65,2	46,3	47,0
40	87,6	21,1	31,3	31,3
41 bis 48	4,4	4,2	5,1	4,8
49 und mehr	5,2	5,7	7,3	6,5
	100,0	100,0	100,0	100,0

* Angaben in Prozent aller Vollzeit-Arbeitnehmer/innen, d.h. n Prozent arbeiten gewöhnlich n Stunden pro Woche.
** In diesem Stundenintervall befinden sich sowohl Beschäftigte mit tarifvertraglicher 35-Stunden-Woche als auch Vollzeitkräfte in Betrieben, die aufgrund anderer Vereinbarungen – z.B. Beschäftigungssicherungsverträgen – kurze Arbeitszeiten haben.
Quelle: Europäische Arbeitskräftestichprobe

gen, gingen für einen Teil der Beschäftigten die Verkürzungen der tatsächlichen Arbeitszeit noch weiter. Doch für einen weitaus größeren Teil setzte ein Pendelschlag zurück zur 40-Stunden-Woche oder zu noch längeren Arbeitszeiten ein. Hinter der Verlängerung der durchschnittlichen Arbeitszeiten verbirgt sich also eine zunehmende Arbeitszeitdifferenzierung. Sie folgt Segmentationslinien zwischen verschiedenen Beschäftigtenkategorien (Tabelle 4):

- Männer in Vollzeit arbeiten länger als Frauen in Vollzeit, und der Unterschied hat sich in beiden Teilen Deutschlands erhöht. In Ostdeutschland hat sich die Kluft zwischen den Arbeitszeiten von in Vollzeit beschäftigten Männern und Frauen innerhalb von zehn Jahren fast verdoppelt und annähernd westdeutsches Niveau erreicht.
- Angestellte arbeiten länger als Arbeiter (dieser Strukturunterschied ist in Westdeutschland deutlich stärker als in Ostdeutschland ausgeprägt). Während die westdeutschen Angestellten zunächst an den tarifvertraglichen Arbeitszeitverkürzungen ungefähr in gleichem Maße partizipiert hatten wie die Arbeiter, betraf sie dann die Verlängerung der Arbeitszeit in der zweiten Hälfte der 90er Jahre stärker als die Arbeiter.
- Eine weitere Schere öffnet sich bei den Arbeitszeiten der Hochqualifizierten gegenüber den Vollzeit-Arbeitnehmer/inne/n mit mittlerer Qualifikation (ebenfalls vor allem in Westdeutschland; vgl. auch Wagner 2000).

Bemerkenswert ist, dass die Ausdifferenzierung zwischen Arbeitern und Angestellten und nach Qualifikation bei dem leichten Rückgang der durchschnittlichen Arbeitszeit von 2000 auf 2001 nicht ebenfalls zurückgegangen sind.

Tab. 4: Arbeitszeitdifferenzierung nach Beschäftigtenkategorien (normale Wochenarbeitszeiten von Vollzeit-Arbeitnehmer/inne/n; in Stunden pro Woche)

	1985	1991	1994	1997	2000	2001
Westdeutschland						
Alle Arbeitnehmer/innen (Vollzeit)	41,1	39,8	39,5	40,1	40,2	40,0
Unterschied Männer/Frauen	0,5	0,8	0,8	1,1	1,3	1,3
Unterschied Angestellte/Arbeiter	0,8	0,8	0,9	1,2	1,1	1,3
Unterschied hohe/mittlere Qualifikation	1,9	1,4	1,5	2,1	2,3	2,4
Ostdeutschland						
Alle Arbeitnehmer/innen (Vollzeit)	–	40,9	40,4	40,4	40,3	40,0
Unterschied Männer/Frauen	–	0,6	0,5	1,1	1,1	1,1

Quelle: Mikrozensus

Ziehen wir eine kurze Zwischenbilanz: Die Daten zu den tatsächlichen Arbeitszeiten und zu den Strukturverschiebungen zeigen auf der einen Seite, dass die normierende Kraft der Tarifverträge für einen sehr großen Teil der Vollzeitbeschäftigten – vor allem für Arbeiter – weiterhin wirksam ist. Doch auch die Schwächen werden sichtbar. Seit Mitte der 90er Jahre wächst der Anteil der Beschäftigten mit solchen Arbeitszeiten, deren Bindung an tarifvertragliche Normen lockerer wird. Dies betrifft vor allem Angestellte und unter ihnen am ehesten hoch Qualifizierte. Diese Ausdifferenzierungen sind in Westdeutschland stärker ausgeprägt als in Ostdeutschland. Im Durchschnitt – aber nur im Durchschnitt! – ist die 40-Stunden-Woche wieder zur faktischen Normalarbeitszeit in Deutschland geworden.

2.3 Brennpunkt Metallindustrie

Stärken und Schwächen der tarifvertraglichen Arbeitszeitbegrenzung zeigen sich auch beim Blick auf verschiedene Wirtschaftszweige (Abbildungen 2 und 3). Zunächst wird sichtbar, dass die Ost-West-Angleichung der tatsächlichen Arbeitszeiten (auf ostdeutschem Niveau) weit vorangeschritten ist. Vergleichsweise inhomogen ist dagegen die Arbeitszeitlandschaft in der Metallindustrie. Sie gehört zu den Bereichen der deutschen Wirtschaft, die besonders stark unter internationalem Konkurrenzdruck stehen, und sie steht im Mittelpunkt des öffentlichen Interesses immer dann, wenn es um Tarifpolitik und die Zukunft der Flächentarifverträge geht.

Im Vergleich mit den anderen abgebildeten Wirtschaftszweigen zeigt sich, dass die tatsächlichen Arbeitszeiten in der westdeutschen Metallindustrie zwar am kürzesten sind. Doch zugleich ist hier die Kluft zum Tarifniveau am größten – und seit Mitte der 80er Jahre überdurchschnittlich stark angestiegen: 1985 lag die durchschnittliche tatsächliche Wochenarbeitszeit von Vollzeit-Arbeitnehmer/inne/n in der westdeutschen Metallindustrie noch bei 39,7 Stunden, und die Differenz zum Tarifniveau betrug lediglich 1,2 Stunden, während in der gesamten Wirtschaft die Durchschnittsarbeitszeit mit 41 Wochenstunden 1,4 Stunden oberhalb des Tarifniveaus lag. In Westdeutschland hat also innerhalb von 15 Jahren die Arbeitszeitdrift in der Gesamtwirtschaft um rund eine Stunde, in der Metallindustrie um über zwei Stunden zugenommen.

Die Lösung von der tariflichen Norm in der Metallindustrie ist bei den Angestellten besonders stark ausgeprägt. Ihre tatsächliche Arbeitszeit lag 2001 in Westdeutschland um 4,6 Wochenstunden über dem Tarifniveau, gegenüber 2,6 Stunden bei den Arbeitern. Wohlgemerkt: Sie arbeiten immer noch kürzer als die Angestellten vieler anderer Branchen. Doch das „Gummiband", an dem die tatsächlichen Arbeitszeiten der Angestellten in der Metallindustrie durch Ar-

Stärken und Schwächen der tarifvertraglichen Arbeitszeitregulierung

beitszeitverkürzungen nach unten gezogen worden sind, ist wieder länger geworden.

Abb. 2: Differenz zwischen tarifvertraglichen und tatsächlichen Wochenarbeitszeiten von Vollzeit-Arbeitnehmer/inne/n (2001, Westdeutschland, in Stunden pro Woche)

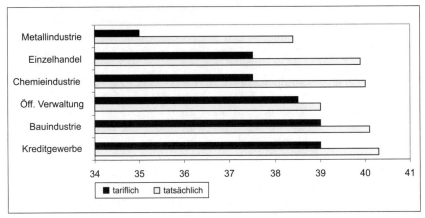

Abb. 3: Differenz zwischen tarifvertraglichen und tatsächlichen Wochenarbeitszeiten von Vollzeit-Arbeitnehmer/inne/n (2001, Ostdeutschland, in Stunden pro Woche)

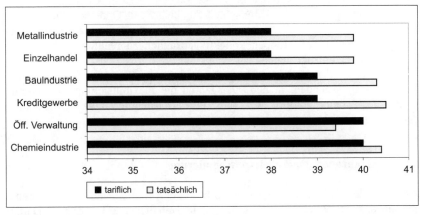

Quellen: BMWA 2003; Mikrozensus

Die Vermutung liegt nahe, dass zu der besonders starken Arbeitszeitdrift bei Angestellten in der Metallindustrie die für diese Branche eigentümliche Differenzierungsmöglichkeit der Arbeitszeiten beigetragen hat. Bekanntlich geben die Tarifverträge dem Arbeitgeber die Möglichkeit, mit – je nach Tarifgebiet – 13 oder 18% der Beschäftigten des Betriebes Arbeitszeiten von bis zu 40 Wochenstunden individuell zu vereinbaren. 2002 nutzten bereits 88% der Unternehmen der Metall- und Elektroindustrie diese Quotenregelung (Gesamtmetall 2002). In der Praxis wird die Quote zudem mitunter überschritten (Haipeter/Lehndorff 2002).

Nun ist der Arbeitszeitunterschied zwischen Angestellten und Arbeitern in der Metallindustrie nicht größer als in etlichen anderen Branchen. Aber in der Metallindustrie vollzieht sich diese Differenzierung vor dem Hintergrund einer insgesamt überdurchschnittlich starken Arbeitszeitdrift, so dass die offizielle Tarifnorm von 35 Wochenstunden für viele Angestellte keinen Bezugspunkt für die alltägliche Arbeitszeitpraxis bildet. Unter diesem Vorzeichen besteht das eigentliche Problem der Metall-Quotenregelung darin, dass sie einzelvertragliche zu Lasten kollektivvertraglicher Regelungen fördert. Die Erosion von Arbeitszeitnormen wird in Angestelltenbereichen auf diese Weise politisch begünstigt.

Beim Abschluss der Tarifrunde 2004 haben die Tarifparteien der Metallindustrie jetzt vereinbart, in Betrieben mit mehr als 50% der Beschäftigten in den beiden oberen Entgeltgruppen Betriebsvereinbarungen über die (bezahlte) 40-Stunden-Woche für bis zu 50% der Belegschaft zu ermöglichen. Falls die präzise definierten Bedingungen nicht gegeben sind, können Ergänzungstarifverträge abgeschlossen werden (vgl. Tarifarchiv 2004). Diese Vereinbarung ergänzt die Quotenregelung, schafft sie also nicht ab. Sie eröffnet aber eine neue Möglichkeit, Abweichungen von der 35-Stunden-Woche der Logik der Flächentarifverträge unterzuordnen. Im Unterschied zur bisherigen Quotenregelung bietet der gefundene Kompromiss Ansatzpunkte, um die Arbeitszeiten auch für Angestellte in höheren Tarifgruppen kollektivvertraglich zu regulieren und in die Mitbestimmung einzubeziehen.

Diese neuen Akzente in der Tarifpolitik bekräftigen aber nur die eingetretene Verschiebung: Nachdem in den 90er Jahren die Flexibilisierung das zentrale Thema der Arbeitszeitpolitik war, rückt nun offensichtlich die Differenzierung der Arbeitszeiten ins Zentrum.

2.4 Grauzonen der Arbeitszeitregulierung

Zwischen den Differenzierungstendenzen und der Flexibilisierung der Arbeitszeit auf der betrieblichen Ebene gibt es zum Teil fließende Übergänge. Darauf lassen Befunde zum Strukturwandel der Überstunden und zur praktischen Funktionsweise von Arbeitszeitkonten schließen. In den 90er Jahren sind die bezahlten Überstunden – mit zyklischen Schwankungen – auf dem Niveau geblieben, auf dem sie sich seit den 80er Jahren bewegen. Angestiegen dagegen ist zum einen die unbezahlte Mehrarbeit, deren Bedeutung mit der Qualifikation und dem beruflichen Status zunimmt. Am wichtigsten aber sind solche Überstunden geworden, von denen die Befragten angeben, dass sie zu einem späteren Zeitpunkt durch Freizeit ausgeglichen würden (Tabelle 5). Diese strukturelle Verschiebung ist vor allem für Angestellte relevant, unter denen der Anspruch auf Freizeitausgleich mittlerweile die bei weitem wichtigste Kompensationsform für Überstunden ist (Wagner 2000).

Tab. 5: Strukturveränderungen der Überstundenarbeit in Deutschland (in Stunden)*

	1989	1999
Überstundenvolumen pro Beschäftigten pro Woche	2,0	2,8
davon: – *bezahlt*	*1,0*	*0,9*
– *unbezahlt*	*0,4*	*0,8*
– *mit Zeitausgleich*	*0,6*	*1,1*

* 1989 nur Westdeutschland
Quelle: Bundesmann-Jansen et al. (2000)

Doch diese Erwartung eines Zeitausgleichs in der Zukunft ist nicht immer realistisch. Wie eine ISO-Unternehmensbefragung ergab, haben nur 14% der Betriebe mit Arbeitszeitkonten den vereinbarten Zeitraum für den Ausgleich der Konten stets eingehalten. Wenn nun aber dieser Ausgleichszeitraum überschritten wird, dann werden nur in 12% der Betriebe (mit 20 und mehr Beschäftigten) die aufgelaufenen Arbeitszeitguthaben kurzfristig abgebaut. In den meisten Betrieben werden die überschüssigen Zeitguthaben nach Angaben der Manager entweder ausbezahlt (29%), einfach weitergeschoben (21%), gelegentlich auf Langzeitkonten transferiert (5%), und in 20% der Betriebe verfallen die „überschüssigen" Zeitguthaben ohne Gegenleistung des Betriebes (Bauer et al. 2002).

Betrachtet man die in diesem Kapitel präsentierten Befunde im Zusammenhang, ergibt sich eine widersprüchliche Bilanz. Für große Teile der abhängig Beschäftigten bieten die Tarifverträge nach wie vor einen verlässlichen Schutz vor Bemühungen von Arbeitgebern, die tatsächlichen Arbeitszeiten zu verlängern. Doch es gibt erste Anzeichen dafür, dass diese Wirksamkeit allmählich nachlässt.

– Die Dauer der Wochenarbeitszeit von männlichen Angestellten, insbesondere bei höherer Qualifizierten, löst sich teilweise von den tarifvertraglichen Standards.

- Die Metallindustrie, die in hohem Maße der internationalen Konkurrenz ausgesetzt ist, weist zwar im Vergleich der großen Wirtschaftszweige die niedrigsten tatsächlichen Durchschnittsarbeitszeiten auf, doch sind hier zugleich der Abstand zum tarifvertraglichen Niveau sowie die Kluft zwischen Arbeitern und Angestellten besonders groß.
- Die Übergänge zwischen Arbeitszeitflexibilisierung, -differenzierung und -verlängerung werden teilweise fließend, es bildet sich eine Grauzone der Arbeitszeitregulierung heraus.

Aus den hier präsentierten Daten die Prognose abzuleiten, dass sich eine längerfristige Tendenz der Arbeitszeitverlängerung ankündigt, wäre verfrüht. Die Zahlenreihen aus einem noch recht kurzen Zeitraum eignen sich nicht dazu, eine säkulare Wende von der Arbeitszeitverkürzung zur Arbeitszeitverlängerung zu diagnostizieren. Worum es tatsächlich geht ist, für die zukünftige Tarifpolitik die Möglichkeit eines weiteren Wegdriftens der tatsächlichen von den tarifvertraglichen Arbeitszeiten vor allem bei Angestellten ernst zu nehmen. Viele von ihnen, vor allem höher Qualifizierte, arbeiten nicht in festen Arbeitszeitsystemen. Wenn zum Beispiel die Leistungen des Bildungs- und Ausbildungssystems nicht ausreichend mit den zunehmenden Qualifikationsanforderungen mitwachsen, kann sich bereits daraus ein Treibsatz für die Arbeitszeiten entwickeln. Arbeitszeitverlängerungen sind auch ein nahe liegendes Ventil für die Bewältigung aller Probleme, die sich aus der systematischen Verknappung von Personalbudgets ergeben. Schließlich – und dies war ja unsere Ausgangshypothese – können vor allem die neuen, indirekten Steuerungsformen der Unternehmen und Organisationsformen der Arbeit weiteren Arbeitszeitverlängerungen Schubkraft verleihen. Gegenüber all diesen Kräften erweisen sich die herkömmlichen Formen und Praktiken der kollektivvertraglichen Arbeitszeitregulierung bereits jetzt als nur begrenzt widerstandsfähig.

Die Tatsache, dass die durchschnittlichen tatsächlichen Arbeitszeiten bei vielen Angestellten nur eine geringe erkennbare Verbindung zu den tarifvertraglichen Normen zeigen, darf nicht als ein zu vernachlässigendes Problem von Gruppen betrachtet werden, unter denen gewerkschaftlicher Einfluss „immer schon" schwach war. Es handelt sich vor allem bei höher Qualifizierten um größer werdende Minderheiten, und die Organisationsformen, in denen viele von ihnen arbeiten, sind keineswegs für sie reserviert. In den hier dargestellten Problemen sind deshalb Herausforderungen an die Funktionsweise des gesamten Tarifvertragssystems zu sehen.

In seiner gegenwärtigen Verfassung ist das Tarifvertragssystem jedoch diesen Herausforderungen nur teilweise gewachsen. Dies wird insbesondere an der veränderten Rolle der Betriebsräte deutlich. Ihnen kommt immer mehr Verantwortung für die effektive Begrenzung der Arbeitszeit zu. Zum einen deshalb, weil die Tarifpolitik den betrieblichen Verhandlungsparteien ausdrücklich immer größere Gestaltungsspielräume überlässt, zum anderen aber auch wegen der abnehmenden Deckungsrate der Tarifverträge. Zugleich hat die arbeitszeitpolitische Handlungsfähigkeit der Gewerkschaften in den 90er Jahren deutlich abgenommen. Die Tendenzen in Arbeitgeberorganisationen und in der Politik, das System der Flächentarifverträge grundsätzlich in Frage zu stellen, erstarken. Die Betriebsräte fungieren also zunehmend als ein Anker der Arbeitszeitregulierung, aber das Umfeld, in dem sie agieren, bietet ihnen dafür einen schwächer werdenden Rückhalt.

Durch diese Verbetrieblichung ohne ausreichende Korrektive nimmt die Gefahr zu, dass betriebliche Kompromisse gefunden werden, die zu Lasten Dritter gehen – von konkurrierenden Betrieben und ihren Belegschaften bis hin zu Arbeitslosen. Ein Kerngedanke flächendeckender Arbeitszeitregulierung bestand ja immer darin, die Unterbietungskonkurrenz zu Lasten Dritter einzudämmen. Betriebliche Arbeitszeitregulierung, die nicht selber paradoxerweise zur Aufhebung von Arbeitszeitregulierung insgesamt beitragen soll, muss sich an diesem Sinn von Regulierung messen lassen.

Vor diesem Hintergrund gilt es, Reformexperimente auszuwerten, die darauf gerichtet sind, die praktische Wirksamkeit tarifvertraglicher Arbeitszeitregulierung zu erhöhen. Im Folgenden wollen wir nun erläutern, für welchen Typ von betrieblicher Arbeitszeitregulierung wir uns in unserem Projekt interessiert haben.

3. Gegenstand, Fragestellung und Methode unserer Untersuchung

3.1 Der Untersuchungsgegenstand: Neuartige Formen der Arbeitszeitregulierung

Die Begrenzung der Arbeitszeiten durch die Flächentarifverträge ist für die Mehrheit der abhängig Beschäftigten nach wie vor wirksam. Dennoch muss man sich, wie die Analyse der tatsächlichen Arbeitszeiten gezeigt hat, mit der Möglichkeit auseinandersetzen, dass die Arbeitszeitdrift der letzten zehn oder 20 Jahre wachsende Teile der Arbeitnehmer/innen betrifft. In diesem Fall würde das Tarifvertragssystem vor allem hochorganisierte, aber kleiner werdende Kerngruppen schützen und dabei allmählich seine Fähigkeit einbüßen, gesellschaftliche Standards zu prägen. Bispinck (2003: 403) fasst diese Problematik mit den Worten zusammen, dass

> „zwar ein plötzliches Kollabieren wenig wahrscheinlich (ist), aber mittelfristig ist ein Szenario nicht auszuschließen, in dem das bestehende Tarifsystem an den Rändern weiter ausfranst und auch in den angestammten Kerngebieten immer mehr an faktischer Regulierungskraft verliert."

Deshalb steht unseres Erachtens die Frage zur Debatte, ob und wie es den Gewerkschaften gelingen kann, die Dezentralisierung von Arbeitszeitregulierung nicht vorrangig defensiv zu bewältigen, sondern die in diesem Prozess zugleich schlummernden offensiven Potentiale zu nutzen. Grundsätzlich bietet Dezentralisierung die Möglichkeit, kollektivvertragliche Normen näher an die einzelnen Beschäftigten heranzubringen. Das ist keineswegs so banal, wie es sich vielleicht anhört. Die ganze Diskussion über die Reform der Tarifverträge in Deutschland dreht sich um das Problem, wie die Tarifverträge attraktiver für die Unternehmen gemacht werden könnten, um die Tarifflucht einzudämmen. Dabei bleibt aber die elementare Erfahrung unbeachtet, auf die Schmidt et al. (2003: 243) hinweisen:

> „Nachlassende Mitgliederbindung und Konfliktfähigkeit der Gewerkschaften angesichts der strukturellen Massenarbeitslosigkeit verringern folglich den Organisationsbedarf der Unternehmen und schwächen somit die Arbeitgeberverbände. Wenn zur Erklärung der schwindenden Tarifsetzungsmacht der Gewerkschaften verschiedentlich auf die erodierende Verpflichtungsfähigkeit der Arbeitgeberverbände verwiesen wird, so ist dies eine etwas verkürzte Sicht der Dinge."

Wir wollen diesen Gedanken aufgreifen und ihn positiv formulieren: Tarifverträge werden erst dann für Unternehmen attraktiv, wenn sie für Beschäftigte attraktiv sind. Wenn die Ausdifferenzierung von Arbeitszeiten zu einem Schwachpunkt tarifvertraglicher Arbeitszeitregulierung wird, dann muss die Suche nach Möglichkeiten, tarifvertraglichen Normen wieder ein größeres Gewicht in der täglichen Arbeitszeitpraxis zu geben, bei einer Stärkung individueller Kontrollmöglichkeiten der Arbeitszeit ansetzen. Dies ist der zentrale Gesichtspunkt, unter dem wir unsere Untersuchungsfälle ausgewählt haben.

In einer Reihe von Betriebsvereinbarungen oder Firmentarifverträgen wurden in den letzten Jahren praktische Ansätze entwickelt, die in diese Richtung deuten. Regelungstechnisch sind sie sich durch Gestaltungsmerkmale charakterisiert, die wir als „Haltegriffe" für die Beschäftigten bezeichnen, weil es niemand den Beschäftigten abnehmen kann, selber nach ihnen zu greifen (Lehndorff 2003b). Hier einige Beispiele:

- Wenn die tarifvertragliche Wochenarbeitszeit mehr und mehr zu einer Rechengröße wird, dann müssen die Arbeitszeitkonten so organisiert sein, dass die Transparenz der Arbeitszeit für die Beschäftigten erhalten bleibt. Dies ist die elementare Voraussetzung dafür, den Faden zur tarifvertraglichen Arbeitszeitbegrenzung nicht reißen zu lassen.
- Die Beschäftigten werden diese Transparenz zu schätzen wissen, wenn ihnen individuelle Gestaltungsmöglichkeiten ihrer Arbeitszeit garantiert werden, insbesondere das Recht, über Zeitguthaben zu verfügen.
- Wenn Zeitvolumina – vor allem längerfristig – als Guthaben auf Konten oder in Kombinationen unterschiedlicher Typen von Arbeitszeitkonten geparkt werden, dann müssen die Beschäftigten die Möglichkeit haben, sie für Zwecke ihrer Wahl zu nutzen.

Derartige Regelungen lösen sofort die Frage aus, was denn passiert, wenn den Beschäftigten laut Betriebsvereinbarung zustehende Gestaltungsmöglichkeiten in der betrieblichen Praxis nicht realisierbar sind. Es ist deshalb sinnvoll, Situationen zu beschreiben, in denen die Betriebsparteien in Aktion treten und verhandeln müssen. Wenn z.B. Arbeitszeitguthaben nicht innerhalb des vereinbarten Ausgleichszeitraums abgebaut werden können, dann ist das eine solche Situation. Spätestens hier setzt die Mitbestimmung des Betriebsrates ein – es geht um die Definition von „Mitbestimmungsschwellen". Dieser Typ von Arbeitszeitregulierung enthält also nicht allein materielle Normen (wie z.B. die Höchstzahl von Stunden, die auf einem Arbeitszeitkonto verbucht werden dürfen), sondern auch Verfahrensregelungen, die definieren, welche Aktionen die betrieblichen Akteure einzuleiten haben, wenn die Praxis in Widerspruch zu den vereinbarten materiellen Normen gerät. Da die Arbeitszeit zum Kernbereich betrieblicher Mitbestimmung gehört, wird dies die Beschreibung neuer Aufgaben, Verantwortlichkeiten und Rechte des Betriebsrates nach sich ziehen.

Gegenstand, Fragestellung und Methode unserer Untersuchung 47

Gegenüber der herkömmlichen Arbeitszeitregulierung ist dies eine wichtige Weiterentwicklung. Im fordistischen Regime standen materielle Normen wie die 40-Stunden-Woche im Vordergrund der Regulierung. An diesen Standards gab es nichts zu rütteln, Veränderungen waren zwangsläufig Normabweichungen. Den inhaltlichen Standards waren prozedurale Normen angelagert, vor allem die Mitbestimmungspflichtigkeit der Mehrarbeit durch den Betriebsrat. Derartige Verfahren dienten und dienen dazu, die Abweichungen von der Regel zu regulieren. Auch in neuartigen, flexiblen Regimes gibt es sowohl materielle als auch prozedurale Normen. Aber die Gewichte zwischen ihnen und auch ihre Funktion verschieben sich. So existieren nach wie vor materielle Standards wie die Länge der wöchentlichen Arbeitszeiten oder wie Obergrenzen für Ausgleichszeiträume und Saldenbildungen auf Arbeitszeitkonten. Aber sie lassen mehr Spielraum für individuelles oder kollektives Handeln, der in stärkerem Maße von prozeduralen Standards reguliert wird. Beispiel dafür sind Normen für bilaterale Aushandlungen zwischen Vorgesetzten und Beschäftigten, Verfahrensweisen für den Umgang mit Problemsituationen oder Interventionspunkte für die Einbeziehung des Betriebsrates. Derartige Verfahrensregeln dienen weniger als früher dazu, Abweichungen von der materiellen Norm zu regulieren, sondern sie sollen eher dabei helfen, diese Norm überhaupt einzuhalten.

Im Mittelpunkt unseres Interesses stand nun die Frage, wie sich derartige „Haltegriffe" und „Mitbestimmungsschwellen" in der Praxis bewähren.

3.2 Das Problem: Die praktische Wirksamkeit neuartiger Formen der Arbeitszeitregulierung

Das wichtigste Kriterium für die Bestimmung der praktischen Wirksamkeit ist in unseren Augen die Bindekraft der Regulierung, also ihre normenstiftende Wirkung im betrieblichen Alltag. Wie bereits eingangs bemerkt: Der Sinn betriebsspezifischer Vereinbarungen besteht ja darin, Formen und Inhalte von Arbeitszeitregulierung zu vereinbaren, die in dieser Art auf der Ebene des Flächentarifvertrags wegen seiner größeren Allgemeinheit nicht gefunden werden können. Die normenstiftende Wirkung einer betrieblichen Regelung lässt sich dann daran ablesen, ob sie die materiellen Kernbestandteile des Tarifvertrages in den Betrieb transportiert und ob sie ggf. weitere, eigene Normen etabliert, die die Arbeitszeitpraxis prägen.

Nun lässt sich aus der Organisationssoziologie lernen, dass der formale Gehalt kollektiver Regulierungen wenig aussagt über die tatsächliche Arbeitszeitpraxis, die sich im Gefolge der Regulierung in den Betrieben oder den Betriebsteilen, die jeweils dem Geltungsbereich der Regulierung unterliegen, faktisch einspielt. In der „doppelten Wirklichkeit" von Organisationen fallen formale

Strukturen und tatsächliche Handlungen häufig auseinander. Formale Regelungen tragen zwar zur Strukturierung von Handlungsfeldern bei, indem sie Hierarchien zuweisen, Machtverteilungen festlegen und Handlungen legitimieren oder delegitimieren (Friedberg 1995). Aber sie determinieren Handlungen nicht, und sie sind nicht deckungsgleich mit der betrieblichen Praxis. Im Gegenteil, die betriebliche Praxis kann sich ziemlich unabhängig von den Vorgaben formaler Regelungen entwickeln. Und dies kann die Geltungskraft formaler Regelungen untergraben. In diesem Fall sind die formalen Regelungen nicht das Papier wert, auf dem sie gedruckt sind. Dabei ist allerdings zu beachten, dass eine „selektive Toleranz von Verstößen" gegen Regelungen auch funktional für die Geltungskraft einer Regelung sein kann (Friedberg 1995). So hat es beispielsweise in der stark formal regulierten tayloristischen Arbeitsorganisation immer betriebliche Praktiken gegeben, die von den Vorgaben der betrieblichen Zeit- und Leistungswirtschaft abwichen. Doch zielten diese Praxen häufig auf Lösungen für Probleme, die von den Rationalisierungsexperten nicht wahrgenommen worden waren. Das praktische Erfahrungswissen der Produzenten füllte die Lücken des Expertenwissens und trug damit zum Funktionieren einer Arbeitsorganisation bei, deren Fluchtpunkt gerade darin lag, das Erfahrungswissen der Beschäftigten aus dem Produktionsprozess zu verbannen (Wolff 1999).

Diese Vielschichtigkeit gilt es zu berücksichtigen, wenn die normenstiftende Wirkung von neuen Formen der Arbeitszeitregulierung untersucht wird. Aus ihr folgt nämlich, dass man einen Einblick in das wirkliche Leben der Organisation nur dann erhält, wenn man hinter die offiziellen Regeln und Regulierungen, aber auch hinter die Rationalitäts- und Legitimitätsfassaden einer Organisation schaut. Dies gilt zunächst mit Blick auf die normativen Orientierungen. Werden die Regeln einer Arbeitszeitregulierung von den Mitgliedern der Organisation als legitim anerkannt? Formulieren sie Normen, die handlungsorientierend wirken? Werden diese Normen von den Organisationsmitgliedern zur Rechtfertigung und Erklärung ihrer Handlungen genutzt? Je mehr dies der Fall ist, um so mehr stellt die Arbeitszeitregulierung eine legitime Ordnung mit hoher praktischer Wirksamkeit dar, je weniger, um so schlechter ist es um die praktische Wirksamkeit der Regulierung bestellt und um so weniger decken sich formale Strukturen und soziale Praktiken.

Bei der Analyse von Problemlagen und Erfolgsbedingungen neuartiger Formen der Arbeitszeitregulierung gehen wir von zwei Hypothesen aus. Erstens ist anzunehmen, dass Problemlagen und Erfolgsbedingungen durch die Regulierungen selbst begründet werden. Die dabei zu beantwortende Frage lautet, welche Regelungselemente oder welche Kombination von Regelungselementen für ein gutes oder schlechtes Funktionieren der Regelung nach den Kriterien der praktischen Wirksamkeit verantwortlich gemacht werden können. So kann beispielsweise eine Regelung die Festlegung von Kontengrenzen mit bestimmten Prozessnormen individualisierter Aushandlungen wie Arbeitszeitgesprächen koppeln. Führt das zu einer stärkeren Einhaltung der Kontengrenzen im Sinne der Bindekraft als dies bei Regulierungen der Fall ist, die dieses Regelungselement nicht kennen? Oder, um ein weiteres Beispiel zu nennen, wie funktioniert eigentlich eine Regel, die die Kappung von Zeitguthaben bei Überschreitung der Obergrenzen oder Ausgleichszeiträume eines Arbeitszeitkontos vorsieht? Hat sie eine Einhaltung der Kappungsgrenzen zur Folge oder entsteht Zeitverfall in größerem Ausmaß?

Zweitens ist aber als sicher anzunehmen, dass für den Erfolg oder Misserfolg einer Regulierung Kontextbedingungen wie die Unternehmens- und Arbeitsorganisation und die industriellen Beziehungen ganz entscheidend sind. Mit Blick auf die Organisation ist zu klären, ob und in welcher Gestalt neue Steuerungsformen Einzug in die Unternehmen gehalten haben. Werden partizipative Elemente der Arbeitszeitregulierung durch die Struktur der Arbeitsorganisation unterlaufen oder gefördert? Gefährdet Marktdruck und die Konfrontation der Beschäftigten mit dem Markt die praktische Wirksamkeit der Arbeitszeitregulierung? Mit Blick auf die industriellen Beziehungen steht im Vordergrund des Interesses, in welcher politischen Kultur der industriellen Beziehungen die Regulierungen ausgehandelt wurden und wie sich diese Kultur im Zuge der Regulierungspraxis entwickelt hat. Dabei ist besonderes Augenmerk auf die Rolle der Betriebsräte zu lenken. Wie sind sie in die Prozesse der Arbeitszeitregulierung eingebunden? Verfolgen sie eigene Gestaltungsabsichten? In welchem Verhältnis stehen repräsentative und direkte Interessenvertretung in der Arena der Arbeitsverfassung?

Damit ist die „Neugier" beschrieben, mit der wir die Fallbeispiele ausgewählt haben. Wir haben uns bei der Auswahl also nicht von Repräsentativitätsüberlegungen leiten lassen, sondern uns ganz bewusst für eine Konzentration auf einige wenige, uns aus den genannten Gründen besonders lehrreich erscheinende betriebliche Gehversuche mit Hilfe neuer Regulierungsansätze entschieden, die wir im Folgenden kurz vorstellen.

3.3 Untersuchungsbetriebe und Methode

Das wichtigste Kriterium für die Auswahl der Fallbeispiele war die Existenz von Regelungen, die wir oben mit den Schlagworten „Haltegriffe" und „Mitbestimmungsschwellen" bezeichnet haben. Um dieser Frage nachzugehen, haben wir Betriebe mit Vereinbarungen zur Arbeitszeitorganisation gesucht, die diese beiden Elemente enthalten. Wir haben uns dabei nicht auf eine bestimmte Art der Regulierung festgelegt. In tarifgebundenen Betrieben findet man derartige Regelungselemente heute häufig in Betriebsvereinbarungen, und in Betrieben, die keinem Arbeitgeberverband angehören, in Firmentarifverträgen. Eine dritte Variante sind so genannte Ergänzungstarifverträge, die zwischen den Tarifvertragsparteien für bestimmte Unternehmen vereinbart werden. In Teilen der IG Metall wird dieser Weg gegangen, nicht zuletzt aus der Überlegung heraus, damit als Gewerkschaft betriebsnah offensiver agieren zu können und dem Betriebsrat dadurch mehr Rückhalt zu geben (Schulz/Teichmüller 2001). Im Ergebnis der Metall-Tarifrunde 2004 dürfte diese Variante zunehmend Verbreitung finden, weil sie von den Tarifparteien ausdrücklich ins Auge gefasst wurde, um Bestimmungen der Flächentarifverträge an betriebliche Besonderheiten anzupassen, ohne dabei die Systematik des Flächentarifvertrags zu durchbrechen. Kurz, wir haben Pionierregelungen für unsere Untersuchung ausgewählt, die entweder wir selber als richtungsweisend betrachten oder solche, die in der öffentlichen Berichterstattung oder von den Tarifparteien in dieser Form behandelt wurden.

Unser wichtigstes Untersuchungsinstrument waren intensive Betriebsfallstudien. Im Folgenden geben wir einen kurzen Überblick über die untersuchten Betriebe (Tabelle 6).

Zwei der untersuchten Unternehmen sind Werke von Industrieunternehmen (Luftschiff, HighTech). Allerdings ist der von uns untersuchte Standort von HighTech ein Dienstleistungsbetrieb, denn es handelt sich um das Forschungs- und Entwicklungszentrum. Die anderen drei Fallbeispiele sind Dienstleistungsbetriebe aus der IT-Branche (Software, IT-Services und Kommunikator). In zwei Fällen (Software und IT-Services) handelt es sich um Software-Systemhäuser, Kommunikator ist bei den Telekommunikationsdienstleistungen verortet (vgl. zur Struktur der IT-Industrie Boes/Baukrowitz 2002).

Tab. 6: Untersuchte Betriebe

Unternehmen/Betrieb	Sektor/Branche	Beschäftigtengruppe	Status
Luftschiff	Flugzeugbau (Industrie)	Arbeiter	Einzelbetrieb eines europäischen Konzerns (Produktion)
HighTech	Entwicklungszentrum (Industrie)	Angestellte	Einzelbetrieb eines deutschen Unternehmens (Forschung und Entwicklung)
Software	IT-Industrie/Software (Dienstleistungen)	Angestellte	Deutsches Unternehmen
IT-Services	IT-Industrie/Software (Dienstleistungen)	Angestellte	Standort eines deutschen Konzerns
Kommunikator	IT-Industrie/Telekommunikation (Dienstleistungen)	Angestellte	Einzelbetrieb eines schwedischen Konzerns

Quelle: Eigene Erhebung

Mit Blick auf die untersuchten Beschäftigtengruppen dominierten die Angestellten. Die Arbeiter als Subjekte der Arbeitszeitgestaltung stehen in unserem Sample nur bei Luftschiff im Zentrum, dafür war diese Fallstudie im Vergleich besonders intensiv. Wir haben diese Wahl nicht deshalb getroffen, weil flexible Arbeitszeitregulierungen bei den Angestellten weiter fortgeschritten wären. In unserer Untersuchung der Arbeitszeiten in der Automobilindustrie konnten wir zeigen, dass zumindest in dieser Branche beide Beschäftigtengruppen gleichermaßen in flexiblen Regulierungen arbeiten (Haipeter/Lehndorff 2002). Sehr wohl aber lässt sich feststellen, dass bestimmte Regulierungsformen sich derzeit bei den Angestellten eher zu entwickeln scheinen, weil dort bestimmte Problemlagen schärfer ausgeprägt sind, die im Zuge der Reorganisation von Unternehmen entstehen und auch aus den Besonderheiten der dort vorzufindenden industriellen Beziehungen abgeleitet werden können. Die Möglichkeit, dass indirekte Steuerung zu „entgrenzten" Arbeitszeiten führt, ist vor allem dort präsent, wo die Arbeitszeiten von vornherein weniger vorstrukturiert sind als etwa in großen verketteten Produktionsabläufen. Damit wachsen die Herausforderungen an die Arbeitszeitregulierung. Wir gehen darauf noch näher ein.

Bei den Fällen handelte es sich zumeist um einzelne Betriebe von Unternehmen (Luftschiff, HighTech, IT-Services, Kommunikator), nur Software ist ein Gesamtunternehmen. Die Unternehmen waren teilweise, wie Luftschiff und Kommunikator, deutsche Töchter internationaler Konzerne oder, wie HighTech und IT-Services, selber Mutter eines internationalen Unternehmens. Der Gegenstand eines Falles ergab sich zwingend daraus, wie weit der Geltungsbereich der untersuchten Arbeitszeitregulierung gezogen war. Dies war die für die Falldefinition entscheidende Variable (Tabelle 7).

Sofern eine Bindung der Arbeitszeitregulierung an den Flächentarifvertrag vorlag, erfolgte sie in der Form eines Ergänzungstarifvertrages, eines Tarifver-

Tab. 7: Rahmenbedingungen der betrieblichen Regulierung

Unternehmen/Betrieb	Regulierungsebenen	Tarifbindung	Tarifbranche
Luftschiff	Ergänzungstarifvertrag für den Betrieb Betriebsvereinbarung	Ja	Metallindustrie
HighTech	Ergänzungstarifvertrag für F- und E-Standort Betriebsvereinbarung	Ja	Metallindustrie
Software	Betriebsvereinbarung	Nein	Keine
IT-Services	Ergänzungstarifvertrag für das Unternehmen Betriebsvereinbarung	Ja	Metallindustrie
Kommunikator	Betriebsvereinbarung	Nein	Keine

Quelle: Eigene Erhebung

trages also, der grundsätzlich auf den Regulierungen des Flächentarifvertrages beruht, diese jedoch in einigen Punkten für einen eingeschränkten und definierten Geltungsbereich verändert. Der Geltungsbereich einer Arbeitszeitregulierung kann ein Betrieb (Luftschiff, HighTech, Kommunikator) oder ein Unternehmen (Software, IT-Services) oder eine Beschäftigtengruppe (HighTech) sein.

Zwei der fünf Unternehmen weisen keine Tarifbindung auf. Diese Unternehmen entstammen nicht von ungefähr dem Dienstleistungssektor und speziell der IT-Branche. Bewegt sich allgemein die Tarifbindungsquote des Dienstleistungssektors schon unterhalb der des Verarbeitenden Gewerbes (Bispinck/Schulten 2003; Kohaut/Schnabel 2001; Trautwein-Kalms/Viedenz 2000), so gilt dies noch stärker für die deutlich durch kleinere und mittlere Unternehmen geprägte IT-Industrie (Bispinck/Trautwein-Kalms 1997). Nach Schätzungen arbeiteten dort in 2000 etwa 30-35% der Beschäftigten in Tarifbindung (Boes/Baukrowitz 2002), gegenüber 62,8% bezogen auf alle Beschäftigten (Kohaut/Schnabel 2001).

Generell ist die IT-Industrie durch eine zersplitterte Tariflandschaft gekennzeichnet, in der sich auf der einen Seite – trotz einiger neuerer Ansätze wie der Gründung des Bundesverbandes Informationswirtschaft, Telekommunikation und Neue Medien (Bitkom), der inzwischen nach eigenen Angaben etwa 1.300 Unternehmen vertritt – noch keine brancheneinheitlichen Arbeitgeberverbände herausgebildet haben und auf der anderen Seite auch die Gewerkschaften unter dem Dachverband des DGB in teilweise scharfen Auseinandersetzungen um die Zuordnung von Unternehmen zu ihren Organisationsbereichen stehen.

In der IT-Branche hat sich das so genannte Herkunftsprinzip und nicht das Branchenprinzip als Zuordnungskriterium der Unternehmen zum gewerkschaftlichen Organisationsbereich durchgesetzt (Bispinck/Trautwein-Kalms 1997). Entscheidend ist danach, aus welcher Branche ein Unternehmen ursprünglich entstammt, sofern es „outgesourct" und rechtlich eigenständig wurde, und welche Gewerkschaft vom Ursprung des Unternehmens her dafür zuständig war. Für nicht aus alten Branchen entstammende Unternehmen wurden zwischen den Gewerkschaften bestimmte Zuordnungen nach Teilbranchen vorgenommen. Aufgrund dieser Situation und des Fehlens kollektiver Verhandlungspartner auf Arbeitgeberseite dominieren Firmentarifverträge sowie unternehmensbezogene Ergänzungstarifverträge oder Anerkennungstarifverträge, Tarifverträge also, die ein Unternehmen formal an einen Flächentarifvertrag binden, obwohl das Unternehmen aus dem entsprechenden Arbeitgeberverband ausgeschieden ist.

Die drei tarifgebundenen Unternehmen sind allesamt in die Flächentarifverträge für die Metall- und Elektroindustrie eingebunden. Die zuständigen Tarifparteien sind daher Gesamtmetall auf der einen und die IG Metall auf der anderen Seite. Bei den zwei Betrieben/Unternehmen der Metallverarbeitung, Luftschiff und HighTech, erfolgt diese Zuordnung nach dem Branchenprinzip. Das Unternehmen des IT-Sektors ist ein Beispiel für das oben beschriebene Herkunftsprinzip. IT-Services war Anfang der 90er Jahre aus einem Industriekonzern „outgesourct" worden. Die damaligen Betriebsteile unterlagen weiter dem Flächentarif für die Metallindustrie. 1999 wurde dann ein neuer Ergänzungstarifvertrag zum Flächentarifvertrag zwischen der IG Metall und dem Arbeitgeberverband abgeschlossen, der für das gesamte Unternehmen einschließlich der mittlerweile neu hinzugekommenen Betriebsteile Geltungskraft hat. Die Dominanz der Flächentarifverträge der Metall- und Elektroindustrie mag auf den ersten Blick überraschen, denn gerade diese Industrie gilt als hervorstechendes Beispiel der „Old Economy" und damit auch überkommener, an fordistischen Standards orientierter Regulierungsstrukturen. Unsere Unternehmens- und Betriebsbeispiele zeigen jedoch, dass diese Einschätzung wohl nicht haltbar ist. Im Gegenteil, der Blick über Branchen und Sektoren hinweg deutet eher darauf hin, dass gerade im Herzen der Old Economy neue und innovative Formen kollektiver Arbeitszeitregulierung entstehen (dazu auch Trautwein-Kalms/Viedens 2000).

Die Fallstudien beruhen auf drei methodischen Pfeilern. Der erste Pfeiler ist die Auswertung schriftlicher Quellen. Dazu gehören die für die Fallunternehmen geltenden Betriebs- und Tarifvereinbarungen zur Arbeitszeitregulierung ebenso wie Geschäftsberichte oder Organigramme. Die Betriebs- und Tarifvereinbarungen werden auf die Regelungen und Regelungselemente der Arbeitszeit hin analysiert. Sie geben zudem einen ersten Eindruck von der jeweiligen politischen Kultur der Aushandlungsbeziehungen. Geschäftsberichte und Organigramme eröffnen Einblicke in den Stand und die Richtung der Reorganisation eines Unternehmens.

Den zweiten methodischen Pfeiler bilden leitfadengestützte Experten- und Beschäftigteninterviews. Die Experteninterviews umfassten Gespräche mit Vertretern des Unternehmens und des Betriebsrates. Ihr Ziel bestand darin, Aufschluss zu erhalten über die Problemwahrnehmungen der Experten bezüglich der alten Arbeitszeitregulierungen, über ihre Motive und Interessen in der Aushandlung neuer Regulierungen, über die Aushandlungsverläufe der Vereinbarung neuer Regulierungen, über ihre Einschätzungen der Aushandlungsergebnisse, über ihre Wertungen der bisherigen Regulierungspraxis und über weiteren Reformbedarf, der in ihrer Perspektive aus der bisherigen Regulierungspraxis entstanden ist. In den Experteninterviews konnten zudem zentrale Informationen über Stand und Verlauf der Organisationsentwicklung sowie über die Dynamik der industriellen Beziehungen in Betrieb und Unternehmen gewonnen werden.

Die Beschäftigteninterviews eröffneten Einblicke in die alltägliche Regulierungspraxis. Sie halfen bei der Beantwortung der Fragen, wo aus Sicht der Beschäftigten die Probleme der alten Arbeitszeitregulierung lagen, was sich durch die Einführung der neuen Regulierung für ihre Arbeitszeitpraxis verändert hat, wie sie die Veränderungen bewerten und welchen Verbesserungsbedarf in der Arbeitszeitgestaltung sie sehen. Zudem konnten Zusammenhänge zwischen Arbeitszeitpraxis, Reorganisation und industriellen Beziehungen aus Beschäftigtenperspektive beleuchtet werden. Schließlich gaben die Beschäftigteninterviews auch Aufschluss über unterschiedliche individuelle Wahrnehmungen und Interessen unter den Beschäftigten. Bei der Auswahl der Beschäftigten haben wir uns an die Vorschläge unserer Kontaktpersonen von Betriebsrat und Management gehalten. Dies konnte natürlich eine eingeschränkte Repräsentativität der Beschäftigten nach sich ziehen, sofern die Auswahl durch bestimmte Interessen der Kontaktpersonen geprägt wurde. Doch wurde diese Gefahr dadurch gemildert, dass die Auswahl immer im Konsens von Unternehmensleitung und Betriebsrat erfolgte. Zudem haben wir darauf Wert gelegt, dass die ausgewählten Beschäftigten einen guten Querschnitt über die unterschiedlichen Bereiche und Beschäftigtengruppen im Betrieb gebildet haben. Die Interviews hatten einen Umfang von im Schnitt 1-1,5 Stunden bei den Experten und ca. einer Stunde bei den Beschäftigten. Einen Überblick über die in den Fallstudien durchgeführten Interviews gibt Tabelle 8.

Tab. 8: Informationsbasis der Fallstudien

Unternehmen/ Betrieb	Zahl der Interviews	Experten	Beschäftigte	Daten zu den tatsächlichen Arbeitszeiten	Standardisierte Befragung
Luftschiff	33	11, darunter 4 Betriebsräte	21, incl. Vorgesetzte	ja	ja
HighTech	13	3, darunter 1 Betriebsrat	10, incl. Vorgesetzte	nein	nein
Software	17	4, darunter 2 Betriebsräte	13, incl. Vorgesetzte	teilweise	nein
IT-Services	14	4, darunter 2 Betriebsräte	10, incl. Vorgesetzte	teilweise	nein
Kommunikator	15	4, darunter 2 Betriebsräte	11, incl. Vorgesetzte	nein	nein

Wo die Fallstudien an besondere tarifliche Regulierungsformen wie Standortsicherungstarifverträge, Ergänzungstarifverträge oder Haustarifverträge angebunden waren, haben wir zusätzlich Interviews mit Vertretern der Tarifvertragsparteien geführt. In diesen Interviews wurden Informationen eingeholt über die Motive der Tarifvertragsparteien zur Vereinbarung gesonderter tariflicher Regulierungen, ihre Einschätzung des Falles für die Tariflandschaft ihrer Branche sowie die grundsätzlichen tarifpolitischen Strategien, die hinter den Regulierungen stehen. Auf diese Weise haben wir versucht, den Blick für Veränderungen in der Vernetzung der Regulierungs- und Verhandlungsebenen zu schärfen und Erkenntnisse über den Tellerrand der Unternehmensgrenzen hinaus zu gewinnen.

Den dritten methodischen Pfeiler der Fallstudien bilden quantitative Daten zur Entwicklung der Arbeitszeiten in den Unternehmen, die von den Personalabteilungen der Unternehmen erfragt wurden. In den meisten Betrieben erwies es sich jedoch als problematisch, betriebliche Daten zur Entwicklung der tatsächlichen Arbeitszeiten zu bekommen. Wir kannten dieses Problem bereits aus früheren Untersuchungen (Haipeter/Lehndorff 2002). Einer Offenlegung dieser Daten können vielfältige Motive und Gründe entgegenstehen, nicht zuletzt der sensible Charakter detaillierter Personalstatistiken, so dass wir auch für Daten dankbar waren, die wenigstens als näherungsweise Indikatoren für die Entwicklung der Arbeitszeiten dienen konnten. Ein wichtiger Grund für das Fehlen derartiger Angaben besteht in vielen Fällen auch darin, dass diese Daten gar nicht existieren. Dies kann als Indikator für Probleme der praktischen Wirksamkeit interpretiert werden. Denn je weniger präzise Zahlen zu den tatsächlichen Arbeitszeiten vorliegen, desto geringer ist die Transparenz der Information und desto größer ist die Gefahr der Entwicklung von Grauzonen der Regulierung. Für Probleme der Transparenz kann es mindestens drei Ursachen geben. Erstens kann durch gestaffelte Kontensysteme die Übersichtlichkeit über Arbeitszeiten gefährdet werden, weil die Datenflut zur Verwaltung der Konten nicht mehr beherrschbar ist. Dies ist ein technisches Problem der Datenverwaltung. In der Konsequenz verschwinden Arbeitszeiten im Labyrinth der Kontensysteme. Zweitens können durch die Auszahlung oder die Kappung von Zeitsalden Zeiten in Geld umgewandelt oder ersatzlos gestrichen werden, so dass sie nicht mehr als Arbeitszeiten in den Statistiken auftauchen. Und drittens kann der Verzicht auf eine verbindliche oder zentralisierte Erfassung der Arbeitszeiten dazu führen, dass entweder gar keine Statistiken mehr bestehen oder diese nur bedingt verlässlich sind, weil sie auf den Angaben der Beschäftigten beruhen, die nicht immer ein eigenes Interesse an der korrekten Angabe ihrer Zeiten haben.

Wirklich umfassend wurden uns lediglich bei Luftschiff Arbeitszeitdaten zur Verfügung gestellt. Bei Software und bei IT-Services haben wir wenigstens in teilweisen Umfang Daten erhalten, die Rückschlüsse auf die Nutzungspraktiken der flexiblen Regulierungen und auf die Entwicklung der tatsächlichen Arbeitszeiten zuließen. Bei HighTech haben wir keine Daten erhalten, und im Fall von Kommunikator existieren diese Daten nicht.

Bei Luftschiff konnte darüber hinaus eine betriebsweite Fragebogenerhebung zur Arbeitszeitregulierung durchgeführt werden, die von den Betriebsparteien ausdrücklich gewünscht worden war. Sowohl von Seiten der Unternehmensleitung als auch von Seiten des Betriebsrates und der IG Metall gab es ein großes Interesse an einer möglichst intensiven Fallstudie, aus der sich die Akteure Hinweise für die weitere Gestaltung der Arbeitszeitregulierung erhofften.

Die Ergebnisse unserer Fallstudien wurden mit den betrieblichen Experten rückgekoppelt. Die Rückkopplung erfolgte in allen Fällen so, dass uns die Experten konstruktive Hinweise zum Ausräumen von Missverständnissen und zur Weiterentwicklung der Fallstudien gegeben haben. Bei Luftschiff und Software haben wir die Fallstudienergebnisse auch vor einem größeren Kreis betrieblicher Akteure zur Diskussion gestellt. Im Falle von Luftschiff fanden die Ergebnisse der Beschäftigtenbefragung und der Fallstudie Eingang in die Diskussionen über die Reform des Ergänzungstarifvertrages.

Im Folgenden geben wir zunächst einen ausführlichen Überblick über die studierten Regelungen, ihr Zustandekommen und den jeweiligen Kontext, bevor wir im Teil 3 ihre praktische Wirksamkeit analysieren.

Teil 2: Die untersuchten Betriebe: Arbeitszeitregulierung, Organisation und industrielle Beziehungen

In diesem Abschnitt stellen wir unser Sample neuartiger Arbeitszeitregulierungen eingehender vor. Der Schwerpunkt der Darstellung liegt in der Beschreibung der zentralen Regulierungselemente und der Stellschrauben der Flexibilität. Doch betrachten wir die Regulierungen auch in ihrem Entstehungsprozess. Denn das Bestehende lässt sich nur als Gewordenes begreifen, so lautet ja eine alte Weisheit der Frankfurter Schule. Um zu verstehen, warum eine Regulierung so aussieht, wie sie aussieht, ist der – teilweise lange – Weg von den Problemen und Interessen der Akteure über die Aushandlungen bis zu den jeweiligen Kompromissen nachzuzeichnen, die den kollektiven Regulierungen zugrunde liegen. Dabei spielen nicht zuletzt die Kontextbedingungen der kollektiven Regulierung, die Formen der Organisation und der industriellen Beziehungen, eine große Rolle. Welcher Organisationsrahmen umspannt die Regulierung der Arbeitszeit? Wie sieht die Kultur der Austauschbeziehungen und die Machtverteilung zwischen den Akteuren der industriellen Beziehungen aus? Diese Fragen werden im Folgenden jeweils für jeden der fünf Fälle dargestellt.

4. Luftschiff: Die atmende Produktion

Luftschiff ist der einzige Fall unseres Samples, der sich um eine tarifliche Arbeitszeitregulierung für Arbeiter eines Industriebetriebes der Metallindustrie dreht. Das Ausgangsproblem der Verhandlungen über einen Ergänzungstarifvertrag für das Werk war die Steigerung der internen Flexibilität. Damit waren zwei zentrale Zielsetzungen verbunden: Die „atmende" Fabrik von Seiten der Werksleitung und die Beschäftigungssicherung von Seiten des Betriebsrates und der Gewerkschaft. Die Steigerung der internen Flexibilität lässt sich als Ziel aber nur erklären aus der umfassenden Reorganisation des Werkes und der gesamten Unternehmensorganisation.

4.1 Grundlinien der Organisation von Unternehmen und Arbeit

Das Komponentenwerk mit seinen etwa 2.000 Beschäftigten ist Teil eines europäischen Konzerns. In den letzten Jahren wurde im Konzern eine Reform der

Unternehmensstrukturen eingeleitet, die auf die Zentralisierung strategischer finanzwirtschaftlicher Entscheidungen bei gleichzeitiger Dezentralisierung operativer Entscheidungen in den Geschäftseinheiten und Werken des Unternehmens abzielt. Die einzelnen Produktionswerke einer Wertschöpfungsstufe wurden zu so genannten „Manufacturing Divisions" zusammengefasst. Die Divisionen werden durch finanzwirtschaftliche Zielvorgaben der Konzernzentrale gesteuert. Diese Renditevorgaben werden, so betonte der Werksleiter, sowohl aus einem Vergleich mit weltweiten „Top-Performern" als auch aus den Erwartungen der Finanzmärkte abgeleitet und auf die weiteren Organisationsebenen heruntergebrochen. In diesem Rahmen haben die Manufacturing Divisions und die einzelnen Werke eine Kostenverantwortung. So besteht für das untersuchte Werk das Ziel einer jährlichen Produktivitätssteigerung respektive Kostensenkung (Cost-Improvement) von 5%. Neben die Kostenziele tritt ein kontinuierliches Kostenbenchmarking sowohl mit den anderen internen Produktionsstandorten der Division als auch global mit Kostenkalkulationen für potentielle alternative Produktionsstandorte.

Die Kostenziele werden von der Werksleitung in die Werksorganisation weitergeleitet. „Wertorientierte Führung", so wird intern die Ausrichtung des Werkes auf die Kosten- und Produktivitätsziele bezeichnet. Damit wird ein direkter Bezug der Steuerung und Organisation des Betriebes zu den Leitbildern eines kapitalmarktorientierten Managements des Shareholder Value hergestellt, dessen vordringlichste Maxime ja die Steigerung des Unternehmenswertes an den Finanzmärkten ist. Die entscheidende Voraussetzung für die Durchsetzung einer wertorientierten Führung war und ist in den Augen der Betriebsleitung die Reorganisation des Werkes in Richtung Dezentralisierung der unternehmerischen Verantwortung. Die Dezentralisierung erfolgte und erfolgt noch in mehreren Schritten und auf mehreren Ebenen. Die erste Ebene der Reorganisation betrifft die Werksstrukturen. Die alten fordistischen Werksstrukturen mit ihrer funktionalen Versäulung wurden in eine dezentrale Center-Organisation überführt. Das Werk wird von zwei großen Produktionscentern geprägt, der Komponentenfertigung und der Montage. Die Komponentenfertigung umfasst gut 800 Beschäftigte, die Montage etwa 950. Die auch als Segmente bezeichneten Center sind ihrerseits in Subcenter bzw. Subsegmente untergliedert.

Die beiden beherrschenden Produktionssegmente werden über Kostenziele und Zielvereinbarungen gesteuert. Wie die Werksleitung mit der Geschäftsleitung, so vereinbaren die Segmentleiter mit der Werksleitung und die Subsegmentleiter mit der Segmentleitung individuelle Ziele. Damit finden auf allen drei Ebenen – Werk/Segment/Subsegment – in einem kaskadenförmig angelegten individualisierten Aushandlungsprozess Zielvereinbarungen statt, bei denen die Kostenziele des Werkes als zentrale Kennziffer in das Werk hineingetragen werden. Dabei werden die Kostenziele durch spezifischere Ziele wie Termine und

Qualität ergänzt und präzisiert. Während bei diesen Unterzielen ein Spielraum für dezentrale Aushandlungen besteht, definieren die dem Werk vorgegebenen Kostenziele verbindliche Zielmarken für die Segmente und die Subsegmente. Auf allen Hierarchieebenen bis zu den Subsegmenten sind die Zielvereinbarungen mit variablen Entgeltbestandteilen gekoppelt. Dies gilt nicht für die Meister. Aber auch die Meister verhandeln mit den Subsegment- und Segmentleitern Ziele. Die Ziele der Meister bilden das Scharnier zu den Zielvereinbarungen der direkten Produktion.

Das Prinzip der wertorientierten Führung folgt der Logik der Marktsteuerung. Ziele beziehen sich auf Marktsignale und -erfordernisse, und zwar, weil wertorientiert, vor allem auf die Signale der Finanzmärkte. Die dezentralen Einheiten können operativ selbständig auf diese Signale und Erfordernisse als zentrale Rahmenbedingungen ihres Handelns reagieren. Dabei darf aber nicht übersehen werden, dass neben der Marktsteuerung auch die beiden anderen aus der Organisationssoziologie bekannten Steuerungsformen von Organisationen, die Hierarchie auf der einen und die Verständigung auf der anderen Seite, eine wichtige Rolle spielen. So nimmt die Unternehmensleitung die Deutungshoheit ein in der Frage, was genau als Marktsignal und -erfordernis wahrzunehmen ist. Diese Interpretationen der Unternehmensleitung werden dann über das Steuerungsinstrument der Hierarchie als strategische Zielvorgabe vermittelt durch Kennziffern im Top-down-Verfahren in die Organisation eingespeist. Wenigstens mit Blick auf ergänzende Ziele findet aber auf der operativen Ebene auch eine Verständigung zwischen unterschiedlichen Hierarchieebenen über die Erreichbarkeit und die Ergänzung von Zielen statt.

Das Prinzip der wertorientierten Führung und der Dezentralisierung unternehmerischer Verantwortung wird bis auf die Ebene der Arbeitsorganisation verfolgt. Die Reorganisation der Arbeitsorganisation hat zwei zentrale Eckpfeiler, die Einführung der Gruppenarbeit und des „Beteiligungsmodells" auf der einen und die flexible Organisation der Arbeitszeit als Grundlage einer flexiblen, atmenden Produktion auf der anderen Seite.

Die Grundlage der Gruppenarbeit war bereits 1996 durch eine Betriebsvereinbarung geschaffen worden. In der Betriebsvereinbarung wurde das Leitziel der flächendeckenden Einführung einer teilautonomen Gruppenarbeit formuliert. Für den in Form von Pilotprojekten vollzogenen Start der Gruppenarbeit wurden eine Reihe anzustrebender Arbeitsinhalte in Form von Leitlinien präzisiert, die das Verständnis einer teilautonomen Gruppe (TAG) eingrenzten und das Konzept für die Werkstatt operationalisierbar machen sollten. Zu diesen Arbeitsinhalten gehörten die Zeitautonomie der Gruppe, die Durchführung der Urlaubs- und Schichtplanung, die Autonomie bei der Gestaltung der Arbeitsteilung in der Gruppe, die Abstimmung mit Lieferanten und Kunden, die Zeichnungsberechtigung für Gemeinkosten und Materialien, die Disposition von Werkzeugen, die eigenständige Einhaltung von Qualitätsstandards, die Ausarbeitung von Optimierungsvorschlägen, die Termin- und Bedarfsplanung, Zugriffsrechte auf Planung und Steuerung sowie die Verantwortung für Mehraufwand und Gemeinkosten. In der Summe der Einzelpunkte ergibt sich aus den Leitlinien das Gruppenbild einer umfassenden Verantwortung sowohl für Personaleinsatz, Qualität, Termine und Kosten als auch für Zeit- und Leistungssteuerung. Angestrebt wurde nicht mehr und nicht weniger als der Bruch mit dem Zeit- und Leistungsregime des Taylorismus.

In der Praxis wurde schnell deutlich, dass die Klärung der Schnittstellen zur Hierarchie von entscheidender Bedeutung für das Gelingen des Projektes Gruppenarbeit sein würde. Zunächst einmal war die Einführung der Gruppenarbeit verbunden mit einer Abflachung der Hierarchien. Die Ebene des Vorarbeiters wurde aufgelöst; der Meister wurde zur neuen Schnittstelle für die TAGs. In der neuen Hierarchie ist der Meister der direkte disziplinarische Vorgesetzte der Gruppen. Er vereinbart die Leistungsziele mit der Gruppe und hat zugleich die Verantwortung für die Veränderungsprozesse in seinem Bereich. Das erwünschte Rollenbild ist das des Coaches und Promotors, der helfen, unterstützen und anspornen soll (dazu auch Steinmetz 1998). Doch nicht nur an der Schnittstelle zum Meister, auch im Verhältnis zu den Indirekten mussten die Zuständigkeiten neu geordnet werden. Denn die Gruppen sollten ja neue Verantwortung bei der Planung, Instandhaltung und Qualitätssicherung übernehmen. Und schließlich stellte sich die Hierarchiefrage innerhalb der Gruppe. Dabei wurde es den Gruppen überlassen, ob sie einen Gruppensprecher wählen oder nicht und wie sie sich intern strukturieren.

Das entscheidende Regelungsscharnier für die Klärung der Gruppenverantwortung und für die Einbindung der Werkstatt in die Zielkaskade des Werkes ist das so genannte Beteiligungsmodell. Im Kern des Beteiligungsmodells steht die Schaffung von Anreizen für die Selbstrationalisierung der Gruppen. Konkret beruht das Modell auf zwei Instrumenten. Das erste Instrument ist die Festlegung von Kennziffern, die der Reduzierung von Overhead-Kosten dienen sollen. Im Beteiligungsmodell werden vier zentrale Kennziffern gebildet, darunter beispielsweise Gemeinkosten durch kurzfristige Störfaktoren. Diese Kennziffern sind verbindliche Verhandlungsgegenstände für die Zielvereinbarungen zwischen den Gruppen und den Meistern bzw. Subsegmentleitern. Das zweite Instrument ist die Unterschreitung der über das traditionelle MTM-Verfahren ermittelten Soll-Leistungen. Die Zeitwirtschaft unterlegt den Arbeitsprozess mit Daten, indem sie die Vorgabezeiten für die Gruppe ermittelt. Zwar definieren diese Daten formal die Standard- oder Normalleistung für die Gruppe. Diese Soll-Leistung stellt aber nicht mehr, wie noch im tayloristischen Leistungskompromiss, die Höchstleistung für die Gruppe dar (dazu Lang/Meine/Ohl 2001). Sie ist vielmehr nur noch die Grundlage für Optimierungen der Gruppe. Allerdings werden im Unterschied zu den Kennziffern keine konkreten Ziele für die Unterschreitung der Soll-Leistung verhandelt. Die Optimierungen werden von der Gruppe angezeigt und daraufhin von der Zeitwirtschaft zu neuen Vorgabezeiten überarbeitet.

Das Beteiligungsmodell ist ein Gain-Sharing-Modell. Die Gruppe kann sowohl durch Verbesserungen der Vorgabezeiten als auch durch Übererfüllungen der Soll-Ziele für die Kennziffern Guthaben auf ihrem Zeitkonto sammeln. Das Beteiligungsmodell sieht vor, die Gruppen an den Ergebnissen ihrer Rationalisierung zu beteiligen. Einsparungen bei den Vorgabezeiten, dem Feld der Zeitwirtschaft also, werden für den Bewertungszeitraum von einem Jahr mit einem Faktor von 1,5 multipliziert und der Gruppe vollständig gutgeschrieben. Einsparungen bei den Soll-Werten für die Unterbrechungscodes werden den Gruppen zu 60% gutgeschrieben. Die niedrigere Bewertung dieser Verbesserungen ergibt sich aus dem Charakter der Einsparungen. Einsparungen bei den Vorgabezeiten sind dauerhaft, insofern sie direkt in die Zeitbausteine der Zeitwirtschaft einfließen. Einsparungen bei den Unterbrechungen hingegen sind oftmals nur einmalig.

Grenzen für die Leistungsintensivierung bestehen erstens darin, dass Abweichungen von den Soll-Vorgaben nach unten keine Verdienstminderung zur Folge haben dürfen. Das heißt, dass die Beschäftigten zwar mit einer unternehmerischen Verantwortung konfrontiert werden, sie jedoch kein direktes unternehmerisches Risiko zu tragen haben. Und zweitens besteht keine Verpflichtung zur Reduzierung von Vorgabezeiten. Die Rationalisierung in Eigenregie ist – zumindest mit Blick auf die Vorgabezeiten – freiwillig.

4.2 Die industriellen Beziehungen und die Genese der Arbeitszeitregulierung

Die Reorganisation des Betriebes und der Arbeitsorganisation ist ein in hohem Maße ausgehandelter und regulierter Prozess. Gruppenarbeit und das Beteiligungsmodell beruhen auf ausgehandelten Kompromissen zwischen den Akteuren der betrieblichen Arena. Nicht eine unilaterale Managementstrategie, sondern das Zusammenspiel unterschiedlicher Interessen und Orientierungen in der „politischen Kultur der Austauschbeziehungen" im Betrieb (Bosch et al. 1999) ist verantwortlich für die Dynamik der Reorganisation. Die gilt auch und gerade für die Aushandlung der neuen Arbeitszeitregulierung.

Die industriellen Beziehungen im Betrieb ruhen auf drei Eckpfeilern. Der erste Eckpfeiler lässt sich am besten als kooperative Konfliktbewältigung (Weltz 1977) charakterisieren. Von beiden Betriebsparteien wird der kooperative Zuschnitt der industriellen Beziehungen betont. Beide Seiten heben die konstruktive Art und Weise hervor, in der mit der jeweils anderen Partei Probleme diskutiert und Lösungen ausgehandelt werden können. Die Anerkennung der anderen Seite und die Legitimität unterschiedlicher Interessen wird nicht in Frage gestellt, sondern als Selbstverständlichkeit vorausgesetzt. Unterschiedliche Standpunkte werden kontrovers verhandelt und auch vor der betrieblichen Öffentlichkeit nicht verschwiegen. Am Ende der Aushandlungen sollte aber ein für beide Seiten tragfähiger Kompromiss gefunden werden. Dazu gehört auch, dass die Verhandlungsparteien Abstriche von Maximalforderungen zu machen bereit sind.

Für den Betriebsrat ist dieser Modus der Austauschbeziehungen mit einem Wechsel seiner Rolle und seines Selbstverständnisses verbunden. Nicht mehr der nach außen wirkungsvolle Konflikt, sondern die konstruktive Problemlösung steht im Zentrum seiner Politik. Damit hat er einen Schritt in Richtung Versachlichung der Beziehungen gemacht (Bosch 1997), freilich aber um den Preis eines Verlustes an Rollenklarheit:

„Die alte Rollenklarheit ist dadurch natürlich verschwommen. Nun sagen einige Werker: Die reden ja wie die Führung. Wir haben da ohne Zweifel eine neue Praxis: Wir hauen nicht mehr nur auf die Führung drauf. Das war zwar sehr wirkungsvoll, man erreicht aber dadurch nur noch sehr wenig, weil man immer am Ende der Prozesse steht und davon überrollt wird. Jetzt erreichen wir zwar viel, aber dafür weniger im Konflikt. Durch die Teilnahme an Prozessen ist die Interessenvertretung einfach effizienter machbar." (Betriebsratsvorsitzender)

Die kooperative Konfliktbewältigung beinhaltet im Verständnis der Akteure eine aktive Teilnahme des Betriebsrates an betrieblichen Prozessen. Dies ist der zweite Eckpfeiler der industriellen Beziehungen im Werk. Der Betriebsrat hat eine „gestaltungspolitische Wende" (Haipeter 2000) durchlaufen. Die Erarbeitung eigener Gestaltungskonzepte und die zunehmende Einbindung der Interessenvertretung in betriebliche Prozesse kann als Übernahme einer Rolle des Co-Managements bewertet werden. Dabei ist jedoch zu beachten, dass der Betriebsrat diese Rolle nicht als Erfüllungsgehilfe des Managements durchführt. Er betreibt Co-Management vielmehr aus einer Position der Stärke heraus. Diese gründet sich vor allem auf den hohen gewerkschaftlichen Organisationsgrad der Beschäftigten, der im Arbeitsbereich bei über 70% liegt, und auf den guten Wahlergebnissen des Betriebsrates bei den Betriebsratswahlen. Deshalb ist der Betriebsrat jederzeit ein ernst zu nehmender Verhandlungspartner für das Management, und deshalb bietet es sich für die Betriebsleitung auch an, dem Betriebsrat stärker als traditionell üblich und rechtlich vorgesehen Zutritt in den Bereich von Führungsentscheidungen zu gewähren.

Der dritte Eckpfeiler der industriellen Beziehungen des Betriebes ist der Modernisierungs- und Beschäftigungspakt. Kompromissbildungen und eine aktive Rolle des Betriebsrates sind vor allem deshalb möglich, weil beide Betriebsparteien einer übergreifenden Kompromissformel folgen, die eine Schnittmenge gemeinsamer Interessen bildet. Diese Formel besagt, dass erstens der Betrieb Wettbewerbsvorteile durch organisatorische Modernisierungen erringen soll und zweitens diese Wettbewerbsvorteile direkt zur Sicherung der Beschäftigung einzusetzen sind. Damit stehen die industriellen Beziehungen ganz in der Logik betrieblicher Wettbewerbspartnerschaften (Dörre 2002) und von Bündnissen für Arbeit (Seifert 2002). Voraussetzung dafür ist, dass sich beide Betriebsparteien die größten Wettbewerbs- und Beschäftigungseffekte von einer Erhöhung der internen Flexibilität versprechen. Beschäftigungssicherung und Modernisierung, nicht Leistungskürzungen, stehen im Zentrum der Aushandlungen (Bosch 2002).

Ganz in dieser Kultur des Modernisierungs- und Beschäftigungspaktes ist auch die Aushandlung der Arbeitszeitregelung zu sehen. Ein Ausgangspunkt dafür war das Interesse der Unternehmensleitung, die Produktionskapazitäten an großzyklische Nachfrageschwankungen anzupassen. Das alte Arbeitszeitsystem hielt dafür neben einer konventionellen Gleitzeitregelung für Beschäftigte im Einschichtbetrieb lediglich drei Instrumente einer internen Flexibilität im Schichtbetrieb der Produktion bereit: Mehrarbeit, Kurzarbeit und die Variation der Schichtsysteme. Damit wurden die Grenzen der internen Flexibilität durch die tariflich regulierten Grenzen der Mehrarbeit festgelegt. Diese Grenzen aber widersprachen aus Sicht der Werksleitung ihrer Vorstellung einer dezentralen und flexiblen Fertigungsorganisation im Rahmen der wertorientierten Steuerung, die ja auch den eigenverantwortlichen Umgang der Beschäftigten mit der Arbeitszeit voraussetzt.

In der Privilegierung der internen Flexibilität trafen sich die Interessen der Werksleitung mit den Überlegungen des Betriebsrates, die den zweiten Ausgangspunkt für die Verhandlungen darstellten. Denn für den Betriebsrat war seit den traumatischen Erfahrungen der Unternehmenskrise in den Jahren 1994 und 1995, als allein im Werk die Beschäftigung um mehr als ein Viertel reduziert worden war, die Beschäftigungssicherung die entscheidende Zielgröße seiner Politik. In dieser Situation entwickelte der Betriebsrat erste Überlegungen, wie sich eine langfristige Standort- und Beschäftigungssicherung unter den Bedingungen starker Kapazitätsschwankungen herstellen ließe. Klar war zunächst nur, dass klassische Instrumente wie Mehrarbeit ohne Freizeitausgleich zwar zu einer Ausweitung der Kapazitäten, jedoch weder zu einem Ausbau noch zur Sicherung der Beschäftigung für den Fall rückläufiger Auftragseingänge genutzt werden konnten. Es bedurfte offensichtlich neuer Instrumente, um das Problem der Beschäftigungssicherung angehen zu können.

Vor diesem Hintergrund kam es zu ersten Gesprächen zwischen Betriebsrat und Werksleitung zum Thema Arbeitszeit. Dabei schälte sich die Einführung eines Langzeitkontos als möglicher Regelungsweg heraus. Der Betriebsrat nahm dazu bereits in dem frühen Gesprächsstadium Kontakt zur Bezirksleitung der

Gewerkschaft auf. Denn die Einrichtung eines Langzeitkontos mit langfristigen Ausgleichszeiträumen stand absehbar in einem problematischen Verhältnis zum Flächentarifvertrag, der seinerzeit nur kurze Ausgleichszeiträume von bis zu einem Jahr vorgesehen hatte. Eine Regelung war also nur durch eine betriebsbezogene Ergänzung des Flächentarifs möglich.

Die Bezirksleitung ging auf diesen Wunsch konstruktiv ein. Dies lag vor allem daran, dass für die Bezirksorganisation – anders als in anderen Bezirken der IG Metall – die tarifliche Einbindung besonderer betrieblicher Regelungen kein Tabuthema war. Im Gegenteil, sie hatte im Verlauf der 90er Jahre eine eigene Strategie des Umgangs mit dem wachsenden Druck auf flächentarifliche Standards entwickelt. Ihre Strategie einer „betriebsnahen Tarifpolitik" (Schulz/Teichmüller 2001) läuft darauf hinaus, betriebsbezogene Sonderregelungen auf der Ebene der Tarifautonomie als Ergänzungs- bzw. Zusatztarifvertrag zu verhandeln. Darin wird neben der Steigerung der Betriebsnähe der Tarifregulierung der Vorteil gesehen, in die Verhandlungen über betriebliche Flexibilisierungen die nicht zuletzt auf der Streikfähigkeit beruhende Machtposition der Gewerkschaft einbringen zu können.

4.3 Elemente der kollektiven Arbeitszeitregulierung

Das Arbeitszeitsystem ist schließlich im Rahmen eines Zusatz- oder Ergänzungstarifvertrages (was inhaltlich dasselbe meint) für das Werk vereinbart worden. Der Zusatztarifvertrag ließ Spielraum für ergänzende betriebliche Regelungen, die dann als Betriebsvereinbarung fixiert wurden. Das neue Zeitregime des Werkes ruht damit genau genommen auf drei Regelungsebenen: dem Flächentarifvertrag, dem Zusatztarifvertrag und der Betriebsvereinbarung. Im Kern der Regelungen steht die Einführung des Langzeitkontos im Rahmen eines gestaffelten Kontensystems (siehe auch Tabelle 9).

Der 1999 abgeschlossene Zusatztarifvertrag hatte, wie auch die Betriebsvereinbarung zum Langzeitkonto, eine vorläufige Laufzeit von vier Jahren. Es wurde das Ziel formuliert, vor Ablauf der Laufzeit auf der Grundlage der bis dahin gesammelten Erfahrungen über Weiterentwicklungen der Vereinbarung mit dem Ziel der Weiterverlängerung zu verhandeln.

Für das Langzeitkonto wurde kein Ausgleichszeitraum definiert. Festgelegt wurde aber eine Obergrenze für den Guthabenaufbau in der Höhe von 300 Stunden im Durchschnitt der Beschäftigten. Das Langzeitkonto wird durch das so bezeichnete Prinzip der doppelten Freiwilligkeit geprägt, und zwar sowohl hinsichtlich der Einrichtung des Kontos als auch hinsichtlich des Zeitaufbaus und der Zeitentnahme. Damit ist gemeint, dass Beschäftigter und Führungskraft – als

Tab. 9: Arbeitszeitregulierung Luftschiff

Zahl der Beschäftigten im Geltungsbereich	Vertragliche Arbeitszeit	Kontentypen	Kontengrenzen	Ausgleichszeiträume	Verfahrensregeln	Mitbestimmung
ca. 2.000	35 Stunden (Flächentarif)	Arbeitszeitkonto (Mehrarbeit und Gleitzeit, letzteres für Einschichtler) Langzeitkonto	Arbeitszeitkonto: +105/-35 Stunden Langzeitkonto: +300 Stunden im Durchschnitt der Beschäftigten	Arbeitszeitkonto: keine Langzeitkonto: keine	Reaktionsgrenzen im Arbeitszeitkonto mit Pflicht zur dezentralen Aushandlung	Mitbestimmung des Betriebsrates bei Festlegung der Reaktionsgrenzen, Übertragungen in das Langzeitkonto und bei Konflikten

Quelle: Eigene Erhebung

Vertreter der Betriebsseite – jeweils zustimmen müssen bei den Fragen, ob ein Konto geführt werden soll, ob und welche Zeiten darauf eingezahlt werden sollen und ob und welche Zeiten dem Konto zu entnehmen sind. Das entscheidende Kriterium dafür soll die Kapazitätssituation sein. Dem Beschäftigten wird die Möglichkeit eingeräumt, längere Abwesenheitsblöcke aus dem Langzeitkonto zu entnehmen, sofern dem keine betrieblichen Gründe entgegenstehen. Die Betriebsparteien können jedoch auch einvernehmlich eine differenzierte Steuerung des Auf- und Abbaus der Konten nach dem Beschäftigungsbedarf vornehmen.

Das Langzeitkonto baut auf ein zweites Konto auf, das Arbeitszeitkonto. Das Arbeitszeitkonto speist sich aus drei Elementen. Es integriert erstens das alte Gleitzeitkonto für die Normalschicht, es ist zweitens ein Konto für in Freizeit zu entnehmende Mehrarbeit und es kann drittens Zeitguthaben enthalten, die aus dem Schichtmodell entstehen. Diese Zeitguthaben werden in der Diktion des Betriebes als Waschzeiten bezeichnet. Waschzeiten ergeben sich im Drei-Schicht-Betrieb als Ergebnis der Differenz zwischen der regelmäßigen vertraglichen Wochenarbeitszeit (IRWAZ) und der in diesem Modell höher liegenden regelmäßigen tatsächlichen Arbeitszeit. Bis zu 50% dieser Waschzeiten können auf Wunsch auch direkt in das Langzeitkonto gestellt werden. Das Arbeitszeitkonto ist damit eine Kombination aus Regelarbeitszeit- und Mehrarbeitszeitkonto, denn auf das Konto gehen sowohl Schwankungen in der Verteilung der Regelarbeitszeit ein, die durch Gleitzeit entstehen können, als auch beantragte und vom Betriebsrat genehmigte Mehrarbeit.

Für das Konto wurden Zeitgrenzen von +105 und -35 Stunden festgelegt. Innerhalb dieser Grenzen sind einvernehmliche Reaktionsgrenzen zwischen den Betriebsparteien zu vereinbaren, die in der Betriebsvereinbarung auf +80 Stunden festgesetzt wurden. Ein Erreichen dieser Reaktionsgrenze verpflichtet Mitarbeiter und Vorgesetzte zu Aushandlungen über eine Zeitrückführung innerhalb der folgenden zwei Monate. Ist diese Rückführung aufgrund betrieblicher Bedarfe oder auf ausdrücklichen Wunsch des Mitarbeiters nicht möglich, ist zwischen beiden Seiten über einen Antrag auf Überführung von Zeiten in das Langzeitkonto zu entscheiden. Zeitentnahmen sind auch in ganzen oder zusammenhängenden Tagen möglich, in Abhängigkeit von den betrieblichen Belangen.

Die Regelungen des Kontensystems eröffnen neue Spielräume sowohl für die Mitbestimmung des Betriebsrates als auch für die Partizipation der Beschäftigten. Auf der einen Seite wird der Betriebsrat unmittelbar in die betriebliche Rahmensteuerung einbezogen. Er kann nicht nur einvernehmlich mit der Werksleitung Maßnahmen über den Abbau der Konten vereinbaren, er hat auch die volle Mitbestimmung bei der Festlegung der Reaktionsgrenzen, der Entscheidung über die Anträge der Übertragung von Zeiten in das Langzeitkonto und bei der Aufforderung zur Erstellung von Abwesenheitsplanungen. Daraus entsteht ein neuartiges Einflusspotenzial auf die Steuerung der Personalkapazitäten des Werkes.

Auf der anderen Seite kann der individuelle Beschäftigte seinerseits sowohl beim Zeitaufbau als auch beim Zeitabbau seine Interessen in eine individualisierte Aushandlung mit dem Vorgesetzten einbringen. Das Stufensystem aus Arbeitszeit- und Langzeitkonto schafft Spielräume für die Verbindung der Arbeitszeitgestaltung mit unterschiedlichen privaten Zeitarrangements. Und schließlich kann der Beschäftigte bei Interessenkonflikten den Betriebsrat in die Verhandlungen einschalten. Die Souveränitätsspielräume des Beschäftigten gelten freilich unter dem Vorbehalt der betrieblichen Bedarfe und unterliegen damit dem Primat der Kapazitätsentwicklung. Dies ist das primäre Ziel der atmenden Produktion. Der Vorbehalt der Atmung tritt in zwei Formen in den Vereinbarungen auf: Der Zustimmung des Vorgesetzten über die Einrichtung eines Langzeitkontos und die Überführung von Zeiten sowie der Zustimmung des Vorgesetzten bei der Zeitentnahme und der Festlegung von Beschäftigungsbedarfen durch die Betriebsparteien.

5. HighTech: Überwindung der Quote

Wie schon der Ergänzungstarifvertrag bei Luftschiff, so gehört auch das Anfang des Jahres 2003 für HighTech eingeführte Langzeitkonto ohne Zweifel zu den herausragenden tarifpolitischen Entwicklungen der letzten Jahre in der Metallindustrie. Ausgangspunkt des Ergänzungstarifvertrages für HighTech waren die Probleme, die sich für die Forschungs- und Entwicklungsbereiche des Unternehmens im Umgang mit der flächentariflichen Quote der Arbeitszeitdifferenzierung gestellt hatten. Im Ergänzungstarifvertrag wurde dann die Verlängerung der vertraglichen Arbeitszeiten mit neuen Formen des Zeitausgleichs verbunden. Die Regelung zielt damit ausdrücklich nicht in erster Linie auf die Variabilisierung der Arbeitszeiten, sondern auf die Verlängerung ihrer Dauer. Verstehen lässt sich diese Lösung aber nur vor dem Hintergrund der besonderen Probleme eines Angestelltenstandortes in der industriellen Regulierungslandschaft der Metalltarifverträge.

5.1 Grundlinien der Organisation von Unternehmen und Arbeit

Das international operierende Industrieunternehmen HighTech ist nach Unternehmensbereichen organisiert, die sich an Geschäftsfeldern ausrichten. Die Unternehmensbereiche sind ihrerseits in unterschiedliche Geschäftsbereiche aufgespalten, die sich um Produkte zentrieren. Die Geschäftsbereiche sind inzwischen die eigentlichen Kerneinheiten der Organisation. Nicht nur sind zumindest die größten dieser Geschäftsbereiche direkt im Vorstand repräsentiert, sondern sie bilden auch ergebnisverantwortliche Einheiten, die den Status von „Unternehmen im Unternehmen" haben. Die Geschäftsbereiche fungieren als Profit Center. Sie entscheiden eigenverantwortlich über die Verwendung ihrer Budgets. In ihnen sind alle Funktionen von der Entwicklung bis zum Vertrieb angesiedelt, sie konkurrieren selbständig mit der externen Konkurrenz, und sie tragen dabei die Verantwortung über ihre gesamte Wertschöpfungskette.

Zugleich werden die Geschäftseinheiten aber auch auf die Einhaltung betriebswirtschaftlicher Kennziffern verpflichtet, die in den strategischen Unternehmensplanungen entwickelt werden. Darauf vor allem beruht, wie bei Luftschiff, so auch bei HighTech der Zusammenhang zwischen zentraler Steuerung und dezentraler Verantwortung. Die Marktorientierung ist ein beherrschendes Prinzip der Organisation.

Die der Zentrale zugeordnete Grundlagenforschung sowie der größte Teil der Produktentwicklung konzentrieren sich auf einen – deutschen – Standort. Teile der Anpassentwicklung allerdings wurden inzwischen internationalisiert. Sie folgten der Produktion in ausländische Produktionsstandorte des Unternehmens, um vor Ort die Produkte an lokale Produktvarianten der Endhersteller anpassen zu können. Anders als die Grundlagenforschung, die sich aus Zentralbudgets sowie aus Bereichsbudgets und Drittmitteln finanziert, sind die Produktentwicklungen den jeweiligen produktbezogenen Geschäftsbereichen zugeordnet.

In den Experten- und den Beschäftigteninterviews sind insgesamt vier grundlegende Veränderungen beschrieben worden, die in den letzten Jahren für die Forschung und Entwicklung prägend geworden sind. So verkürzen sich erstens die Innovationszyklen, woraus eine Erhöhung der Entwicklungsgeschwindigkeit folgt. Die zweite Veränderung ist der steigende Kostendruck, der auch auf die Entwicklung durchschlägt. Damit zusammenhängend wird drittens die Entwicklung von Produktsystemen, Modulen, immer wichtiger. Die vierte Veränderung schließlich ist die Internationalisierung der Forschung und Entwicklung in den beschriebenen Bahnen. In vielen Interviews ist ein Zielkonflikt betont worden, der sich für die Forschung und Entwicklung aus den beschriebenen Veränderungstendenzen ergibt. Dieser Zielkonflikt besteht zwischen dem traditionellen Qualitätsanspruch des Unternehmens auf der einen Seite und dem Innovations- und Kostendruck auf der anderen Seite, der von den Kunden ausgeht.

Die weitgehende Konzentration des Fallbetriebes HighTech auf Entwicklungsaktivitäten spiegelt sich in seiner Personalstruktur wider. Über 4.500 der Anfang 2003 gut 5.600 Beschäftigten des Standortes sind in Entwicklungsbereichen beschäftigt. Über 61% der Beschäftigten weisen eine Hochschulausbildung auf, der größere Teil davon eine universitäre Ausbildung. Unter den Beschäftigten mit Hochschulausbildung dominiert, wie auch bezogen auf die Gesamtbeschäftigten, die technisch-naturwissenschaftliche Ausbildung. Darüber verfügen über 90% der Hochschulabsolventen und fast 86% aller Beschäftigten des Standorts. Der Betrieb ist ein nahezu reiner Angestelltenstandort. Mehr als 86% der Beschäftigten sind Angestellte.

Die Arbeitsorganisation der Forschung und Entwicklung ist durch eine Matrix aus Linien- und Projektstrukturen geprägt. Die inhaltliche Arbeit findet vorwiegend in Projektstrukturen statt, die aber mehr oder weniger eng an die Hierarchien der Linie gekoppelt sind. Dabei können die Projekte entweder direkt aus einer Linie hervorgegangen sein oder sich aus Beschäftigten mehrerer Führungsbereiche zusammensetzen. Linien- und Projektorganisation sind auf der untersten Führungsebene getrennt. Projekte werden von Projektleitern geleitet, in der Linie wird die entsprechende Führungsebene von Teamleitern gebildet. In der nächsthöheren Ebene der Gruppenleiter, die hierarchisch unterhalb der Abteilungsleiterebene angesiedelt sind, bündeln sich die hierarchischen und die fachlichen Verantwortlichkeiten. Linie und Projekte sollen personell in starkem Austausch stehen, erstens um die Mitarbeiter in beiden Bereichen zu schulen und zweitens um die Matrixbindung der Organisation zu stärken.

Eine Abflachung der Hierarchien, wie sie im Anschluss an die Diskussionen um Lean Production und Reengineering in den 90er Jahren in vielen Industriebetrieben zu verzeichnen war, hat im Werk nicht oder zumindest nicht in größerem Ausmaß stattgefunden. Es gab keinen radikalen Bruch der Arbeitsorganisation, wohl aber behutsame Veränderungen, in deren Zentrum die Leistungssteuerung und die Personalentwicklung stehen. Kollektiv reguliert durch eine Betriebsvereinbarung existiert seit einigen Jahren ein formales System individualisierter Aushandlungen, das Mitarbeitergespräch. Im Mitarbeitergespräch bündeln sich die drei Aspekte der Leistungsbeurteilung, der Vereinbarung von Zielen und der Festlegung von Entwicklungsschritten und -maßnahmen. Das Mitarbeitergespräch wird zwischen dem Beschäftigten und seinem Linienvorgesetzten geführt und umfasst die Beurteilung der Leistung des vergangenen Jahres, die Vereinbarung von Zielen und die Planung individueller Qualifizierungsschritte. Bei der Leistungsbeurteilung spielt die Zielerreichung zwar eine wichtige Rolle, anhand eines formalisierten Bewertungssystems werden aber auch andere Merkmale bewertet. Die Ziele ergeben sich ihrerseits sowohl aus Bereichs- und Abteilungszielen, die auf die individuellen Beschäftigten heruntergebrochen werden, als auch aus persönlichen Zielen. Ziele werden stark durch die Projekte und ihre Phasen bestimmt. So werden häufig „milestones" und Zeitpunkte definiert, an denen diese erreicht werden müssen. In den ebenfalls im Rahmen der Mitarbeitergespräche geführten Entwicklungsgesprächen werden die fachlichen Weiterbildungserfordernisse abgesprochen, die sich angesichts der jeweiligen Tätigkeiten und Projekte stellen.

5.2 Die industriellen Beziehungen und die Genese der Arbeitszeitregulierung

Die Arbeitsbeziehungen im Unternehmen sind geprägt von einer kooperativen Kultur. Dies wurde sowohl von Unternehmensseite als auch von Betriebsratsseite hervorgehoben. Tiefgreifende Konflikte mit Einigungsstellenverfahren oder arbeitsgerichtlichen Prozessen sind selten. Grundlage für diese kooperative Kultur der industriellen Beziehungen ist die Anerkennung des Betriebsrates durch die Unternehmensseite als legaler und kompetenter Verhandlungspartner. Dem Betriebsrat wird von Unternehmensseite attestiert, die Unternehmensinteressen im Auge zu haben. Das gemeinsame Verständnis der Problemlagen des Unternehmens trägt entscheidend zur kooperativen Kultur bei. Dazu gehört weiter, dass unvereinbare Positionen nicht bis zum Ende ausgefochten werden. Diese bleiben notfalls ohne Lösung solange nebeneinander bestehen, bis eine Lösung gefunden wird.

Doch die Kooperation hat auch Grenzen. Ein Modernisierungsbündnis oder einen Übergang des Betriebsrates zu einer Politik des „Co-Managements" wie bei Luftschiff gibt es nicht. Das wechselseitige Rollenverständnis der organisierten Akteure ist vielmehr traditionell geprägt. Traditionell geprägt meint, dass die Anerkennung und die Bewegungsspielräume des Betriebsrates durch die Grenzen des Betriebsverfassungsgesetzes definiert werden. Zugeständnisse an den Betriebsrat, die diese Grenzen überschreiten würden, finden sich kaum. Einladungen zu einer aktiven Rolle in der Rationalisierung, wie sie bei Luftschiff vom Management ausgesprochen wurden, existieren nicht im Unternehmen.

Der Betriebsrat tritt auch nicht in die Rolle eines Co-Managers mit dem Ziel, sich aktiv an der Gestaltung der Veränderungsprozesse im Unternehmen zu beteiligen. Eine solche Politik entspricht nicht seinem Rollenverständnis. Er sieht sich als Schutzmacht, nicht als Gestaltungsmacht. Seine zentrale Funktion liegt in der Verteidigung der legalen Schutzinteressen der Beschäftigten. In der Wahrnehmung des Betriebsrates haben sich die Rahmenbedingungen so verändert, dass er gezwungen ist, seine Rolle reaktiv zu interpretieren. Dies gilt aus seiner Sicht gerade und vor allem mit Blick auf das zweite große Politikfeld neben der Schutzpolitik, die Verteilungspolitik. Die verteilungspolitischen Spielräume sind geschrumpft, und es sei die Aufgabe des Betriebsrates, dafür zu sorgen, dass für die Beschäftigten „überhaupt noch etwas ankommt".

Die als kooperativ-legalistisch zu charakterisierenden Beziehungen zwischen Management und Betriebsrat beschreiben aber nur die eine Seite der industriellen Beziehungen. Die andere Seite wird durch die Personalstrukturen des Standortes HighTech mit seinen hohen Angestellten- und Akademikeranteilen geprägt. Dies stellt den Betriebsrat vor besondere Herausforderungen der Interessenvertretung. Die Probleme der Interessenvertretung hochqualifizierter Belegschaften sind bereits mehrfach in der Literatur analysiert worden (Trautwein-Kalms 1995; Boes/Baukrowitz 2002). Vorwiegend anhand der IT-Industrie ist dort die Einschätzung gewonnen worden, dass hochqualifizierte Angestellte sich durch starke Orientierungen an der eigenen Karriere, am eigenen Beitrag zum Unternehmenserfolg und an den eigenen Gestaltungsmöglichkeiten in der Arbeit auszeichnen. Zu dieser insgesamt als individualistisch zu bezeichnenden Orientierung gehört auch, dass sie die Vertretung ihrer Interessen eher selber in die Hand nehmen wollen.

Unter diesen Voraussetzungen sieht sich die kollektive Interessenvertretung mit Legitimationsbedarf konfrontiert. Erschwerend kommt hinzu, dass die Interessenvertretung in diesem Bereich auch in der Vergangenheit nicht die Einflussmöglichkeiten hatte, die in Produktionsbereichen selbstverständlich waren. Formelle kollektive Regulierungsmuster von Arbeitszeit und Arbeitsleistung, auf die sich zu einem guten Teil die Vertretungsmacht der Betriebsräte stützen konnte, prägten zwar die Fabriken, nicht aber die produktionsfernen Angestelltenbereiche. Die Mitbestimmung war traditionell schwächer ausgeprägt. Dieser Trend wird durch die eingeführten neuen Organisations- und Steuerungsformen eher noch verstärkt. Dezentralisierung, Zielvereinbarungen und flexible Arbeitszeitregulierungen sind Beteiligungsangebote des Managements, die zunächst am Betriebsrat vorbeigehen. In der Konsequenz ist der Betriebsrat bei vielen Konflikten und Regelungen außen vor. Dies gilt sowohl für die formellen Aushandlungsprozesse im Rahmen von Zielvereinbarungen als auch für die Bewältigung alltäglicher Konflikte. An einem Punkt allerdings greifen die Beschäftigten doch auf die Interventionsmöglichkeiten des Betriebsrates zurück. Bei klassischen „Brot- und Butter-Fragen" wird die Nähe zum Betriebsrat gesucht, wenn die eigenen Mittel in der individualisierten Aushandlung mit den Vorgesetzten nicht ausreichen:

> „Die Beschäftigten trauen sich mehr zu und können auch selber schwierige Texte lesen. Bis hier mal einer kommt und uns um Hilfe bittet, muss schon viel passieren. Beziehungskisten werden viel stärker vor Ort geklärt. Aber spätestens wenn es mal nicht so funktioniert wie gewünscht, dann kommen die Leute doch. Ein Problem, das da besonders bedeutend ist, sind Höhergruppierungen. Wenn die Leute merken, dass das mit den Mitteln der Bordapotheke nicht zu schaffen ist, dann sehen sie, was der Medizinschrank des Betriebsrates hergibt." (Betriebsratsvorsitzender Standort)

Trotz der individualistischen Orientierung der Angestellten ist der Betriebsrat eine anerkannte Institution der Interessenvertretung im Werk. Darauf verzichten zu können glauben nur die wenigsten. Der Betriebsrat wird als Garant der Einhaltung von Beschäftigtenrechten betrachtet. Dies gilt allerdings nicht für die Gewerkschaft. Im Gremium des Betriebsrates dominiert traditionell die IG Metall, was sich aus der Tradition des Werkes als Teil eines Industrieunternehmens erklärt. Doch es ist weniger die Gewerkschaft, vielmehr sind es die Personen im Betriebsrat, die die Stabilität dieses Arrangements garantieren. Zur IG Metall herrscht bei den Beschäftigten eine kritische Distanz vor. Die Gewerkschaft wird als Interessenvertretung für Arbeiter, nicht für Angestellte, betrachtet. Dementsprechend ist auch der gewerkschaftliche Organisationsgrad im Werk niedrig (genauere Zahlen liegen leider nicht vor). Der Betriebsrat, nicht die Gewerkschaft, gilt als legitime Interessenvertretung.

Ausgangspunkt der Verhandlungen über die Arbeitszeitregulierung war die Quotenregelung des Flächentarifvertrages. Die Quote der Arbeitszeitdifferenzierung war im Zuge der stufenweisen Arbeitszeitverkürzung von den Tarifparteien der Metallindustrie vereinbart worden. Sie besagt, dass ein bestimmter Prozentsatz der Beschäftigten eines Betriebes freiwillig eine längere vertragliche Wochenarbeitszeit als 35 Stunden bis zur Grenze von 40 Stunden vereinbaren kann. In den meisten Tarifgebieten wurde diese Quote auf 13% festgelegt, in einigen anderen auf 18%. Seit Mitte der 90er Jahre mehren sich die Anzeichen, dass mit der Quote ein Regulierungsproblem verbunden ist (Herrmann et al. 1999). Am Beispiel der Automobilindustrie konnten wir zeigen, dass in einigen Betrieben die Arbeitszeitdifferenzierung auch über die Tarifgrenzen der Quoten hinaus angewandt wird (Haipeter/Lehndorff 2002). Die Arbeitszeitdifferenzierung ist ein Problem der Angestelltenbereiche. Dementsprechend konzentriert sich der Druck auf die Quotengrenzen auf die Betriebe, in denen die Angestelltenanteile hoch sind.

HighTech ist ein Abbild der Regulierungsprobleme der Quote. Zwar war in der Vergangenheit die Quote von 18% stets eingehalten worden, von knappen Überschreitungen einmal abgesehen. Der Druck auf die Quote lastete aber wie ein Damoklesschwert über der Arbeitszeitregulierung. Insbesondere sechs Probleme wurden von der Personalleitung benannt. Erstens sei die Begrenzung der Arbeitszeit auf 35 Stunden für die qualifizierte Tätigkeit von Ingenieuren generell nicht sinnvoll. Hochqualifizierte Tätigkeiten erforderten längere Arbeitszeiten. Zweitens entspräche dies auch nicht der Mentalität dieser Beschäftigtengruppe, die durch die Sozialisation an Hochschulen und die damit verbundenen langen Arbeitszeiten im Studium geprägt sei. Daraus folgt drittens, dass die Attraktivität als Arbeitgeber auf dem umkämpften Arbeitsmarkt für Ingenieure leide, wenn den Ingenieuren keine 40-Stunden-Verträge angeboten werden können. Viertens haben die Beschäftigten faktisch ohnehin bereits 40 Stunden und länger gearbeitet, allerdings auf der Grundlage von Mehrarbeit und nicht von Regelarbeitszeit. Dies sei fünftens eine personalpolitische Herausforderung. Die Angleichung der Arbeitszeit an das Arbeitsvolumen sei eine Frage der „personalpolitischen Hygiene". Und sechstens schließlich stelle sich die Frage nach dem beschäftigungspolitischen Sinn der Arbeitszeitverkürzung auf einem Teilarbeitsmarkt, der nicht durch einen Überfluss, sondern durch einen Mangel an Arbeitskräften geprägt ist.

Gesamtbetriebsrat und Unternehmen waren sich einig, dass der Betrieb oder das Unternehmen für dieses Problem nicht die richtigen Aushandlungsebenen darstellten. Denn die Quote war eine tarifliche Regulierungsfrage, keine betriebliche. Dementsprechend früh wurde die IG Metall in den Verhandlungsprozess eingeschaltet und damit wurden die Verhandlungen in die tarifliche Arena verlagert. Nach dem Scheitern mehrerer Anläufe gewannen die Verhandlungen schließlich im Verlauf des Jahres 1999 sprunghaft an Dynamik, als im Unternehmen Planungen einsetzten, ein neues Werk zu gründen, in das Teile der Forschung und Entwicklung hin verlagert werden sollten:

HighTech: Überwindung der Quote 73

„Schwung hat der Prozess dann bekommen, als wir ... den neuen Standort eröffnen wollten. Die von der IG Metall haben – ohne dass wir das explizit angesprochen hätten – gesehen, dass dieser Standort ja nicht unbedingt tarifgebunden geführt werden muss. Das war wohl der Anstoß für die IG Metall, etwas zu tun." (Leiter Zentrale Personalabteilung)

Die Verhandlungen zwischen IG Metall und Unternehmen – das Unternehmen verhandelte auch in Vertretung des Arbeitgeberverbandes, der schließlich nur das Verhandlungsergebnis unterschrieb – wurden nun intensiviert. Kern der Auseinandersetzungen war die Frage des Freizeitausgleichs. Das Unternehmen wollte möglichst die volle Ausweitung der 40-Stunden-Woche als bezahlte Regelarbeitszeit. Demgegenüber pochten IG Metall und Gesamtbetriebsrat auf einen weitestmöglichen Freizeitausgleich der Stunden. Die Verhandlungen sollten als Chance für eine faktische Arbeitszeitverkürzung genutzt werden, indem vormals bezahlte Mehrarbeit durch Regelarbeitszeit ersetzt wird, die ihrerseits wiederum in Freizeit auszugleichen ist. Am Ende entstand eine Kompromisslösung, in der die Differenzierung der vertraglichen Arbeitszeit mit der Einführung eines Langzeitkontos verbunden wurde. Dieser Kompromiss wurde dann als Ergänzungstarifvertrag (ETV) vereinbart.

5.3 Elemente der kollektiven Arbeitszeitregulierung

Der ETV beschreitet neue Wege im Umgang mit der vielfach umstrittenen Differenzierungsklausel der Flächentarifverträge in Form der Quote (siehe auch Tabelle 10).

Der Geltungsbereich des ETV wurde auf die Problembereiche konzentriert. Er beschränkt sich sowohl auf die beiden F- und E-Werke als auch auf die Beschäftigtengruppen, die in den oberen Entgeltgruppen des Tarifs beschäftigt sind. Die Rückführung der zuschlagspflichtigen Mehrarbeit ist ein erklärtes Ziel des ETV. Mehrarbeit ist die Arbeitszeit, die mit Zustimmung des Betriebsrates angeordnet wurde und die über die tarifliche wöchentliche Arbeitszeit und die gegebenenfalls vereinbarte zusätzliche Arbeitszeit hinausgeht.

Der ETV sieht vor, dass mit Beschäftigten der angegebenen Entgeltgruppen bis zu fünf Stunden Arbeitszeit pro Woche zusätzlich zur tariflichen Arbeitszeit vertraglich vereinbart werden können. Ablehnungen durch die Beschäftigten dürfen nicht zu Nachteilen führen, und Wünsche nach längerer Arbeitszeit dürfen nur mit sachlichen Gründen abgelehnt werden. Ferner haben der Beschäftigte und der Arbeitgeber ein Kündigungsrecht mit einer Frist von drei Monaten. Die Regelung sichert damit Freizügigkeitselemente für Teilnahme oder Ablehnung.

Tab. 10: Arbeitszeitregulierung HighTech

Zahl der Beschäftigten im Geltungsbereich	Vertragliche Arbeitszeit	Kontentypen	Kontengrenzen	Ausgleichszeiträume	Verfahrensregeln	Mitbestimmung
ca. 2.600	40 Stunden (-2,5 Stunden Freizeitausgleich über das Langzeitkonto) Varianten	Langzeitkonto: 2,5 Stunden aus Verlängerung der Arbeitszeit (oder Varianten) und Sonderzahlungen	Keine	Keine Entnahme nur für Zeiträume von mindestens drei Monaten	Dezentrale Aushandlung der Einrichtung und der Nutzung des Kontos Verbindliche Entnahmerechte bei Weiterbildung, Pflege und Vorruhestand	Beratung im Konfliktfall Paritätisch besetzte Arbeitsgruppe zur Begleitung und Problemlösung

Quelle: Eigene Erhebung

Der Regelung zufolge ist, dies war der entscheidende Kompromiss zwischen den Vertragsparteien, die eine Hälfte der Stunden auszuzahlen und die andere Hälfte auf ein Langzeitkonto zu übertragen. Neben dieser Verlängerung der vertraglichen Arbeitszeit bietet die Regelung auch die Option, die vergüteten Arbeitszeiten zu reduzieren, und zwar um fünf Stunden auf 30 Stunden. Der Beschäftigte arbeitet dann weiterhin 35 Stunden, bekommt aber nur 30 bezahlt. Die Differenz zwischen vergüteter und vertraglicher Arbeitszeit von fünf Stunden wird dann voll dem Langzeitkonto gutgeschrieben. Diese Option kann befristet bis zu zehn Jahren genutzt werden.

Das Langzeitkonto enthält die Zusicherung, dass die dort verbuchten Stunden nicht verfallen dürfen. Der individuelle Zeitausgleich im Laufe des Arbeitslebens wird garantiert. Die Entnahme der Zeiten aus dem Konto muss mindestens für einen zusammenhängenden Zeitraum von drei Monaten erfolgen. Kürzere Zeiträume können im Einzelfall vereinbart werden. Umfang und Lage der Freistellung sollen einvernehmlich unter Berücksichtigung sowohl der persönlichen als auch der betrieblichen Belange zwischen Beschäftigten und Vorgesetzten vereinbart werden. Die Einvernehmlichkeit ist ausdrückliches Ziel. Im Konfliktfall werden beratend Personalabteilung und Betriebsrat eingeschaltet.

Das Langzeitkonto eröffnet in der Summe zwei Nutzungsoptionen: Sabbaticals, also längere Unterbrechungen der Erwerbsphase und die Verkürzung der Lebensarbeitszeit. Ein verbindlicher Anspruch des Beschäftigten auf Freistellung besteht in drei Fällen: Der Teilnahme an einer Maßnahme zur persönlichen Weiterbildung, der Pflegebedürftigkeit naher Familienangehöriger sowie des vorzeitigen Übergangs in den Ruhestand ab 55 Jahren. In allen drei Fällen sind sowohl Reduzierungen der wöchentlichen Arbeitszeit auf 20 Stunden oder vollständige Arbeitsbefreiungen möglich. Im Falle des vorzeitigen Übergangs kann die Arbeitszeit auch auf 35 Stunden wöchentlich reduziert werden. Nutzen die betreffenden Beschäftigten diese Option nicht, werden sie automatisch vor Eintritt in die Rente im Umfang ihres Guthabens freigestellt.

Das Unternehmen ist verpflichtet, den Beschäftigten in den nicht altersbedingten Nutzungsfällen bei der Rückkehr in das Unternehmen einen gleichwertigen Arbeitsplatz am Standort und vorrangig in der bisherigen Abteilung anzubieten. Ein Anspruch auf den alten Arbeitsplatz besteht hingegen nicht. Im Falle eines Arbeitsplatzwechsels aus dem Unternehmen oder aus dem Betrieb muss das Konto entweder durch Freistellung ausgeglichen oder auf den neuen Betrieb bzw. Arbeitgeber übertragen werden. Ist dies nicht möglich, sind die Zeitsalden unter Berücksichtigung des aktuellen Entgelts in Geld auszuzahlen. Zu- und Abflüsse werden den Beschäftigten monatlich ausgewiesen; eine Bestandsinformation erfolgt mindestens jährlich.

In der den ETV ergänzenden Betriebsvereinbarung zum Langzeitkonto wurden weitere Details der Gestaltung des Langzeitkontos zwischen den Betriebsparteien vereinbart. Dabei sind mit Blick auf die Arbeitszeitpraxis im Betrieb insbesondere drei Regelungspunkte von Interesse.

Erstens sind die Arbeitszeitmodelle auf vier ausgeweitet worden. Neben den beiden im ETV definierten Modellen der Arbeitszeitverlängerung und -verkürzung um jeweils fünf Stunden sind zwei weitere Modelle entwickelt worden, nämlich eine Arbeitszeitverlängerung um drei Stunden und eine Reduzierung der vergüteten Arbeitszeit um zweieinhalb Stunden. Bei der Arbeitszeitverlängerung wird die Hälfte der drei Stunden ausgezahlt, die andere Hälfte auf dem Langzeitkonto gutgeschrieben. Die Verkürzung der vergüteten Arbeitszeit wird ebenfalls auf dem Langzeitkonto verbucht.

Zweitens ist festgelegt worden, dass die Zeitguthaben auf dem Langzeitkonto in Geld geführt werden. Deshalb werden die dort eingestellten Stunden mit einem aus dem Monatsentgelt errechneten Stundensatz multipliziert. Auf dem Konto wird ein Wertguthaben und kein Zeitguthaben verwaltet. Dieses Guthaben wird verpflichtend mit 0,5% je Monat verzinst.

Drittens schließlich wurden Prozessnormen für die individualisierte Aushandlung und für die Mitbestimmung des Betriebsrates festgeschrieben. Im Falle von Meinungsverschiedenheiten sollen sich die Mitarbeiter und ihre Vorgesetzten um eine einvernehmliche Lösung bemühen. Ist die nicht möglich, treten Personalabteilung und Betriebsrat beratend zur Seite. Ferner wird eine paritätisch besetzte Arbeitsgruppe gebildet, die halbjährlich Stand und Probleme bei der

Umsetzung des ETV und der Betriebsvereinbarung zu beraten hat. Dabei sollen schriftliche Unterlagen über die Teilnahme am Modell, über Beendigungen der Teilnahme, über Freistellungen, über Ablehnungen gewünschter Teilnahmen, über Ablehnungen von Freistellungsanträgen und über die Kontensalden genutzt werden können. Die Arbeitsgruppe soll Lösungsvorschläge erarbeiten für Probleme allgemeiner Art bei Auslegung und Durchführung des ETV sowie für die Weiterentwicklung bestehender Regelungen. Die organisierten Akteure der Betriebsebene haben damit zwei Aufgaben: Beiträge zur Lösung individueller Konflikte auf der einen und das perspektivische Monitoring der Arbeitszeitpraxis im Betrieb und die Entwicklung zukunftsfähiger Problemlösungen auf der anderen Seite.

Der ETV eröffnet Flexibilitätsspielräume nur in langer Frist über die Sabbaticals und die Verkürzung der Lebensarbeitszeit. Die kurzfristige Flexibilität wird – neben der Mehrarbeit – über das Gleitzeitkonto gesteuert. Die Gleitzeitregelung des Werkes stammt noch aus den 80er Jahren und weist die für Regelungen dieser Zeit typischen Merkmale auf. So spannt sich der Gleitzeitrahmen um eine Kernzeit auf, die den Zeitraum von 9 bis 15 Uhr umfasst. Die übertragbaren Gleitzeitguthaben sind auf 20 Stunden pro Monat begrenzt. Gleitzeitentnahmen sind im Umfang eines ganzen Gleittages und von zwei halben Gleittagen pro Monat möglich. Verbindungen des Gleitzeitkontos zu anderen Kontentypen oder zum Langzeitkonto des ETV existieren nicht.

6. Software: Rückgewinnung der normativen Bindekraft der Arbeitszeitregulierung

Im Zentrum der neuen Arbeitszeitregulierung bei Software stand die Überwindung von Problemen der normativen Bindekraft, die die praktische Wirksamkeit der Vorgängerregulierung untergraben hatten. Genauer gesagt ging es darum, überschießende Regelarbeitszeiten einzudämmen und neue Aushandlungs- und Kontrollformen zu entwickeln.

6.1 Grundlinien der Organisation von Unternehmen und Arbeit

Software ist ein international ausgerichtetes Unternehmen der IT-Branche. In der von Boes und Baukrowitz entwickelten Typologie für Unternehmen der New Economy (Boes/Baukrowitz 2002) ließe sich Software als Lack-Turnschuh-Unternehmen einordnen. Ehemals als „Start-Up" gegründet, zeichnet sich die Organisation durch die partizipativen Strukturen einer „Face-to-Face"-Organisation aus (Kühl 2002), die aber im Zuge des Größenwachstums durch formale Hierarchien und Regulierungsmuster der Arbeitsbeziehungen ergänzt wurden, ohne jedoch die Regulierungsdichte traditioneller fordistischer Organisationen anzunehmen.

Das seit 1999 an der Börse notierte Unternehmen ist durch drei dominierende Geschäftsprozesse geprägt, die Forschung und Entwicklung, die produktbezogenen Dienstleistungen und den Vertrieb. Die Forschung und Entwicklung gliedert sich nach Produktgruppen auf, die um unterschiedliche Softwareplattformen zentriert sind. Die Dienstleistungen spalten sich auf in den Customer Support und die Professional Services. Der Customer Support reagiert auf Kundenanfragen, die telefonisch oder per Internet gestellt werden. Der Bereich Professional Services ist verantwortlich für die Aufgabengebiete Softwareintegration, Anwendungsentwicklung und das Erstellen spezifischer Lösungen. Diese Aufgaben werden zu großen Teilen beim Kunden vor Ort wahrgenommen. Im Vertrieb dreht sich alles um Lizenzverkäufe und den Verkauf von Professional Services.

Innerhalb der Ressorts sind die Geschäftsprozesse in Bereiche mit flachen Hierarchien gegliedert. Den Bereichsleitungen sind, mit Ausnahme der Professional Services und des Vertriebes, Teamleitungen unterstellt, um die eine unterschiedlich große Zahl von Mitarbeitern gruppiert ist. Die Teamleitungen sind, anders als in den aus der Industrie bekannten Idealbildern teilautonomer Gruppenarbeit, eigenständige Hierarchieebenen. Das heißt aber nicht, dass der Grad der Autonomie der einzelnen Beschäftigten kleiner wäre. Im Gegenteil, in nahezu allen Bereichen herrschen qualifizierte und hoch qualifizierte Tätigkeiten vor, bei denen die hohen Qualifikationen der Mitarbeiter umfassend genutzt werden. Diese Tätigkeiten wie die Forschung und Entwicklung oder komplexe Beratungsleistungen erfordern zugleich ein hohes Maß an Selbstorganisation.

Das Unternehmen ist bestrebt, die Selbstorganisation der Beschäftigten über die Ergebnisse indirekt zu steuern. Zentrales Instrument der Ergebnissteuerung ist das Zielvereinbarungssystem, das seit einigen Jahren im Unternehmen auf der Grundlage einer Betriebsvereinbarung eingeführt wurde. Ziele werden zwischen Beschäftigten und Vorgesetztem einvernehmlich vereinbart. Ausgehend von den Erfahrungen des jeweils vorausgegangenen Jahres werden Mindestniveaus für die Zielerreichung festgelegt. Dabei sind sowohl quantitative Ziele als auch qualitative Ziele und persönliche Entwicklungsziele zu berücksichtigen. Es gilt die Faustregel, dass mindestens zwei dieser Dimensionen in einer Zielvereinbarung auftauchen müssen.

Die Ergebnissteuerung wird aber dadurch begrenzt, dass Zielvereinbarungen nur bis zur Ebene der Bereichs- und Teamleiter entgeltrelevant sind. Auf diesen Ebenen existieren variable Vergütungsbestandteile. Im achtstufigen Spektrum des Vergütungssystems, das im Unternehmen vereinbart wurde, entspricht dies den oberen beiden Vergütungsgruppen. Einzige Ausnahme ist der Vertrieb, wo die oberen vier Vergütungsgruppen in der erfolgsabhängigen Vergütung arbeiten. Damit verknüpft sind die Aktienoptionspläne, die für alle Mitarbeiter zur einen Hälfte aufgrund der Vergütungsgruppe und zur anderen Hälfte aufgrund der Leistungsbeurteilung zugeteilt werden. Von den Experten wurde übereinstimmend darauf hingewiesen, dass dort, wo die erfolgsabhängige Vergütung gilt, die quantitative Zieldimension ein höheres Gewicht hat und Ziele auch verstärkt den Charakter von Vorgaben haben. Dort, wo die Beschäftigten nicht in der erfolgsabhängigen Vergütung sind, werden Ziele eher aufgabenbezogen qualitativ definiert und unterliegen einer stärkeren Initiative der Beschäftigten.

Eine direkte Konfrontation der Beschäftigten mit dem Markt über betriebswirtschaftliche Rahmenvorgaben im System der Zielvereinbarung findet sich dementsprechend nur für einen begrenzten Beschäftigtenkreis. Für diese Beschäftigtengruppen verschärft sich aber zugleich, wie bei Luftschiff, die Hierarchie, denn Vereinbarungen wandeln sich zu Vorgaben. Nicht zuletzt deshalb versucht der Betriebsrat Initiativen der Unternehmensseite zurückzudrängen, den Geltungsbereich variabler Vergütung auszudehnen. Dies geschieht bislang mit Erfolg. Bei den anderen Beschäftigtengruppen spielt die Verständigung als Steuerungsmodus eine größere Rolle; Ziele werden vereinbart, nicht vorgegeben. Auch hier bestehen freilich die Hierarchien fort, sie werden aber durch die Konsensbildungen überlagert. Mit den Restriktionen des Marktes werden die Beschäftigten aber indirekt doch konfrontiert, nämlich über die Festlegung der bereichsbezogenen Budgets, die aus den strategischen Planungen des Unternehmens abgeleitet werden. Für die einzelnen Tätigkeitsbereiche zeichnet sich ein differenziertes Bild der Steuerung der Arbeit und der Arbeitsorganisation insgesamt ab. In der Forschung und Entwicklung und im Bereich Professional Services herrscht die Projektarbeit vor. In der Forschung und Entwicklung sind Teams gleichzusetzen mit Projektteams. Die Projektteams zentrieren sich um die Produkte. Die Teams haben einen Teamleiter, der als Führungskraft fungiert und die Rahmensteuerung der Projektarbeit organisiert. Mit dem Teamleiter werden die Zielvereinbarungen abgestimmt, der Teamleiter ist aber auch verantwortlich für die Einhaltung der Vorgaben des Arbeitszeitsystems. Die vereinbarten Ziele sind in der Forschung und Entwicklung weitgehend identisch mit den Projektzielen. Bei der Festlegung der Projektziele spielt neben den zentral definierten Terminzielen die Erfahrung der Beschäftigten eine ausschlaggebende Rolle. Die Zielfestlegung erfolgt also im Gegenstromverfahren (Küpper 2001). Ein zentrales Problem ergibt sich aus den Unplanbarkeiten des Entwicklungsprozesses. Grundsätzlich bestehen drei Stellschrauben für den Umgang mit ungeplanten Verzögerungen, nämlich die Streichung bestimmter Produktfunktionalitäten, die Verschiebung von Terminen und schließlich die Verlängerung der Arbeitszeiten.

In der Projektarbeit des Bereichs Professional Services (PS) stellt sich die Projektarbeit anders dar. PS umfasst die Kundenberatung und die Erstellung individueller Problemlösungen beim Kunden. Die Projektdauern variieren stark; sie können sich auch über Jahre erstrecken. Vor Ort hat in den meisten Fällen der Kunde die Projektleitung. Das bedeutet, dass der Kunde mit seinen Anforderungen einen sehr weitgehenden Einfluss auf die Arbeitsgestaltung des PS-Beschäftigten hat. Was die Ziele und die Zielvereinbarungen betrifft, so gilt auch im Bereich PS, dass Ziele vorwiegend aufgabenorientiert sind und sich auf die erfolgreiche Durchführung eines Projektes und die Einhaltung von Terminen beziehen.

Davon unterscheidet sich die Situation im Vertrieb. Der Vertrieb ist zuständig für den Verkauf von Softwarelizenzen und seit kurzem um die Absatzbranchen herum zentriert. Im Vertrieb dominieren die quantitativen Ziele. Der Vertriebler wird an seinen auf die Ziele bezogenen Verkaufserfolgen gemessen. Die Ziele werden aus den Vorgaben abgeleitet, die sich aus der strategischen Umsatzplanung ergeben. Als erfolgsabhängig vergütete Beschäftigte haben die Beschäftigten zwar eine vertragliche Wochenarbeitszeit von 40 Stunden, zusätzliche Stunden werden aber nicht vergütet. Diese Regelung für den Vertrieb besteht seit langem und wurde durch die jüngsten Veränderungen bei der Gestaltung der Arbeitszeitregelungen des Unternehmens nicht beeinträchtigt.

Die derzeitige ökonomische Situation des Unternehmens ist durch die Branchenkrise geprägt. Der Traum vom unerschütterlichen Wachstum der New Economy ist auch für Software zerbrochen. Der Rückgang der Nachfrage durch Zurückhaltung vieler Unternehmen bei Investitionen in neue Informationstechnologien trifft gerade den Bereich innovativer neuer Produktplattformen, die das Unternehmen in den letzten beiden Jahren entwickeln konnte. In dieser schwierigen Lage setzt die Unternehmensleitung auf Kostensenkungsprogramme. Im Zentrum der Kostensenkungsbestrebungen stehen die Kürzungen von Budgets und der Abbau von Personalkosten. In diesem Zusammenhang scheint sich die Marktorientierung der Organisation weiter zu verstärken, denn die Steigerung des Unternehmenswertes ist ein explizit formuliertes strategisches Ziel der Unternehmensleitung.

6.2 Die industriellen Beziehungen und die Genese der Arbeitszeitregulierung

Die Gründung des Betriebsrates zu Beginn der 90er Jahre hat die Arbeitsbeziehungen im Unternehmen auf eine neue Grundlage gestellt. Zuvor waren die Arbeitsbeziehungen durch partizipative Kommunikationsflüsse und eine gemeinschaftliche Unternehmenskultur charakterisiert. Die informelle Round-Table-Kultur und das Gemeinschaftsgefühl brachen sich allerdings in den Jahren des Wachstums immer mehr mit der steigenden Organisationsgröße und der damit verbundenen Komplexitätszunahme der Kommunikation. Die Probleme kulminierten, als sich die Arbeitsbedingungen verschlechterten und die Unternehmensleitung soziale und materielle Leistungen zu reduzieren oder ganz zu streichen versuchte.

In dieser Situation konnte sich, getragen von der Unzufriedenheit der Belegschaft mit der Situation, ein Betriebsrat konstituieren. In den folgenden Jahren gelang es dem Betriebsrat nicht nur, seine Position in der Belegschaft zu festigen, sondern auch sich die Anerkennung als legitimer Verhandlungspartner der Geschäftsleitung zu erwerben. Sowohl die Unternehmensseite als auch der Betriebsrat haben in den Interviews das kooperative Verhandlungsklima im Unternehmen betont. Sachlichkeit, Professionalität und das Ringen um kompromissfähige Lösungen prägen die industriellen Beziehungen. Eine entscheidende Grundlage dieser Aushandlungskultur der kooperativen Konfliktbewältigung (Weltz 1977) ist die starke Unternehmensorientierung des Betriebsrates. Die betriebswirtschaftliche Entwicklung des Unternehmens ist der Referenzpunkt, an dem der Betriebsrat seine Forderungen ausrichtet.

Trotz des entwickelten Verhandlungsmusters der industriellen Beziehungen auf betrieblicher Ebene ist Software – wie viele Unternehmen des Lack-Turnschuh-Typs (Boes/Baukrowitz 2002) – nicht tarifgebunden. Alle Regelungen, auch die Regelungsfragen Lohn und Arbeitszeit, werden auf der Ebene von Betriebsvereinbarungen verhandelt. Für eine Tarifbindung fehlen die Voraussetzungen auf Seiten beider Betriebsparteien. Zum einen gehört das Unternehmen keinem Arbeitgeberverband an; die Unternehmensleitung lehnt eine Tarifbindung ab. Zum anderen hätte eine Politik der Anbindung an einen Tarifvertrag aber auch wenig Rückhalt im Betriebsrat und der Belegschaft zu erwarten.

Nicht nur ist der gewerkschaftliche Organisationsgrad der Belegschaft, typisch für Wissensarbeiter der IT-Industrie (Trautwein-Kalms 1995), vernachlässigenswert gering. Gewerkschaftspolitische Themen finden dort keinen Resonanzboden. Auch im Betriebsrat dominieren die nicht gewerkschaftlich organisierten Mitglieder. Zwar wird die IG Metall von einzelnen Mitgliedern des BR als Informations- und Kommunikationsforum genutzt. Trotzdem wird davon ausgegangen, dass die Gewerkschaft dem Betriebsrat bei der Lösung betrieblicher Probleme nicht behilflich sein kann und mehr noch, dass durch Tarifverträge auch keine Verbesserung der Arbeitsbedingungen der Beschäftigten erzielt werden könnte. So wurde betont, dass in den betrieblichen Vereinbarungen gerade hinsichtlich der Entgeltgestaltung das Niveau von Tarifverträgen nicht unterschritten wurde, die die Gewerkschaft mit anderen Unternehmen der Branche abgeschlossen hat. Zumindest als indirekter Referenzpunkt wurden die Tarifverträge damit aber doch genutzt.

Erst im Jahr 1997 war bei Software eine erste Arbeitszeitregelung ausgehandelt worden. Davor bestand keine explizite Regelung in Form einer Betriebsvereinbarung. Gänzlich regelungsfrei war die Arbeitszeit seinerzeit allerdings nicht. Denn zum einen gab es arbeitsvertraglich vereinbarte Arbeitszeiten. Der Vollzeitstandard betrug damals wie heute 40 Stunden. Und zum anderen gab es informelle Regelungen, die ebenso bindend wie formelle Regelungen waren, mit dem Unterschied, dass es sich dabei nicht um ausgehandelte Kompromisse handelte, ihnen also die demokratische Legitimierung kollektiver Regulierungen fehlte. Diese informellen Regelungen hatten nach Aussage des Betriebsrates ein eher restriktives System der Anwesenheitspflicht begründet, das sehr offen für unterschiedliche Führungskulturen der Vorgesetzten war.

In der damaligen Situation war es dann der Betriebsrat, der auf Einführung eines formalen Regelungssystems drängte. Die schließlich vereinbarte Regelung war nach dem Vorbild eines Ampelkontenmodells gestaltet. Es gab ein Arbeitszeitkonto, das zur Verwaltung für Schwankungen der Regelarbeitszeit diente. Dieses Konto hatte keinen Ausgleichszeitraum, aber eine Obergrenze für Arbeitszeitsalden in Höhe von 100 Stunden. Dementsprechend endete die Rotphase der „Ampel" bei 100 Stunden. Geschaltet werden sollte die Ampel bei Erreichung von 60 Stunden. Vorgesehen waren Rückführungsmaßnahmen, die zwischen Beschäftigtem und Vorgesetztem zu vereinbaren waren. Mehrarbeit war weiterhin zuschlagspflichtig beim Betriebsrat zu beantragen. Reisezeiten wurden – abzüglich der Fahrten ins Büro – als Regelarbeitszeiten behandelt. Die Erfassung der Arbeitszeiten erfolgte durch die Mitarbeiter in eigener Verantwortung am PC.

Bereits nach wenigen Jahren wurde deutlich, dass durch die vereinbarte Arbeitszeitregelung keine effektive Begrenzung der Arbeitszeiten erreicht werden konnte. Im Gegenteil, die Zeiten auf den Konten vieler Beschäftigter durchbrachen die festgelegten Kontengrenzen nicht nur, sie überstiegen diese teilweise um ein Vielfaches. Eine Auswertung der Zeitkontenstände durch den Betriebsrat zum Zeitpunkt März 2000 ergab folgendes Bild. 16% der Mitarbeiter hatten Zeitkontenstände zwischen 60 und 100 Stunden, also innerhalb des Reaktionsrahmens. Aber fast ein Drittel aller Beschäftigten führten 100 und mehr Stunden auf ihrem Konto, 16% zwischen 100 und 200 Stunden, knapp 5% zwischen 200 und 300 und immerhin anderthalb Prozent mehr als 700 Stunden. Berechnet auf die damalige Gesamtlaufzeit der Kontenregelung von knapp zwei Jahren ergaben sich daraus Wochenarbeitszeiten zwischen knapp 41 und über 47 Stunden. In diesen Rechnungen waren zudem beantragte Mehrarbeit, ausgezahlte Kontenstunden – dies war entsprechend der damaligen Regelung zwar verboten, wurde aber trotzdem praktiziert – sowie nicht erfasste Stunden nicht einberechnet.

Alle Experten waren sich darin einig, dass für diese Situation auch und vor allem Regelungsdefizite verantwortlich waren. So fehlte nach ihrer Einschätzung ein Sanktionsinstrumentarium, das die Akteure hätte anhalten können, Abbaugespräche zu führen und die Kontengrenzen einzuhalten. Überschreitungen der Konten wurden nicht sanktioniert. Die Regelung hielt weder für das Unternehmen noch für den Betriebsrat feste Schwellen bereit, in deren Anschluss Interventionen möglich gewesen wären. Auf diese Weise lastete die gesamte Verantwortung auf den Schultern der individuellen Akteure vor Ort, von Führungskräften und Beschäftigten. Betriebsrat oder Personalwesen konnten allenfalls an die Akteure appellieren, Zeiten abzubauen oder Überstundenanträge zu stellen; intervenieren konnten sie nicht.

In dieser Situation entstand nicht nur für den Betriebsrat, sondern auch für das Unternehmen ein Handlungsdruck, denn die wachsenden Kontensalden erforderten Rückstellungen, die kaum mehr kalkulierbar waren, weil die daraus erwachsenden Ansprüche von den Beschäftigten zumindest formal jederzeit hätten geltend gemacht werden können. Der Betriebsrat wandte sich mit der Forderung nach einer Neuregulierung an die Unternehmensseite und stellte überrascht fest, dass dort schon die Initiative ergriffen worden war. Vom Personalwesen war bereits Kontakt zu einer Arbeitszeitberatungsagentur aufgenommen worden, die externes Know-how einbringen sollte. Personalwesen und Betriebsrat setzten daraufhin eine Projektgruppe ein, die sich mit der Ausarbeitung einer neuen Arbeitszeitregelung beschäftigen sollte. Die Projektgruppe bestand aber nicht nur aus Vertretern von Personalwesen und Betriebsrat, sondern auch aus Mitgliedern aller Unternehmensbereiche, Führungskräften und Mitarbeitern, um

Software

auch bereichsbezogene Problemlagen in der Neuregulierung berücksichtigen zu können. Die Arbeitzeitberatungsagentur moderierte den Prozess.

Die Verhandlungen kreisten darum, unterschiedliche Interessenschwerpunkte miteinander in Einklang zu bringen. So stand für das Personalwesen im Vordergrund, den Übergang vom alten in das neue System möglichst reibungslos zu gestalten und möglichst wenige der angehäuften Kontensalden auszahlen zu müssen. Außerdem sollte die erfolgsabhängige Vergütung für die oberen Vergütungsgruppen im System verankert werden. Für den Betriebsrat ging es vor allem darum, zu einer effektiven Regulierung der tatsächlichen Arbeitszeiten durch Stärkung der individualisierten Aushandlung zwischen Mitarbeitern und Führungskräften zu kommen.

Als wichtiger Knackpunkt in den Verhandlungen erwies sich das Problem der Altlasten. Dem Interesse der Unternehmensseite, möglichst viele der angehäuften Stunden verfallen zu lassen, stand das gegenläufige Interesse des Betriebsrates gegenüber, diese Stunden nach Möglichkeit auszahlen zu lassen oder zu übernehmen. Der Konflikt endete in einem Kompromiss. Zeiten bis zur alten Grenze von 100 Stunden wurden auf ein neu einzurichtendes Langzeitkonto übernommen. Bei allen darüber hinausgehenden Zeiten musste zwischen Führungskraft und Mitarbeiter ausgehandelt werden, ob diese verfallen oder ausbezahlt bzw. ebenfalls auf das Langzeitkonto übernommen werden sollten. Die bilateralen Aushandlungen scheinen dann zu akzeptierten Kompromissen geführt zu haben. Von größeren Konflikten wurde uns jedenfalls nicht berichtet. Damit aber war der wichtigste Meilenstein auf dem Weg zu einer neuen Regelung erreicht worden.

6.3 Elemente der kollektiven Arbeitszeitregulierung

In der neuen Regelung (für einen Überblick siehe Tabelle 11) wurde die Länge der vertraglichen Arbeitszeit nicht verändert; sie sollte weiterhin 40 Stunden pro Woche betragen. Das alte Arbeitszeitkonto wurde durch ein neues Gleitzeitkonto für den Ausgleich von Schwankungen der Regelarbeitszeit ersetzt. Das Gleitzeitkonto sieht keinen Ausgleichszeitraum vor, hat aber eine Kontengrenze von nur noch +/-60 Stunden. Überlaufmöglichkeiten im Rahmen dieses Kontos oder in andere Konten wurden ausdrücklich abgeschafft. Vielmehr wurde eine tagesgenaue Kappung der über die Grenzen hinausgehenden Zeiten vorgesehen. In der Regelung wurde das Ziel formuliert, das Gleitzeitkonto nach Möglichkeit um einen Wert von Null Stunden herum zu steuern.

Anders als das alte Arbeitszeitkonto gilt das neue Gleitzeitkonto nicht mehr für alle Beschäftigten, sondern nur noch für die nicht in der erfolgsabhängigen

Tab. 11: Arbeitszeitregelung Software

Zahl der Beschäftigten im Geltungsbereich	Vertragliche Arbeitszeit	Kontentypen	Kontengrenzen	Ausgleichszeiträume	Verfahrensregeln	Mitbestimmung
ca. 1.000	40 Stunden	Gleitzeitkonto Langzeitkonto: Zeiten aus Zusatzzeitbudgets	Gleitzeitkonto: +/- 60 Stunden Langzeitkonto: Bis Alter 45 1.800 Stunden, danach unbegrenzt	Gleitzeitkonto: keine Langzeitkonto: keine	Gleitzeitkonto: Kappungen bei Überschreitung der Kontengrenzen Langzeitkonto: Dezentrale Aushandlung der Arbeitszeitbudgets	Mitbestimmung bei Konflikten und bei Genehmigung von Arbeitszeitbudgets Paritätische Arbeitszeitkommission als Monitoring-Instanz

Quelle: Eigene Erhebung

Vergütung arbeitenden Beschäftigten. Bei den erfolgsabhängig arbeitenden Beschäftigten wird kein Gleitzeitkonto geführt; Zusatzzeiten sind in der Erfolgsvergütung abgedeckt. Ergänzend zur Gleitzeitregelung wurden zwei weitere Entscheidungsoptionen vereinbart, die Vertrauensarbeitszeit und die so bezeichnete EGAL-Liste. Mit der Vertrauensarbeitszeit haben Beschäftigte der unteren Vergütungsgruppen die Möglichkeit, freiwillig aus dem Gleitzeitkonto ausscheiden zu können. Für diese wird dann weder ein Gleitzeitkonto geführt noch unterliegen sie den dort geltenden Kontenregulierungen. Der Übergang zur Vertrauensarbeitszeit bedarf der Zustimmung der Führungskraft. Die Vereinbarung kann monatlich sowohl vom Beschäftigten als auch von der Führungskraft widerrufen werden. Zudem können die Mitarbeiter sich entschließen, zwar das Gleitzeitkonto weiter zu führen und damit ihre Arbeitszeiten weiter zu erfassen, aber nicht mehr den Regulierungsvorgaben des Gleitzeitkontos zu folgen. Dann werden sie auf einer besonderen Liste, der EGAL-Liste, geführt als Mitarbeiter, die auf die Einhaltung der Kontengrenzen keinen Wert legen. Auch diese Entscheidung kann jederzeit von den Beschäftigten widerrufen werden.

Neben dem Gleitzeitkonto weist die Arbeitszeitregulierung zwei weitere zentrale Regelungsbausteine auf, nämlich die Zusatzzeitbudgets und das Langzeitkonto auf der einen sowie die Arbeitszeitkommission auf der anderen Seite. Die Regelung sieht vor, bei einem absehbaren Trend zur Mehrarbeit oder einer Veränderung der Arbeitsbedingungen im Bedarfsfall Zusatzzeitbudgets abzuschließen. Zusatzzeitbudgets werden für mindestens eine Woche und für höchstens drei Monate monatsweise zwischen Mitarbeiter und Führungskraft vereinbart. Der Maximalrahmen für die Budgets wird durch die Regelungen des Arbeitszeitgesetzes bestimmt. Vor Bewilligung der Budgets ist jedoch zu klären, ob erstens die Arbeit wirklich erforderlich ist, ob sie nicht zweitens umverteilt werden kann und ob drittens ein zeitnaher Freizeitausgleich möglich ist. Erst bei Ausschöpfung dieser Steuerungsoptionen sollen die Zusatzzeitbudgets geschaltet werden. Das lokale Personalwesen und der lokale Betriebsrat erhalten Kopien der Vereinbarungen. Beide Parteien können ein begründetes Veto gegen die Genehmigung eines Zusatzzeitbudgets einbringen. In diesem Fall endet die Vereinbarung mit sofortiger Wirkung. Arbeitszeiten, die über das Zusatzzeitbudget hinausgehen, werden auf das Gleitzeitkonto gebucht. Falls dieses überläuft, werden sie gekappt.

Zusatzzeitbudgets ersetzen die traditionelle genehmigungs- und zuschlagspflichtige Mehrarbeit. Daraus ergab sich erstaunlicherweise kein größerer Konfliktpunkt in den Verhandlungen zwischen Personalwesen und Betriebsrat. Beide Akteure wollten auf diese Weise zwei Fliegen mit einer Klappe schlagen. Auf der einen Seite sollten die Barrieren für die Führungskräfte zur Beantragung von Mehrarbeit gesenkt werden. Und auf der anderen Seite sollten die Anreize für Mehrarbeit insgesamt möglichst gering gehalten werden. Abstimmungsbedarf bestand allerdings innerhalb des Betriebsrates. Denn der Verzicht auf Mehrarbeit bedeutete in jedem Fall auch Verzicht auf traditionelle Mitbestimmungsrechte. Die abweichenden Positionen im Betriebsrat konnten dann durch den Mitbestimmungsgehalt der neuen Regelung integriert werden, der sich aus der Veto-Position der Betriebsräte bei Zusatzzeitbudgets ergibt.

Der Mitarbeiter hat drei Optionen für die Verwendung der Zusatzzeiten: Er kann sie sich zu 100% auszahlen lassen, er kann sie sich zu 50% auszahlen lassen und zu 50% einen Freizeitanspruch auf ein Langzeitkonto stellen, oder er kann die gesamten Zeiten auf dem Langzeitkonto verbuchen lassen. Auf das Langzeitkonto kann Arbeitszeit nur im Anschluss an Vereinbarungen zum Zusatzzeitbudget fließen, nicht als Überschuss des Gleitzeitkontos. Damit sind beide Kontenformen im Unternehmen streng getrennt und erhalten ihre Verbindung lediglich über die Zusatzzeitbudgets.

Das Langzeitkonto ist für Mitarbeiter unter 45 Jahren auf 1.800 Stunden als Maximalvolumen begrenzt. Für Mitarbeiter über 45 Jahre sind Zeitguthaben in unbegrenzter Höhe möglich. Als Möglichkeiten der Zeitverwendung werden in der Regelung Blockfreizeiten, Teilzeitarbeit bei voller Vergütung und vorzeitiger Ruhestand angegeben. Entnahmen sind analog der Gewährung von Urlaub zwischen Beschäftigtem und Führungskraft auszuhandeln. Die Führungskraft kann dabei dringende betriebliche Bedarfe geltend machen.

Mit der paritätisch aus jeweils drei Vertretern der Unternehmensseite und des Betriebsrates besetzten Arbeitszeitkommission ist ein Kontroll- und Steuerungsgremium geschaffen worden, das nicht nur die Einhaltung der Betriebsvereinbarung zu überwachen, sondern auch wichtige Funktionen bei der aktiven Regulierung der Arbeitszeiten wahrzunehmen hat. In der Arbeitszeitkommission bündeln sich die Informationen über die Entwicklung der Arbeitszeiten. Sie erhält monatlich eine Liste der Zeitkontenstände, eine Übersicht über die auf Tagesbasis gekappten Stunden des Gleitzeitkontos, eine Liste der vereinbarten und genehmigten Zusatzzeitbudgets, eine Liste der Mitarbeiter, die freiwillig aus der Zeitkontenführung ausgeschieden sind sowie die EGAL-Liste der nicht mehr den Kappungsregeln folgenden Mitarbeiter. Die Arbeitszeitkommission kann in Konfliktfällen von den Akteuren der individualisierten Aushandlung angerufen werden, sie kann aber auch selber aktiv in die bilaterale Arbeitszeitgestaltung eingreifen. Dies geschieht vornehmlich bei Verstößen. Die Vereinbarung sieht vor, dass in solchen Fällen zunächst der betroffene Mitarbeiter und seine Führungskraft angesprochen werden. Entscheidungen sollen nach Möglichkeit einvernehmlich erfolgen. Ist dies nicht möglich, wird nach dem Mehrheitsverfahren entschieden. Sind auch keine Mehrheitsbildungen erreichbar, ist die Einigungsstelle anzurufen. Die paritätische Besetzung der Kommission garantiert dem Betriebsrat vor dem Hintergrund der weitreichenden Kontroll- und Steuerungsfunktionen der Kommission eine umfassende Mitbestimmung bei der Arbeitszeitgestaltung. Darin dürfte, neben den schon angesprochenen Veto-Rechten bei der Genehmigung von Zusatzzeitbudgets, die entscheidende Grundlage für die Akzeptanz der Regelung auf Seiten der Betriebsräte bestehen.

7. IT-Services: Der Dienstleistungstarifvertrag

IT-Services gehört zu der Gruppe der IT-Unternehmen, die der Tarifbindung unterliegen. Der für das Unternehmen verhandelte Ergänzungstarifvertrag (ETV) zum Flächentarifvertrag der Metallindustrie wurde als Dienstleistungstarifvertrag konzipiert, der den Flächentarif für Unternehmen der IT-Industrie mit ihren eigenen Problemlagen und Interessen öffnen sollte. Deshalb wird der ETV auch als Branchenfenster der IT-Branche im Flächentarifvertrag der Metallindustrie bezeichnet. Ein wichtiger Ausgangspunkt der Verhandlungen war die Heterogenität unterschiedlicher Regulierungsformen, die zuvor im Unternehmen herrschte.

7.1 Grundlinien der Organisation von Unternehmen und Arbeit

IT-Services ist eine Ausgründung der IT-Dienstleistungen eines Industriekonzerns in eine eigenständige Tochtergesellschaft. Der Konzern blieb bis Anfang des neuen Jahrtausends Haupteigentümer des neuen Unternehmens. Auch galten die Flächentarifverträge der Metallindustrie für die aus dem Konzern ausgegliederten Mitarbeiter fort, sofern sie zuvor der Tarifbindung unterlagen. Vorrangiges Ziel der Ausgliederung war die externe Vermarktung der IT-Dienstleistungen an andere Kunden. Diese Strategie erwies sich als sehr erfolgreich. IT-Services hatte über die 90er Jahre hinweg eine expansive Entwicklung durchlaufen und konnte seine Mitarbeiterzahl mehr als verdreifachen. Die in dieser Phase eingestellten Mitarbeiter waren aber nicht mehr an den Metalltarif gebunden. Im Ergebnis entstand ein neues Dienstleistungsunternehmen mit einer breiten Vielfalt kollektiver Regulierungen. Es war dann diese Regulierungsvielfalt, die den Anstoß gab für die Aushandlung einer neuen tarifvertraglichen Regulierungsgrundlage in Form eines Ergänzungstarifvertrages zum Flächentarif der Metallindustrie.

Im Verlauf der 90er Jahre hatten sich die Strukturen und Kulturen bei IT-Services grundlegend gewandelt. Als interne Funktionen waren die Dienstleistungsbereiche ehemals ganz in die fordistischen Organisationsstrukturen des Industriekonzerns integriert mit ihren vielstufigen Hierarchien, zentralisierten Entscheidungswegen und funktionalen Versäulungen. Diese Strukturen erwiesen sich nach der Ausgliederung aber gerade in der Konfrontation mit externen Kunden als wenig tauglich für die Herausforderungen an ein Dienstleistungsunternehmen mit einem hohen Anteil an hochqualifizierten Beschäftigten, das sich im innovations- und wissensintensiven Markt der IT-Branche bewegt (Bensel 2000).

Neue Konkurrenzfaktoren wie Flexibilität, Kundenorientierung, Motivation, Qualifikation und Kreativität sowie neue Ansprüche der Mitarbeiter an eine sinnvolle, umfassende und eigenverantwortliche Arbeitsaufgabe wurden als Triebkräfte für eine Verlagerung von Kompetenzen und Verantwortlichkeiten vor Ort gewertet. Das Schlagwort des „Unternehmers im Unternehmen" machte die Runde. Dezentralisierung und Abflachung der Hierarchien galten als zentrale Leitbilder der Organisationsentwicklung.

Im Verlauf der Jahre 2000 und 2001 wurde im Konzern beschlossen, ein Übernahmeangebot für IT-Services anzunehmen. Die Übernahme von IT-Services fiel bei dem neuen Mutterunternehmen mit der Entscheidung zusammen (oder wurde dazu genutzt), die eigene Organisation des Unternehmens neu zu strukturieren. Dazu wurden eigenständige Geschäftsfelder gegründet und eine Dachgesellschaft für den Vorstand eingerichtet. Der Konzernvorstand führt das Gesamtunternehmen in einem sehr weitgehenden Maße kapitalmarktorientiert. Er strukturiert das Konzernportfolio – also die Geschäftsfelder des Konzerns – nach Maßgabe der finanziellen Performance. Dies geschieht durch finanzwirtschaftliche Zielvorgaben an die einzelnen Geschäftsfelder, die mit einer umfassende Kosten und Profitverantwortung ausgestattet wurden.

IT-Services ist in ein Geschäftsfeld eingegangen, das die IT-Dienstleistungen des Konzerns umfasst, aber auch integrierte Kundenlösungen von Informations- und Telekommunikationstechnologie anbieten soll. Das Geschäftsfeld ist in so genannten Services Lines untergliedert, die nach IT-Dienstleistungsfeldern strukturiert sind. Unsere Fallstudie fand an einem Standort und in einer Einheit einer Service Line statt, die auf den Betrieb von Rechenzentren und Anwendungssoftware spezialisiert ist. Die unterhalb der Service Line liegenden Einheiten werden als Computing Service Units bezeichnet. Sie sind wiederum in Business-Bereiche, die Bereiche, die das Kundengeschäft betreiben, und Delivery-Bereiche, interne Dienstleister für die Business-Bereiche, aufgeteilt. Die Business-Bereiche fungieren als kosten- und ertragsverantwortliche, die Delivery-Bereiche als kostenverantwortliche Einheiten.

Diese Aufgliederung der Strukturen in Cost- und Profit-Center zeichnet das Bild einer Organisation, in der der Markt als internes Steuerungsprinzip ein großes Gewicht erhalten hat. Die operative Geschäftsverantwortung liegt in großem Maße bei den dezentralen Einheiten. Die Kehrseite der Dezentralisierung operativer Verantwortung ist die Einbindung der dezentralen Einheiten in die zentrale strategische Steuerung. Diese Steuerung findet in zwei Formen statt. Die erste Form ist die Bestimmung der Budgets. Dabei trifft eine Bottom-up-Planung der Service Units auf die Top-down-Planung der Leitung der T-Systems. Beide stellen die Grundlage für Aushandlungen in gemeinsamen Planungsrunden von Geschäftsleitung und dezentralen Bereichsleitungen dar, an deren Ende ein Kompromiss steht. Die zweite Form der Einbindung in die zentrale Strategie sind Zielvereinbarungen, die wiederum an die Budgetplanungen anschließen. Die Ziele werden „kaskadiert", also von den Leitungsebenen entlang der Hierarchie heruntergebrochen bis hin zu den Mitarbeitern im Tarif. Die Zielvereinbarungen sind an variable Gehaltsbestandteile gekoppelt. Je nach Hierarchieebene variiert der variable Anteil in seiner Höhe und in der relativen Gewichtung von Unternehmens- und Bereichszielen.

Die Computing Service Unit umfasst am Untersuchungsstandort etwa 400 Mitarbeiter, von denen 43% eine Fachhochschul- oder Hochschulausbildung besitzen. Am Standort fallen Organisations- und Standortstrukturen auseinander. Organisationsbereiche verteilen sich auf verschiedene Standorte, und Standorte umfassen unterschiedliche Legal- oder Organisationseinheiten. Auf der Ebene der Arbeitsorganisation führt dies zur Arbeit in virtuellen Strukturen. Am Standort selbst ist eine Projektgruppe gegründet worden mit Vertretern aller dort angesiedelten Bereiche, die zusammenfassend die Fragen und Probleme behandelt, die den Standort als Ganzes betreffen. Durch die Entkoppelung von Organisations- und Standortstrukturen sind virtuelle Teams am Standort keine Ausnahme, sondern eher die Regel. Viele Beschäftigte haben ihre Teamkollegen an verschiedenen anderen Standorten, und auch die Vorgesetzten befinden sich meist nicht am selben Standort.

In der Organisation sind Linien- und Projektstrukturen nicht getrennt. Projekt- und Linienverantwortlichkeiten decken sich. Projekte werden von den Mitarbeitern eigenverantwortlich durchgeführt. Als Projekte können grob die Tätigkeiten bezeichnet werden, die nicht den Regelbetrieb betreffen. Dabei können die Art und die Gewichtung der Projekttätigkeit ganz unterschiedlich sein, je nachdem, um welchen Bereich es sich handelt. Im Bereich der Systemadministration beispielsweise, also der Betreuung von IT-Landschaften für Kunden, dominiert der Regelbetrieb der Kontrolle und Wartung der Systeme. Projekttätigkeiten liegen dann vor, wenn neue Anforderungen in das System eingefügt werden. Ein anderes Beispiel bietet der Bereich der Professional Services. Dort meint Projektarbeit alle Tätigkeit beim Kunden.

Mit dem ETV wurden wichtige kollektive Regulierungsgrundlagen nicht nur für die Arbeitszeit, sondern auch für die Gestaltung der Arbeitsorganisation insgesamt geschaffen. So führt der ETV über so bezeichnete Jahreszielgehälter variable Vergütungsbestandteile für die Tarifbeschäftigten ein. Jahreszielgehälter ergeben sich für die jeweiligen Vergütungsgruppen zu 90% aus fixen Vergütungsbestandteilen und zu 10% aus variablen (bei Erfüllung der Leistungserwartung und der Ergebnisplanung), wobei sich die variablen Vergütungsbestandteile ihrerseits zu 50% nach der individuellen Leistung und Zielerreichung und zu 50% nach dem Unternehmensergebnis richten.

Die Bewertung von Leistung und Zielerreichung beruht zum einen auf Leistungsbeurteilungen und zum anderen auf Zielvereinbarungen. Leistungsbeurteilungen werden vom Vorgesetzten jährlich anhand definierter Kriterien – qualitatives und quantitatives Arbeitsergebnis, Arbeitseinsatz, Teamorientierung, Kundenorientierung – und bei Führungskräften Führungsverhalten – und bestimmter Bewertungsstufen durchgeführt. Jeder Mitarbeiter hat einen Anspruch auf eine Leistungsbeurteilung. Lassen sich Konflikte über die Beurteilung nicht bilateral lösen, kann der Mitarbeiter in einem Vermittlungsgespräch den örtlichen Betriebsrat hinzuziehen. Wird auch auf dieser Eskalationsstufe keine Einigung erreicht, verhandeln – mit Einverständnis des Mitarbeiters – Betriebsrat und Personalwesen die Beurteilung nach den Kriterien der Plausibilität und der formalen Richtigkeit der Beurteilung. Bei gemeinsamer Beanstandung der Beurteilung muss die Beurteilung revidiert werden, bei abweichenden Einschätzungen von Betriebsrat und Personalwesen soll die Beurteilung unter Hinzuziehung des nächst höheren Vorgesetzten nochmals überdacht werden.

Zielvereinbarungen sind zwischen Beschäftigten und Vorgesetzten im Rahmen einer individualisierten Aushandlung im jährlichen Zyklus zu treffen. Es sollten drei bis fünf gleichwertige Ziele vereinbart werden, die Leistungs-, Organisations- und Entwicklungsziele umfassen. Zielvereinbarungen dürfen nur einvernehmlich abgeschlossen werden. Entscheiden sich Vorgesetzter und Mitarbeiter, keine Zielvereinbarung abzuschließen oder verweigert der Mitarbeiter seine Unterschrift unter eine Zielvereinbarung, kommt keine Zielvereinbarung zustande. Die Leistungsbeurteilung ist dann das einzige Instrument der Leistungssteuerung, und der individuelle Teil der variablen Vergütung wird allein durch die Leistungsbeurteilung bestimmt. Wegen des prinzipiellen Verweigerungsrechtes der Beschäftigten existieren keine weiteren Eskalationsregelungen. In der Praxis sind Zielvereinbarungen dort, wo sie durchgeführt werden, eine Mischung aus marktbezogenen Vorgaben und Vereinbarungen. In ihnen verbinden sich damit die Steuerungsformen Markt, Hierarchie und Verständigung. Die Steuerung durch Verständigung wird dadurch sichergestellt, dass der Beschäftigte die Zielvereinbarung nicht unterschreiben muss.

7.2 Die industriellen Beziehungen und die Genese der Arbeitszeitregulierung

Von allen Experten wurde der kooperative und problemorientierte Charakter der industriellen Beziehungen bei IT-Services hervorgehoben.

„Wir arbeiten hier sehr intensiv mit dem Betriebsrat zusammen. Ich binde grundsätzlich den Betriebsrat frühzeitig in die Themen ein. Wir haben uns angewöhnt, lösungsorientiert zu arbeiten. Wenn Sie diesen Ansatz verfolgen, dann können Sie alle Probleme lösen. Mir ist jedenfalls im Augenblick kein Fall bekannt, wo

IT-Services: Der Dienstleistungstarifvertrag

uns dies nicht gelungen wäre. Durch die frühe Einbindung der Arbeitnehmervertretung kann ich viele Eskalationen verhindern." (Leiter Customer Service Unit) Die Politik der frühen Einbindung zeigt, dass der Betriebsrat in seinen Rechten anerkannt und als Verhandlungspartner von der Unternehmensseite akzeptiert ist. Mehr noch, es wird auf die große Bedeutung hingewiesen, die dem Betriebsrat aus Sicht des Managements für die interne Problemlösung zukommt.

Eine wichtige Voraussetzung dafür ist die Orientierung des Betriebsrates an betriebsbezogenen Problemlagen. Der Betriebsrat zeigt sich offen sowohl gegenüber den Flexibilitätsbedarfen der kundenorientierten Produktion von Dienstleistungen als auch gegenüber den Autonomieansprüchen seiner teilweise hochqualifizierten Belegschaft. Deshalb hat er auch flexible und dezentrale Organisationskonzepte mitgetragen, wie sie schließlich den Ergänzungstarifvertrag in entscheidendem Maße prägen sollten. Er wurde zu einem Promotor flexibler Regulierungen im Unternehmen, in deren Rahmen die Partizipationsansprüche der Beschäftigten ihren Niederschlag finden sollten. Sein Anspruch war und ist, die Rahmenbedingungen von Veränderungsprozessen im Interesse der Beschäftigten mitzugestalten (Schiller 2000).

Diese „Kultur der Rationalität" (Bosch 1997), die die industriellen Beziehungen des Unternehmens prägt, hat jedoch nicht dazu geführt, dass sich der Betriebsrat als moderner Co-Manager verstehen würde. Der Betriebsrat sieht sich vielmehr in erster Linie als Stellvertreter der Beschäftigten in den Aushandlungen mit dem Management:

> „Co-Management, davon habe ich noch nie etwas gehalten. Ich bin gerne dabei, wenn über etwas gesprochen wird, wenn Vorschläge gemacht werden. Wenn ich gefragt werde, was ich davon halte. Aber ich stelle sofort die Interessen der Belegschaft nach vorne. Das sieht und akzeptiert die Geschäftsleitung auch so. Die sagt: Natürlich müsst ihr das machen, das ist ja eure Funktion." (Stellvertretender Betriebsratsvorsitzender)

Dieses Verständnis, das als konstruktive Interessenvertretungspolitik bezeichnet werden könnte, prägt auch die Beziehungen des Betriebsrates zur Belegschaft. Der Betriebsrat legt größten Wert darauf, im engen Kontakt zur Belegschaft zu stehen. Er pflegt eine offene Kommunikationspolitik und versucht, in diesem Rahmen die Probleme der Beschäftigten aufzunehmen und übergreifende Probleme mit den Beschäftigten zu kommunizieren.

Zu dieser Form konstruktiver Interessenvertretungspolitik gehört auch, dass der Betriebsrat, weniger als ihm dies rechtlich zustände, auf die Arbeit freigestellter Mitglieder setzt. Die Freistellungsansprüche werden nicht ausgeschöpft. Dies hat zum einen damit zu tun, dass dadurch die Rekrutierung neuer Betriebsräte für Listenplätze bei Betriebsratswahlen leichter ist. Denn viele potenzielle Kandidaten befürchten, dass die Übernahme eines freigestellten Mandats dazu führt, dass sie einen Qualifikationsverlust in ihrem Beruf erleiden, weil sie über einen zu langen Zeitraum ihre Arbeitstätigkeiten nicht mehr ausüben könnten. Zum anderen kommt hinzu, dass die Dominanz der Betriebsratsarbeit als Nebentätigkeit auch das Selbstverständnis des Betriebsrates abbildet. Denn wer als Betriebsrat weiter seine Arbeitstätigkeit ausfüllt, bewahrt sich die Basisnähe, und zwar sowohl mit Blick auf die technologischen und organisatorischen Veränderungen der Arbeit als auch mit Blick auf den direkten Kontakt zu den Beschäftigten.

Der Erfolg seiner Arbeit scheint dem Betriebsrat Recht zu geben. In den Beschäftigteninterviews wurde eine breite Akzeptanz der Institution Betriebsrat und der Bedeutung der Mitbestimmung geäußert, die für ein Unternehmen der IT-Branche mit vorwiegend hoch qualifizierten Beschäftigten ungewöhnlich ist. Diese Akzeptanz kann auch nicht alleine aus der fordistischen Vergangenheit des Unternehmens und der dort herrschenden Mitbestimmungskulturen erklärt werden. Denn der Großteil der Beschäftigten (und mit ihm alle interviewten Beschäftigten) war erst im Verlauf der 90er Jahre eingestellt worden und hatte deshalb keinen direkten Kontakt zu dieser Tradition.

Die enge Bindung an die Problemlagen ist die eine Seite des Selbstverständnisses des Betriebsrates, die interne Organisation nach neuen Prinzipen der Zusammenarbeit die andere Seite. Eine entscheidende Herausforderung für den Betriebsrat war vor dem Hintergrund vieler Akquisitionen und eines raschen Beschäftigungsaufbaus in den 90er Jahren die Integration heterogener Belegschaften und Interessenvertretungskulturen. Der Betriebsrat initiierte deshalb zu Beginn der 90er Jahre einen „Change-Prozess" (Schiller 2000), in dessen Verlauf er versuchte, seine traditionell hierarchisch geprägten Organisationsstrukturen zu überwinden und neue Formen der Kommunikation und Vernetzung zwischen den Betriebsräten und den verschiedenen Ebenen der Betriebsratsarbeit zu entwickeln. Als wichtiger Bestandteil dieses Change-Prozesses galt das Prinzip, lokale Betriebsratskulturen neuer Standorte oder Unternehmensbereiche nicht zu kolonialisieren, sondern in ihrer Vielfalt intakt zu lassen und zu integrieren.

Mit dem Change Prozess war aber auch ein neues Verständnis der Rolle von Gewerkschaft verbunden. Der Betriebsrat von IT-Services ist, ein Erbe seiner Herkunft, traditionell von der IG Metall geprägt. Mit der Ausarbeitung des Ergänzungstarifvertrages in der zweiten Hälfte der 90er Jahre begann sich ein neues Verhältnis zur Gewerkschaft auszubilden. Die Gewerkschaft wird seitdem vom Betriebsrat in erster Linie als Dienstleister für seine Arbeit angesehen:

> „Wir sehen die Rolle der IG Metall ausschließlich als Dienstleister. Wir verhandeln hier alles autonom. Bei einer Betriebsvereinbarung lassen wir die Gewerkschaft mal drüberschauen und fragen, ob auch alles so in Ordnung ist. Ansonsten wollen wir die nicht weiter belästigen." (Stellvertretender Betriebsratsvorsitzender)

Gewerkschaftsvertreter werden als Berater oder Coaches genutzt, haben aber keinen prägenden Einfluss auf die konkrete Politik des Betriebsrates. Mehr noch, mit dem maßgeblich vom Betriebsrat initiierten und entwickelten Ergänzungstarifvertrag hat der Betriebsrat neue Ansprüche auch auf die Gestaltung der Tarifpolitik entwickelt, zumindest soweit sie das Unternehmen betrifft. Diesen neuen Ansprüchen korrespondiert auch die jeweilige Verankerung von Betriebsrat und Gewerkschaft in der Belegschaft. So akzeptiert der Betriebsrat bei den Beschäftigten ist, so distanziert ist die Wahrnehmung gegenüber der Gewerkschaft. Der gewerkschaftliche Organisationsgrad liegt deutlich unter 10%, und auch in den Interviews herrschte eine kritische Haltung gegenüber der Gewerkschaft – oder genauer Gewerkschaften generell – vor.

Die Rahmenbedingungen für die Betriebsratsarbeit haben sich allerdings mit der Übernahme von IT-Services in den neuen Konzern grundlegend verändert. Es tobt nach Darstellung der interviewten Betriebsräte ein offener Machtkampf zwischen den Betriebsräten der IT-Services und den Betriebsräten aus der neuen Konzernmutter. Darauf kann an dieser Stelle nicht näher eingegangen werden. In der Konsequenz jedenfalls wird die Geltung des ETV dadurch grundlegend in Frage gestellt. Denn die im neuen Konzern dominierende Gewerkschaft drängt nach Aussage aller Experten darauf, mit dem Geschäftsfeld einen neuen, gesonderten Tarifvertrag zu vereinbaren, der für das ganze Geschäftsfeld gilt und den alten ETV auch für IT-Services ablösen soll. Abschließende Verhandlungsstände gab es zum Zeitpunkt der Falluntersuchung noch nicht.

Dieses Problem ist aber für unsere Untersuchung der praktischen Wirksamkeit der Arbeitszeitregulierung ohne aktuelle Relevanz. Interessanter sind die Ausgangsprobleme der Arbeitszeitregulierung bei IT-Services. In ihnen spiegeln sich die Trends und Probleme kollektiver Regulierungen in der IT-Industrie (Wagner/Schild 1999). In der Folge der vielfältigen Akquisitionen der 90er Jahre koexistierten bei IT-Services eine Fülle unterschiedlicher Regulierungsmuster gerade auch der Arbeitszeit. Diese Konstellation hatte sich durch das dynamische Wachstum der nicht tarifgebundenen Bereiche weiter verschärft. Ende der 90er Jahre unterlag nur noch ein Drittel der Mitarbeiter den Regelungen der Flächentarifverträge. Das hieß im Umkehrschluss, dass zwei Drittel der Beschäftigten außerhalb der Tarifverträge standen.

In dieser Situation ergriff der Betriebsrat des Unternehmens auf den Ebenen des Gesamt- und Konzernbetriebsrates die Initiative. Er stellte eigene Analysen an zu der Frage, wie sich die Tarifverträge so umgestalten ließen, dass sie schließlich auf alle Beschäftigten des Konzerns übertragen werden konnten. Dahinter stand das allgemeinere Problem, wie eigentlich kollektivvertragliche Regulierungen auf der Ebene des Tarifvertrages auszusehen haben unter Berücksichtigung der besonderen Anforderungen eines Dienstleistungsunternehmens. Mit seinen ersten Problemanalysen wandte sich der Betriebsrat an die zuständige

Bezirksleitung und die Tarifabteilung der Gewerkschaft. Gemeinsam wurde in vielen Gesprächen an ersten Konturen für neuartige tarifvertragliche Regulierungsmuster gestrickt. Schließlich schälten sich drei Prioritäten für eine Neuregulierung heraus. Die erste Priorität lautete, die individuellen Gestaltungsspielräume der Beschäftigten zu erhöhen. Die Partizipationsrechte und -möglichkeiten der Beschäftigten sollten ausgeweitet werden. Auf diese Weise sollte den besonderen Interessenlagen qualifizierter Angestellter nach Ausbau, aber auch nach Absicherung ihrer Produzentenautonomie Rechnung getragen werden. Die zweite Priorität bezog sich auf die Kernelemente der Neuregulierung. Als Antwort auf die Herausforderungen wissensbasierter Dienstleistungstätigkeiten sollten drei Kernbereiche tariflich neu reguliert werden: Die Arbeitszeit in Richtung Flexibilisierung, die Entlohnung in Richtung Ergebnis- und Zielorientierung sowie Differenzierung und – als Novum – die Qualifizierung – in Richtung Abdeckung der gewachsenen Qualifikationsbedarfe wissensintensiver Tätigkeiten (Stamm 2000). Die dritte Priorität schließlich betraf die Regulierungsebene. Eine Lösung durch Ausscheren aus dem Flächentarif auch in Form eines Haustarifvertrages wurde von den Akteuren ausgeschlossen. Die Veränderungen sollten auf der Grundlage des Flächentarifvertrages der Metallindustrie erfolgen, diesen aber durch Modifizierungen so weit auf die Herausforderungen der IT-Industrie zuschneiden, dass er für Unternehmen dieser Branche generell interessant wird. Die Idee zu einem „Branchenfenster" im Flächentarifvertrag war geboren.

Mit diesen Vorstellungen gingen Betriebsrat und Gewerkschaft dann auf die Unternehmensseite zu. Dort trafen sie auf ein sehr aufgeschlossenes Management. Im Verlaufe der 90er Jahre hatten sich ja nicht nur die Beschäftigtenstrukturen, sondern, wie bereits angesprochen, auch die Managementkulturen deutlich gewandelt. Neue, posttayloristische Managementstrategien wie Führen mit Zielen, Ergebnisorientierung, Projektarbeit, diese Führungs- und Arbeitsformen prägten zunehmend das Bild des Unternehmens, importiert nicht zuletzt durch die umfangreichen Akquisitionen aus der IT-Industrie.

Die Interessen beider Verhandlungsparteien wiesen damit eine deutliche Schnittmenge auf. Dabei wurde von der betrieblichen und gewerkschaftlichen Interessenvertretungen der Regulierung der Arbeitszeiten besonderes Gewicht beigemessen. Was unbedingt vermieden werden sollte, war eine schlichte Verlängerung der Arbeitszeiten durch Ausweitung der im Flächentarifvertrag definierten Quote der Arbeitszeitdifferenzierung oder durch bezahlte Mehrarbeit. Zudem galt die Erfassung der Arbeitszeiten als unabdingbare Verhandlungsgrundlage. Für das Unternehmen ging es hauptsächlich darum, die als Fesseln empfunden tariflichen Regulierungen der Fläche abzustreifen und die eigenen personalpolitischen Leitlinien einfließen zu lassen. Das Unternehmen verhandelte als eigenständiger Verhandlungspartner; die zuständigen Arbeitgeberverbände unterzeichneten lediglich das Ergebnis. Auf Seiten der Arbeitnehmervertreter führte die IG Metall die Verhandlungen. Für beide Seiten war rasch klar, dass die Verhandlungen auf Abschluss eines Ergänzungstarifvertrages zielen sollten. Gemeinsam getragen wurde dabei auch die Idee des Branchenfensters, also die potenzielle Ausdehnbarkeit des Geltungsbereichs auf andere Unternehmen. Der Tarifvertrag wurde deshalb schließlich ganz allgemein als Dienstleistungstarifvertrag bezeichnet.

7.3 Elemente der kollektiven Arbeitszeitregulierung

Nach einer Einführungsphase im letzten Quartal des Jahres 1998 trat der Tarifvertrag Anfang 1999 in Kraft. Zwischen den Verhandlungsparteien war vereinbart worden, die Einführung stufenweise zu gestalten, einerseits um eine Überforderung der betrieblichen Akteure mit ihren sehr unterschiedlichen unternehmenskulturellen Hintergründen zu vermeiden, andererseits aber auch um eine Probephase von 18 Monaten zu installieren, in der erste Erfahrungen mit dem neuen ETV gesammelt werden sollten. So betraf der Geltungsbereich des ETV ausgewählte Standorte, an denen etwa 60% der Gesamtbelegschaft des Unternehmens arbeiteten. An den betreffenden Standorten unterlagen jeweils alle im ETV definierten Tarifbeschäftigten der Regulierung. Eine spätere Ausweitung hat dann allerdings nicht stattgefunden, weder mit Blick auf IT-Services selbst noch mit Blick auf andere Unternehmen. Die Funktion des Branchenfensters hat die Erwartungen also bislang nicht erfüllt. Bei IT-Services selbst wurde dieser Prozess wegen der Übernahme des Unternehmens in den Jahren 2001 und 2002 gestoppt.

Im Zentrum der Arbeitszeitregulierung des Dienstleistungstarifvertrags steht die Einführung von Arbeitszeitbudgets und einer nach Lebensalter gestaffelten Arbeitszeit (Tabelle 12). Arbeitszeitbudgets sind zusätzliche Arbeitszeitumfänge oberhalb der vertraglichen Arbeitszeiten, die projekt- oder aufgabenbezogen für einen Zeitraum von maximal zwölf Monaten vereinbart werden können. Diese Vereinbarung erfolgt individuell, also dezentral als Aushandlung zwischen Beschäftigten und Vorgesetzten. Die Arbeitszeitbudgets werden auf einem gesonderten Arbeitszeitkonto verbucht. Dieses Konto hat einen Ausgleichszeitraum von fünf Jahren (und wird deshalb auch als Fünf-Jahres-Konto bezeichnet). Pro Jahr dürfen dem Konto maximal 135 Stunden zufließen. Die Obergrenze des Kontos beträgt 550 Stunden. Arbeitszeitbudgets können grundsätzlich aber auch unterhalb der vertraglichen Arbeitszeiten abgeschlossen werden. Im Streitfall über Einrichtung oder Umfang eines Arbeitszeitbudgets ist ein Vermittlungsversuch unter Einschaltung des Betriebsrates zu unternehmen.

Tab. 12: Arbeitszeitregulierung IT-Services

Zahl der Beschäftigten im Geltungsbereich	Vertragliche Arbeitszeit	Kontentypen	Kontengrenzen	Ausgleichszeiträume	Verfahrensregeln	Mitbestimmung
ca. 7.000	Altersstaffelung: 40 Std. bis 49 38 Std. bis 52 36 Std. bis 54 35 Std. ab 55 Wahlweise 35 Std. bei zehnjähriger Betriebszugehörigkeit 35 Std. im Schichtbetrieb des Rechenzentrums	Fünf-Jahres-Konto Langzeitkonto Gleitzeitkonto	Fünf-Jahres-Konto: 550 Std.; 135 Std. Zufluss pro Jahr Langzeitkonto: keine Gleitzeitkonto (am untersuchten Standort): +/- 50 Std.	Fünf-Jahres-Konto: Fünf Jahre Langzeitkonto: keine Gleitzeitkonto: keine	Individualisierte Aushandlung von Arbeitszeitbudgets und Zeitentnahmen	Vermittlung bei Konflikten über Einrichtung von Arbeitszeitbudgets und Zeitentnahme Mitbestimmung bei Einigung über Entnahmekonflikte Mitbestimmung bei Konflikten um Übergang in 35-Stunden-Woche

Quelle: Eigene Erhebung

Für den Abbau der Zeitguthaben wurden im ETV drei verbindliche Optionen eingeräumt. Die erste Möglichkeit stellen Qualifizierungsmaßnahmen dar. Der Arbeitnehmer kann Zeitguthaben für bestimmte Maßnahmen verwenden, die dem Erhalt oder Ausbau seiner persönlichen Qualifikationen dienen. Die zweite Möglichkeit sind Blockfreizeiten. Dafür hat jeder Arbeitnehmer für den Zeitraum von fünf Jahren einen Mindestanspruch von sechs Wochen. Schließlich können drittens Guthaben durch Arbeitszeitbudgets unterhalb der vertraglichen Arbeitszeiten abgebaut werden. Grundsätzlich hat der Arbeitnehmer einen Anspruch auf Ausgleich des Fünf-Jahres-Kontos innerhalb des Ausgleichszeitraums.

Werden die Möglichkeiten des Abbaus nicht genutzt, bestehen zwei weitere Verwendungsoptionen für die Zeitsalden. Arbeitnehmer ab Vollendung des 45. Lebensjahres – jüngere Arbeitnehmer in Ausnahmen – können die Zeiten in Versorgungskapital umwandeln lassen und damit ihre Ansprüche an die betriebliche Altersversorgung erhöhen. Oder die Zeiten können auf einen zweiten Kontentyp, das tarifliche Langzeitkonto, verbucht werden. Guthaben des Langzeitkontos dienen dem vorzeitigen Ruhestand, entweder als Zeitblock oder zur Ausweitung von Altersteilzeitmodellen.

IT-Services: Der Dienstleistungstarifvertrag

Der Tarifvertrag bezieht Samstagsarbeit in die Regelarbeitszeit ein. Begründet wird dies mit den Notwendigkeiten, die sich aus kundenorientierten Tätigkeiten ergeben können. Mehrarbeit sind alle angeordneten und über die individuelle Regelarbeitszeit hinausgehenden Zeiten, die nicht über Zeitkonten abgerechnet werden. Zeitkonten sind daher als Alternative zur bezahlten Mehrarbeit konzipiert. Es steht in der Dispositionsmacht der dezentralen Akteure zu entscheiden, welche (Mehr-)Arbeitszeiten auf Zeitkonten und damit mit Freizeitausgleich zu belegen sind und welche dieser Arbeitszeiten konventionell als bezahlte Mehrarbeit geführt werden. Freizeitausgleich wird als Alternative geschaffen, nicht aber zur verbindlichen Richtschnur des dezentralen Handelns.

Vom Tarifvertrag unbenommen bleiben die kollektiven Regulierungen kurzfristiger und ungeplanter Schwankungen der Regelarbeitszeit, die bei IT-Services wie in vielen anderen Unternehmen in Form von Gleitzeitregelungen bestehen. Im Unternehmen existieren standort- und bereichsbezogen unterschiedliche Regelungen der Gleitzeit. Am untersuchten Standort gilt für die meisten Beschäftigten seit längerer Zeit eine Gleitzeitregelung mit folgenden Regelungsbestandteilen. Überstunden können auf Wunsch und nach Entscheidung des Mitarbeiters entweder als Mehrarbeit vergütet oder als Gleitzeitguthaben abgegolten werden. Gleitzeitguthaben werden auf einem Gleitzeitkonto verbucht, das Ober- und Untergrenzen von +/- 50 Stunden aufweist; maximal dieser Saldo kann in den Folgemonat übernommen werden. Gleitzeitguthaben, die die Obergrenzen überschreiten, werden der Regelung zufolge gekappt. Vorgesetzter und Mitarbeiter sind verpflichtet, Möglichkeiten des Gleitzeitabbaus zu schaffen. Die Gleitzeitentnahme ist flexibel in Stunden, Tagen oder längeren Zeitblöcken möglich. Der Gleitzeitrahmen umspannt die Zeiträume montags bis freitags von 6.00 bis 22.00 Uhr sowie samstags von 8.00 bis 15.00 Uhr. Überschreitungen der täglichen Höchstarbeitszeiten von zehn Stunden sind unverzüglich dem zuständigen Zeitbeauftragten schriftlich zu melden.

Der zweite zentrale Regelungspunkt des Dienstleistungstarifvertrages zur Arbeitszeit neben der Variabilisierung ist die Differenzierung der Arbeitszeit nach Lebensphasen. So wird laut ETV die individuelle vertragliche Arbeitszeit ab dem 50. Lebensjahr stufenweise reduziert, und zwar um zwei Stunden ab dem 50., um 4 Stunden ab dem 53. und um fünf Stunden ab dem 55. Lebensjahr. Diese Verkürzung der vertraglichen Arbeitszeiten kann entweder direkt in die wöchentliche Soll-Arbeitszeit übernommen werden oder, bei Beibehaltung der Soll-Arbeitszeiten, als Gutschrift auf dem tariflichen Langzeitkonto verbucht werden. Die Verkürzung der vertraglichen Arbeitszeiten zieht keine Reduzierung der Jahreszielgehälter nach sich. Es handelt sich also um eine altersbezogene Arbeitszeitverkürzung bei vollem Lohnausgleich.

Von der allgemeinen Regel werden zwei Ausnahmen definiert. Arbeitnehmer, die im Rechenzentrum im regelmäßigen Schichtbetrieb arbeiten, haben eine vertragliche Arbeitszeit von 35 Stunden unabhängig von ihrem Alter. Und Arbeitnehmer, die dem Betrieb mindestens zehn Jahre angehören, können beantragen, ihre vertragliche Regelarbeitszeit auf 35 Stunden pro Woche zu reduzieren. Der Arbeitgeber darf diesen Antrag nur unter Angabe eines wichtigen Grundes ablehnen; auch der Betriebsrat ist über eine Ablehnung schriftlich zu unterrichten. Bei Nichteinigung entscheidet eine paritätisch besetzte tarifliche Schlichtungsstelle. Auch hier bleibt das Jahreszielgehalt bestehen, die Arbeitszeitverkürzung findet also bei vollem Lohnausgleich statt.

In einer Konzernbetriebsvereinbarung zum Fünf-Jahres-Konto und zum Langzeitkonto wurden noch fünf wichtige Präzisierungen der Bestimmungen des ETV vorgenommen. Erstens ist die Vereinbarung von Arbeitszeitbudgets freiwillig, ein Anspruch darauf besteht nicht. Zweitens werden nach Ablauf von fünf Jahren, also bis Anfang 2004, die Fünf-Jahres-Konten auf Null gestellt und die positiven Restguthaben nach Information des Beschäftigten und des Betriebsrates auf das Langzeitkonto übertragen. Drittens können Zeiten aus dem Langzeitkonto auch zu den drei genannten Zwecken des Fünf-Jahres-Kontos verwandt werden, wenn auf dem Fünf-Jahres-Konto kein Guthaben vorhanden ist. Viertens kann im Konfliktfall bei der Zeitentnahme aus den Zeitkonten ein vermittelndes Gespräch unter Einbeziehung des Betriebsrates erfolgen; führt dies zu keinem Ergebnis, entscheidet die paritätisch besetzte betriebliche Einigungsstelle. Und fünftens schließlich erhält der Betriebsrat ein umfassendes Einsichts- und Informationsrecht über die Entwicklungsstände der Arbeitszeitkonten. Diese Informationsrechte ergänzen die umfassenden Mitbestimmungsrechte, auf die der Betriebsrat mit Blick sowohl auf die Vereinbarung von Arbeitszeitbudgets als auch auf die Zeitentnahme von Langzeitkonten bei Konfliktfällen der individualisierten Aushandlung zurückgreifen kann.

Die Arbeitszeitregelung weist eine direkte Verbindung zu einem anderen Regelungspunkt des ETV auf, der Qualifizierung. Bei Qualifizierungsmaßnahmen, die der persönlichen, nicht der stellenspezifischen Weiterbildung des Beschäftigten dienen, trägt der Arbeitgeber die Kosten, Arbeitgeber und Arbeitnehmer steuern aber den Zeitaufwand zu gleichen Teilen bei. Für die Bildungsmaßnahmen haben die Beschäftigten einen Anspruch von fünf Tagen pro Jahr, der auf fünf Jahre gebündelt werden kann. Sie können aber auch, dies ist die direkte Verbindung zur Arbeitszeitregulierung, ihre Guthaben aus dem Fünf-Jahres-Konto dazu heranziehen.

8. Kommunikator: Ergebnisorientierte Arbeitszeitregulierung

Kommunikator zeichnet sich, wie auch Software, durch eine tarifungebundene Regulierung der Arbeitszeiten aus. Ausgangspunkt und Treiber der Neuregulierung der Arbeitszeiten war das Interesse des Managements, die Arbeitszeitregulierung in ein System indirekter Steuerung und ergebnisorientierter Prozesse einzupassen. Dabei stand die betriebliche Interessenvertretung von Beginn an in der Defensive.

8.1 Grundlinien der Organisation von Arbeit und Unternehmen

Die Fallstudie wurde an einem deutschen Standort eines internationalen Telekommunikationskonzerns durchgeführt. Der Konzern produziert Telekommunikationsinfrastruktur und -dienstleistungen aller Art für Netzbetreiber sowohl von Festnetzen als auch und vor allem von Mobilfunknetzen. Die Sättigung des Mobilfunkmarktes und die Diffusionshemmnisse der UMTS-Technologie hatten in den letzten beiden Jahren zu einer krisenhaften Zuspitzung der Unternehmensentwicklung geführt. Denn der Konzern ist als Netzausrüster direkt von der Krise der Netzbetreiber betroffen, die nicht zuletzt durch die schwere Hypothek hoher UMTS-Investitionen ausgelöst wurde. So waren in diesem Zeitraum Umsätze und Aktienkurse stark rückläufig, das Unternehmen bewegt sich seitdem und bis zum Abschluss der Fallstudie in der Verlustzone.

Derzeit zeichnen sich zwei zentrale Krisenstrategien der Konzernleitung ab. Die erste Maßnahme ist ein Kostensenkungsprogramm, das in erster Linie auf drastischen Senkungen des Personalstandes beruht. Die zweite Krisenmaßnahme ist die Steigerung der Effizienz und der Profitabilität im Konzern. Das Selbstverständnis des Unternehmens solle sich weniger als bislang über Technologien und Marktanteile definieren, sondern nunmehr den Unternehmenswert an den Aktienmärkten und die Rentabilität der Investitionen in das Zentrum strategischer Entscheidungen stellen. Dazu gehört auch die Konzentration des Unternehmens auf das Kerngeschäft.

Diese Reorientierung in Richtung Marktsteuerung ist aber nicht so grundlegend, wie sie auf den ersten Blick erscheint. Denn wichtige Voraussetzungen eines an Rentabilität und Shareholder Value ausgerichteten Managements waren bereits in den 90er Jahren geschaffen worden, als im Konzern Hierarchien abgeflacht, Kompetenzen dezentralisiert, Kennziffern und Zielvereinbarungsprozesse eingeführt und Outsourcingmaßnahmen verfolgt worden waren. So waren in 2001 die Gesellschaften des Konzerns im deutschsprachigen Markt zu einer gemeinsamen organisatorischen Einheit, der Market Unit „Dach", zusammengeschlossen worden. Ziel dieser Maßnahme waren Synergieeffekte, aber auch eine einheitliche Steuerung der Unit über gemeinsame Zielvorgaben für die Region. Diese Zielvorgaben werden innerhalb der Market Unit auf die einzelnen Bereiche heruntergebrochen.

Am untersuchten Standort konzentrieren sich Vertrieb, Service und Beratung, aber auch ein Testzentrum für Großkunden. Der Standort beschäftigte in 2001 etwa 700 Mitarbeiter. In 2001 wurde dann das Personal in Erwartung des UMTS-Geschäftes aufgestockt auf etwa 900 Mitarbeiter. Mit Ausbleiben der Aufträge fanden dann in 2002 zwei Entlassungswellen statt, in deren Verlauf die Beschäftigtenzahl nahezu halbiert wurde. Das Gros der Mitarbeiter weist Hochschulqualifikationen auf. Etwa zwei Drittel von ihnen sind Ingenieure, ein Drittel hat eine betriebswirtschaftliche oder kaufmännische Ausbildung.

Die Organisationsstruktur des Betriebes gleicht einer Matrixorganisation, die aus einer funktionalen Abteilungsstruktur und aus einer Projektorganisation aufgespannt wird. Für den einzelnen Beschäftigten hat dies zur Konsequenz, dass er sowohl für seine Abteilungen arbeitet als auch in Projekten eingebunden ist. Nach Schätzungen des Human Resource Managements stehen die Tätigkeitsfelder Abteilung und Projekte in einem quantitativen Verhältnis von 30% zu 70%, das heißt, der Beschäftigte verbringt im Schnitt 30% seiner Tätigkeit mit abteilungsbezogenen und 70% mit projektbezogenen Aufgaben. Die Projekte kreisen zum größten Teil um die Zuschneidung von Software auf individuelle Kundenwünsche. Dabei werden die von der Forschung und Entwicklung des Konzerns bereitgestellten Bausteine an Standardsoftware in jeweils unterschiedlichem Ausmaß an die individuellen Bedürfnisse der Kunden angepasst.

In den Projekten werden zumeist drei Managementbereiche verknüpft. Die Produktmanager kümmern sich um die Standardprodukte, die Marketingmanager bearbeiten den kommerziellen Aspekt des Verkaufens von Produkten oder Lösungen und die Solutionmanager versuchen, die vorhandenen Produkte zu einer kundenspezifischen Lösung zu integrieren. Die Projektteams sind direkt einem oder mehreren Kunden zugeordnet. Inzwischen gibt es aber offensichtlich auch Tendenzen, die genannten drei Bereiche etwas mehr zu spezialisieren. Die einzelnen Managementbereiche werden stärker funktional gepoolt, nicht zuletzt, weil die Auftragsvolumen der Kunden sinken und ein Kunde einen Mitarbeiter nicht mehr in jedem Fall auslasten würde. Damit aber wird die Projektorganisation abgeschwächt.

Die Matrix aus Projekten und Abteilungen ist nur ein Teil der arbeitsorganisatorischen Wirklichkeit im Unternehmen. Die Arbeitsorganisation ist darüber hinaus stark von den neuen Steuerungsformen des Unternehmens geprägt und folgt den Prinzipien der indirekten Steuerung. Autonomie, Ergebnisorientierung und individuelle Ziele bilden die Achsen dieser Steuerungsform auf der operativen Ebene der Arbeitsorganisation. Das Management betont das hohe Maß an Selbstorganisation der Beschäftigten, ihre umfassende Verantwortung für ihre Arbeitsergebnisse und ihre Rolle als „Unternehmer im Unternehmen" (Pinchot 1988).

Der interne Unternehmer ist aber auch bei Kommunikator nicht völlig frei, sondern wird über ein differenziertes Zielvereinbarungssystem in die strategischen Zielsysteme des Unternehmens eingebunden. Diese Einbindung hat drei Dimensionen. Die erste Dimension ist die Ausrichtung der Aktivitäten des Mitarbeiters auf die strategischen Zielsetzungen der Unternehmenszentrale. Individuelle Ziele sollen mit den strategischen Vorgaben der Zentrale harmonieren. Die zweite Dimension ist die Kontrolle über das Arbeitsergebnis. Die Ziele bieten Maßstäbe für die Beurteilung und die Kontrolle der Arbeitsleistung einer bestimmten Zeitperiode. Die dritte Dimension ist die Personalentwicklung. Über die Ziele können die Lern- und Qualifikationsbemühungen der Beschäftigten dezentral gesteuert und in die Bedürfnisse des Unternehmens eingepasst werden.

Zielvereinbarungen bestehen bei Kommunikator schon seit inzwischen einem Jahrzehnt, waren aber 1998 im Rahmen einer Betriebsvereinbarung von den Betriebsparteien neu ausgehandelt und systematisiert worden. Zugleich fand, als Ausweitung der Reichweite der indirekten Steuerung, eine Verknüpfung der Zielvereinbarungen mit einem ebenfalls neu vereinbarten System der variablen Vergütung statt, das die Höhe der Vergütung an den Grad der Zielerreichung koppelt. Laut der Vereinbarung können Ziele als individuelle Ziele oder als Team- und Gruppenziele vereinbart werden. Ziele sollen so definiert werden, dass der Mitarbeiter „bei Erbringen der erwartet guten Leistung etwa die Hälfte seiner maximalen variablen Vergütung erhält" (Betriebsvereinbarung). Die Höhe der variablen Vergütung kann einzelvertraglich festgelegt werden in den Stufen 15%, 20% oder 25% des Jahresgrundgehaltes. Dabei müssen sich mindestens 40% der variablen Vergütung auf finanzielle Ergebnisse beziehen.

Der Zielvereinbarungsprozess selbst soll vom Mitarbeiter initiiert werden. Der Beschäftigte soll den Beitrag spezifizieren, den er für die Erreichung übergeordneter Ziele leisten kann. Diese Ziele beziehen sich auf Bereichs- oder Unternehmensziele. Insgesamt soll die Zielvereinbarung bis zu vier Ziele umfassen. Die Zielerreichung ist vom Vorgesetzten festzustellen und dem Mitarbeiter zu erläutern. Im Falle von Meinungsverschiedenheiten kann der Mitarbeiter den örtlichen Betriebsrat oder die Personalabteilung um Vermittlung bitten. Ist die Vermittlung erfolglos, entscheidet der nächsthöhere Fachvorgesetzte.

Neben der vergütungsrelevanten Zielvereinbarung besteht noch ein zweiter Zielvereinbarungstyp, der sich um die Qualifizierungs- und Entwicklungsziele der Beschäftigten dreht. Wie bei der variablen Vergütung, so vereinbaren auch hier Mitarbeiter und Vorgesetzte in einem diskursiven Prozess die Ziele, auch hier kann im Konfliktfall auf Wunsch des Beschäftigten die Personalabteilung oder der Betriebsrat eingeschaltet werden und auch hier entscheidet in letzter Instanz die Unternehmensseite, diesmal direkt die Geschäftsleitung oder ein von ihr beauftragter Mitarbeiter. Auch die Kompetenzentwicklung ist vergütungsrelevant, jedoch nicht mit Blick auf den variablen, sondern auf den konstanten Vergütungsanteil. Denn in einem jährlichen Verfahren überprüft der Vorgesetzte gemeinsam mit anderen Vorgesetzten von Mitarbeitern der gleichen Berufsgruppe die Kompetenzeinstufung des Mitarbeiters, die im Rahmen des Gehaltssystems entscheidend für das Grundgehalt ist.

In der Formulierung der Betriebsvereinbarungen nehmen die Initiative des Beschäftigten und seine individuellen Ziele einen breiten Raum für die Zielfestlegung ein. Demnach können individuelle Ziele bei der variablen Vergütung bis zu 60% der Ziele umfassen. Diese Vorgabe hat sich in den Beschäftigteninterviews allerdings nicht bestätigt. Dort ist von einem stetig steigenden Gewicht finanzieller Ziele des Unternehmens oder des Bereichs berichtet worden und damit von einer wachsenden Bedeutung der Steuerungsformen Markt und Hierarchie gegenüber der Verständigung. Denn die Festlegung finanzieller Ziele erfolgt nach dem Kaskadenmodell. Globale Strategieziele der Konzernleitung werden stufenweise auf die dezentralen Einheiten, die Marketing Units, die Bereiche und schließlich die individuellen Beschäftigten, heruntergebrochen. Diese Praxis lässt für Beschäftigte und Vorgesetzte wenig Bewegungsspielraum. Hierarchische Zielvorgaben der Konzernzentrale dominieren den dezentralen Diskurs.

Zu dem Eindruck des Funktionswandels der Zielvereinbarungen trägt auch die Tatsache bei, dass die Kompetenzziele vor dem Hintergrund der Unternehmenskrise offenbar an Bedeutung verlieren. Dies liegt zum einen an den schrumpfenden Budgets, die für qualifizierende Maßnahmen zur Verfügung stehen, zum anderen aber auch an den generellen Verschiebungen in der Gewichtung der Ziele. Ein dritter Faktor schließlich sind häufige personelle Wechsel auf den Führungskräftepositionen, bedingt durch Umsetzungen, Reorganisationen und Entlassungen. Deshalb kommt es häufiger vor, dass die Zielkontrolle und die Zielbewertung von einem anderen Vorgesetzten durchgeführt wird als dem, der die Zielvereinbarung mit dem Beschäftigten abgeschlossen hat.

8.2 Die industriellen Beziehungen und die Genese der Arbeitszeitregulierung

Die Arbeitsbeziehungen bei Kommunikator entsprechen nach der Typisierung von Boes und Baukrowitz (2002) dem eines Lack-Turnschuh-Unternehmens. Darin ähneln sie den Verhältnissen bei Software. Ganz im Gegensatz dazu zeichnen sie sich aber durch eine konfliktgeladene politische Kultur der Austauschbeziehungen aus, in der der Betriebsrat nicht nur um seine Positionen, sondern auch um seine Anerkennung kämpfen muss.

Auch bei Kommunikator war ein Betriebsrat erst Anfang der 90er Jahre gegründet worden. Anlass für die Betriebsratsgründung war der Zusammenschluss mit anderen Unternehmen am Standort. Darunter befand sich auch ein Telefonanbieter, der einen Betriebsrat hatte, der seinerseits traditionell von IG Metall-Mitgliedern dominiert worden war. Dieser Betriebsrat konnte sich dann auch bei Kommunikator verankern. Obwohl das Management diese Entwicklung nach Aussage des Betriebsrates zunächst zu verhindern versucht hatte, konnte sich der Betriebsrat nicht zuletzt dank einer hohen Wahlbeteiligung bei den Betriebsratswahlen halten.

Im Laufe des letzten Jahrzehnts hat der Betriebsrat seinen Charakter verändert. Dominierte ursprünglich noch die IG Metall, so weist heute die Mehrzahl der Betriebsräte keine Gewerkschaftsmitgliedschaft auf. Die auch den Vorsitzenden stellenden „alten Hasen" des Betriebsrates allerdings sind Mitglieder der IG Metall. Sie können sich aber nur auf einen verschwindend geringen gewerkschaftlichen Organisationsgrad – der sich nach Aussagen des Betriebsrates im Promillebereich bewegt – der Beschäftigten im Betrieb stützen.

Dass die Arbeitsbeziehungen am Standort wenig entwickelt und teilweise konfliktgeladen sind, zeigt sich auch in den unterschiedlichen Sichtweisen der kollektiven Akteure. Von Seiten des Human Resource Managements wurde in den Interviews der kooperative Charakter der Beziehungen mit dem Betriebsrat gelobt. Die häufige Austragung von Konflikten vor dem Arbeitsgericht wurde von der Unternehmensseite als normale Form der Konfliktbewältigung bewertet. Ganz anders ist die Wahrnehmung auf Betriebsratsseite. Hier wurde bemängelt, dass das Management seine abwehrende Haltung gegenüber der betrieblichen Mitbestimmung nicht geändert habe. Mehr noch, selbst bei zentralen Mitbestimmungsrechten wie dem Informationsrecht verweigere die Unternehmensseite die Kooperation. In diesen Fällen zieht der Betriebsrat direkt vor das Arbeitsgericht, weil er nach eigenen Aussagen damit bislang gute Erfahrungen gemacht hat und die Vergleiche oder Urteile bislang immer in seinem Sinne waren.

Der Betriebsrat muss also im Unternehmen aktiv um die Anerkennung seiner Rechte und Interessen kämpfen. Wie wenig akzeptiert dabei seine Position zumindest bis Ende der 90er Jahre war, zeigt sich an einer Initiative des Managements, die vor den seinerzeitigen Betriebsratswahlen gegen den Betriebsrat gestartet worden war. Wie der Betriebsrat berichtete, war er im Rahmen dieser Initiative vom Management als Bremser und Blockierer dargestellt worden. Das Management hatte eigene Kandidaten für die Betriebsratswahlen gesucht und aufgestellt, um den Betriebsrat zu „besetzen". Dieses Vorhaben schlug aber fehl, vor allem weil es den alten Hasen im Betriebsrat schließlich gelang, die neu gewählten Betriebsräte von der Bedeutung und der wichtigen Rolle des Betriebsrates als Schutzmacht der Beschäftigten zu überzeugen und auf diese Weise in das Gremium zu integrieren.

Doch nicht nur der Betriebsrat als Institution wird skeptisch betrachtet, auch eine Tarifbindung des Unternehmens wird abgelehnt. Das Unternehmen ist nicht Mitglied eines Arbeitgeberverbandes. Alle kollektiven Regulierungen wurden und werden auf betrieblicher Ebene vereinbart. Diese Konstellation erleichtert die Situation für den Betriebsrat nicht. Er kann die handlungsentlastende Funktion tariflicher Regulierungen nicht nutzen. Im Gegenteil, neben der Erstreitung seiner Rechte muss er auch verantwortlich Regulierungen zu Themen wie Entgelt und Arbeitszeit mit dem Management aushandeln, sollen überhaupt kollektive Regulierungen im Unternehmen existieren. Dies bereitet dem Betriebsrat erhebliche Bauchschmerzen. In den Interviews wurde vom Betriebsrat häufiger auf den nach §77.3 des Betriebsverfassungsgesetzes geregelten rechtlichen Tarifvorrang in den Regulierungsthemen Entgelt und Arbeitszeit hingewiesen.

In den Aushandlungsprozessen mit der deutschen Geschäftsleitung ist der Betriebsrat eher in einer Position der Defensive. Es ist zumeist das Management, das Themen und Inhalte der Aushandlungen bestimmt. Der Betriebsrat versucht in den Aushandlungen, das Bestmögliche für die Beschäftigten herauszuholen. Er versteht sich in erster Linie als Schutzmacht für die Beschäftigten, die das Schlimmste zu verhindern habe.

Dabei bewegt sich der Betriebsrat in einem Spannungsfeld. Seine kritische Haltung gegenüber dem Management führt zum einen dazu, dass er keine Politik des Co-Managements im Sinne einer Mit-Gestaltung von Unternehmensentscheidungen verfolgt. Er will sich jedoch zum anderen den Verhandlungsangeboten des Managements auch nicht versperren, weil es sonst gar keine kollektiven Regulierungen gäbe und weil er sich auch nicht als klassische Gegenmacht zum Management sieht. Statt Initiativen des Managements zu blockieren, geht es ihm darum, die Interessen der Beschäftigten auf bestmögliche Weise in Verhandlungen zur Geltung zu bringen, wohl wissend, dass er für eine Blockadepolitik gegenüber dem Management auch bei den Beschäftigten keinen Rückhalt finden würde. Der fehlende Rückhalt bei den Beschäftigten ist es auch, der nach Einschätzung des Betriebsrates eine eigene aktive Gestaltungspolitik verhindert. Dafür werden neben dem geringen gewerkschaftlichen Organisationsgrad der Beschäftigten und die durch hoch qualifizierte Beschäftigte geprägte Beschäftigtenstruktur vor allem die auf Ergebnisorientierung und Zielerreichung abgestellten Strukturen der Unternehmens- und Arbeitsorganisation verantwortlich gemacht, die eine kollektive Interessenvertretung erschweren.

Die Initiative der Unternehmensleitung zur Einführung einer flexiblen Regulierung der Arbeitszeiten ist ganz im Kontext der indirekten Steuerung und der Ergebnisorientierung zu sehen. Die Arbeitszeitregulierung hat aus Sicht des Unternehmens mehrere Funktionen zu erfüllen. Sie ist zunächst eine entscheidende Grundlage für die Durchsetzung des internen Unternehmertums. In der freien Gestaltung ihrer Arbeitszeit sollen die Beschäftigten autonom und flexibel auf die Anforderungen der Märkte, insbesondere in der konkreten Person der Kunden, reagieren können. Die Arbeitszeitgestaltung wird zu einem zentralen Element der Selbstorganisation im Rahmen der Projektarbeit. Die Beschäftigten sollen aufgrund ihres Wissens und ihrer Erfahrungen ihre Arbeitszeit dann einsetzen, wenn sie erforderlich ist.

Zweitens ging es dem Unternehmen um die Reduzierung zuschlags- und mitbestimmungspflichtiger Mehrarbeit. Diese war nämlich auf der Grundlage der Vorgängerregelung – eines traditionellen Gleitzeitmodells – in erheblichem Umfang geleistet worden. Mehrarbeit sollte in Fluktuationen der regulären Arbeitszeit überführt und aus dem Beantragungsverfahren herausgelöst werden. Dies kann auch als Umwandlung teurer in billigere Arbeitszeit interpretiert werden (Bosch 1996).

Und drittens schließlich dient die flexible Arbeitszeitgestaltung der Stärkung der Ergebnisorientierung. Die traditionelle Regulierung der Arbeitszeiten wurde als Hürde auf dem Weg zu einer ergebnisorientierten Steuerung der Arbeit empfunden. Denn die damalige Arbeitszeitregulierung mit ihren geringen Spielräumen für die Variation der Lage und der Verteilung der Arbeitszeiten schien die Orientierung der Arbeitszeit an den Zielen und an der Erreichung eines bestmöglichen Ergebnisses zu verhindern. In der Logik der Ergebnisorientierung ist die Arbeitszeit eine abhängige Variable der Zielerreichung.

Diesen Zielen des Unternehmens stehen kaum eigenständige Ziele der betrieblichen Interessenvertretung gegenüber. Die flexible Arbeitszeitregulierung war eine Initiative der Unternehmensleitung. Ziel der Interessenvertretung war es, in diese Regulierung sowohl die Wahrung materieller Besitzstände der Beschäftigten einzubauen als auch Grenzen für die Variabilisierung der Arbeitszeit zumindest mit Blick auf die Lage der Arbeitszeiten einzuziehen.

8.3 Elemente der kollektiven Arbeitszeitregulierung

Die nach kurzen Verhandlungen schließlich Mitte 2001 abgeschlossene Betriebsvereinbarung zur Arbeitszeit (Tabelle 13) enthält beide Elemente. Auf der einen Seite sind die Zielsetzungen des Unternehmens unverkennbar, auf der anderen Seite konnte aber auch der Betriebsrat einige seiner Positionen einbringen.

Das Unternehmen hat seine Ziele in der Präambel eindeutig festlegen können. Das Primat der Ergebnisorientierung, die Erhöhung der Selbstorganisation und die Vermeidung von Mehrarbeit wurden als Ziele der Arbeitszeitregulierung

Tab. 13: *Arbeitszeitregelung Kommunikator*

Zahl der Beschäftigten im Geltungsbereich	Vertragliche Arbeitszeit	Kontentypen	Kontengrenzen	Ausgleichszeiträume	Verfahrensregeln	Mitbestimmung
ca. 600	38 Stunden	Gleitzeitkonto Langzeitkonto	Gleitzeitkonto: +/- 40 Std. Langzeitkonto: keine	Gleitzeitkonto: 1 Monat Langzeitkonto: keine	Dezentrale Aushandlung ohne präzise Regelungen Kappungen bei Überschreitungen der Obergrenze des Gleitzeitkontos am Monatsende	Schwache Mitbestimmung bei Konflikten (Letztentscheidung der Führung)

Quelle: Eigene Erhebung

expliziert. Daran anschließend enthält die Vereinbarung sechs Kernpunkte. Der erste Kernpunkt ist die Dauer der vertraglichen Arbeitszeit. Diese beträgt 38 Stunden für Vollzeitbeschäftigte. Demgegenüber wird die regelmäßige wöchentliche Arbeitszeit (IRWAZ) auf 39 Stunden festgelegt. Die daraus resultierende Differenz zwischen vertraglicher Arbeitszeit und regelmäßiger Arbeitszeit schlägt sich in sechs Ausgleichstagen nieder.

Ein zweiter Kernpunkt der Betriebsvereinbarung ist die Festlegung eines Arbeitszeitrahmens, der die Grenzen für Schwankungen in der Lage der Regelarbeitszeiten bestimmt. Regelarbeitszeiten sind alle Arbeitszeiten, die von Montag bis Freitag jeweils zwischen 6.00 Uhr morgens und 22.00 Uhr abends liegen. Alle außerhalb dieses Rahmens liegenden Arbeitszeiten, also Nachtarbeit und Arbeit am Wochenende, werden als Mehrarbeit definiert und sind damit sowohl zwischen Vorgesetztem und Beschäftigtem abzustimmen als auch vom Betriebsrat zu genehmigen. Die vormals geregelten Kernzeiten werden abgeschafft. Allerdings können in den Bereichen vom Arbeitgeber Servicezeiten festgelegt werden, die eine Servicefähigkeit der Bereiche gegenüber internen und externen Partnern sicherstellen sollen.

Die Regulierung der Lage der Arbeitszeiten wird drittens ergänzt durch eine Begrenzung der Spielräume für Schwankungen in der Verteilung der Arbeitszeiten. Obwohl nicht so bezeichnet, begründet diese Regelung ein Gleitzeitkonto.

Gemäß der Regelung kann die nach der regelmäßigen wöchentlichen Arbeitszeit berechnete monatliche Sollstundenzahl (die genaue Formel lautet: 39 : 5 x Arbeitstage) um maximal 40 Stunden monatlich unter- oder überschritten werden. Überschreitungen dieser Grenze führen zu Kappungen der Zeiten, falls nicht dringende dienstliche Gründe einen Zeitausgleich in demselben Monat verhindern. Unterschreitungen werden in Abzüge vom Bruttogehalt umgerechnet.

Zwar gibt es viertens ein Langzeitkonto, doch hat dieses Langzeitkonto keine Verbindung zu den Gleitzeitregelungen. Auf dem Langzeitkonto können auf Wunsch des Mitarbeiters zwei Arten von Zeiten verbucht werden, nämlich zum einen die bereits angesprochenen Ausgleichstage und zum anderen die zehn Urlaubstage, die über den gesetzlichen Mindesturlaub von vier Wochen hinausgehen und die nicht als Urlaub genommen werden. Die Verwendung der Urlaubstage ist zwischen Mitarbeiter und Vorgesetztem abzusprechen. Entnahmen aus dem Langzeitkonto sind bindend zwischen Beschäftigten und Vorgesetzten zu vereinbaren. Bevor aber Zeiten aus dem Langzeitkonto genutzt werden können, ist zunächst der Urlaub des laufenden Jahres in Anspruch zu nehmen.

Von zentraler Bedeutung ist fünftens die Mehrarbeitsregelung. Als Mehrarbeit gelten nicht nur alle Zeiten, die außerhalb des Arbeitszeitrahmens liegen, sondern auch die vom Vorgesetzten angeordneten Arbeitszeiten, sofern sie die tägliche Sollarbeitszeit von 7,8 Stunden überschreiten. Mehrarbeit ist grundsätzlich mitbestimmungspflichtig, also beim Betriebsrat zu beantragen. Davon ausgenommen wurde in der Regulierung allerdings ein Mehrarbeitsvolumen von 150 Mehrarbeitsstunden pro Kalenderhalbjahr. Mehrarbeit in diesem Umfang gilt als genehmigt und braucht nicht einzeln beantragt zu werden, sofern der Mitarbeiter mit der Mehrarbeit einverstanden ist und es sich nicht um Nacht-, Feiertags- oder Sonntagsarbeit handelt. Ein Anspruch auf Vergütung von Mehrarbeit besteht nicht. Mehrarbeit ist im Gehalt enthalten. Diese Regelung ist im Zusammenhang zur Gestaltung der variablen Vergütungselemente zu sehen. Dem Verzicht auf Mehrarbeitsvergütung steht eine Aufstockung der Grundgehälter und die Einführung der variablen Vergütung gegenüber, die auf die bestehenden Grundgehälter aufgesetzt wurde. Schließlich enthält die Mehrarbeitsregelung die ungewöhnliche Festlegung, dass bei Missachtung der Mitbestimmungsrechte des Betriebsrates Strafzahlungen fällig werden. Missachtungen belasten die Kostenstelle des jeweiligen Vorgesetzten mit einem betriebsinternen Ordnungsgeld von bis zu 1.500 €. Betriebsrat und Geschäftsleitung entscheiden gemeinsam über die Verwendung des Ordnungsgeldes.

Der sechste und abschließende Kernpunkt der Vereinbarung regelt den täglichen Umgang mit Arbeitszeit. Mit dem Umgang sind zwei Fragen verbunden. Was ist eigentlich als Arbeitszeit zu verstehen? Und wie werden Arbeitszeiten erfasst? Zu beiden Fragen formuliert die Betriebsvereinbarung Antworten, die eine deutliche Nähe zu Konzepten der Vertrauensarbeitszeit aufleuchten lassen (vgl. Hoff 2002; Haipeter et al. 2002).

In der Regulierung werden Arbeits- und Anwesenheitszeiten entkoppelt. Das bedeutet, dass nicht alle Anwesenheitszeiten am Arbeitsplatz auch Arbeitszeiten sind und umgekehrt Arbeitszeiten auch in Abwesenheit vom Arbeitsplatz erbracht werden können. Grundlage für die Festlegung der Arbeitszeit soll das gegenseitige Vertrauen zwischen Mitarbeitern und Vorgesetzten sein. Auf dieser Grundlage findet eine Delegation der Verpflichtung zur Zeiterfassung statt. Die von den Beschäftigten ausgefüllten Arbeitszeitbögen werden vom Vorgesetzten gegengezeichnet und für mindestens zwei Jahre aufbewahrt. Geschäftsleitung und Betriebsrat können die Aufzeichnungspflicht stichprobenartig überprüfen.

In der Regelung wird die Gestaltung der Arbeitszeit weitgehend in die Hände des Beschäftigten gelegt. Damit ist auf den ersten Blick eine Stärkung der individuellen Aushandlung verbunden. Doch bei genauerer Betrachtung existieren dazu kaum Prozessnormen in der Regelung. Eine Verständigung auf dezentraler Ebene muss nur stattfinden bei Mehrarbeit, bei Arbeit zu Sonderzeiten und bei Entnahmen aus dem Langzeitkonto. Steuerungen der Schwankungen von Regelarbeitszeit sind davon nicht betroffen. Dazu dient allein das Gleitzeitkonto, das als einzigen Steuerungsmechanismus die Kappung bei Überschreitung der Kontenhöchstgrenzen vorsieht. Erschwerend kommt hinzu, dass auch die Mitbestimmungsmöglichkeiten des Betriebsrates gering erscheinen. Denn die Mitbestimmung bei Mehrarbeit besteht durch die vorab genehmigten Mehrarbeitsumfänge nur noch eingeschränkt. Und Mitbestimmungsrechte bei Konflikten existieren nicht. Zwar kann der Betriebsrat im Konfliktfall zugunsten des Beschäftigten argumentieren, den Letztentscheid von Streitigkeiten fällt die oberhalb der Konfliktebene liegende Führungsebene.

9. Zusammenfassung

Die Fallbeschreibungen bieten auf den ersten Blick ein buntes Sammelsurium unterschiedlicher Ausgangsprobleme, unterschiedlicher Kontextbedingungen und unterschiedlicher Regulierungselemente. Bei den Ausgangsproblemen kann, wie bei Luftschiff, die Herstellung einer flexiblen Produktionsorganisation und die Sicherung der Beschäftigung im Vordergrund stehen oder, wie bei HighTech, die Angleichung der vertraglichen an die tatsächlichen Arbeitszeiten. Im ersten Fall geht es also um die Variabilisierung der Regelarbeitszeit, im zweiten Fall um die Verlängerung der vertraglichen Arbeitszeiten. IT-Services liegt mit seinen Ausgangsproblemen, angereichert um das Ziel der Homogenisierung der Regulierungsgrundlagen, wohl in der Mitte zwischen beiden Problemlagen, weil sich dort die Abschaffung der Quotenregelung mit Elementen einer Variabilisierung der Arbeitszeiten verbindet. Bei Software war das Problem eine nicht funktionierende Form der Variabilisierung der Regelarbeitszeit, die durch eine neue Form ersetzt wurde. Und bei Kommunikator schließlich war eindeutig das Bestreben dominierend, die Arbeitszeitregulierung in ein System der ergebnisorientierten Steuerung zu integrieren.

Auch die industriellen Beziehungen weisen kein einheitliches Muster auf. Sie bewegen sich in einem Spektrum von kooperativ (Luftschiff, HighTech, Software und IT-Services) bis konfliktorisch (Kommunikator). Kooperative Beziehungen können wiederum von Modernisierungspakten (Luftschiff, Software) bis hin zu traditionell legalistischen Orientierungen (HighTech) reichen. Der Betriebsrat kann eine Politik des Co-Managements entwickelt haben wie bei Luftschiff, er kann sich aber auch mehr oder weniger stark auf seine klassischen Schutzaufgaben konzentrieren wie bei HighTech und Kommunikator oder eine Mischform praktizieren wie bei Software und IT-Services.

Auch die Organisation von Unternehmen und Arbeit unterscheidet sich. Teilweise wurde Gruppenarbeit eingeführt (Luftschiff), teilweise ist die Projektarbeit ein wichtiges Thema (HighTech, Software, IT-Services, Kommunikator). Bei der Projektarbeit können Projekt- und Linienverantwortlichkeiten getrennt sein wie bei HighTech und Kommunikator oder Projekte in der Linie integriert werden wie bei Software und IT-Services.

Aber es finden sich, bei allen Unterschieden, auch Gemeinsamkeiten. In allen Unternehmen des Samples haben Reorganisationsprozesse stattgefunden, in deren Gefolge sich neue Mischungsverhältnisse verschiedener Steuerungsformen entwickelt haben. Der Markt als Steuerungsinstrument hat Einzug in die Organisationen gehalten. Die meisten Beschäftigten unseres Samples arbeiten in einer

Arbeitsorganisation, die von der indirekten Steuerung und der dafür charakteristischen Verbindung von Selbstorganisation und zentral definierten Rahmenbedingungen geprägt wird. Der Konkurrenzdruck auf die Beschäftigten ist in allen Organisationen gewachsen, und zwar als Kosten- und Renditedruck, als Budgetdruck und als Beschäftigungsrisiko. Vor diesem Hintergrund haben bei Luftschiff und HighTech die kollektiven Arbeitszeitregulierungen auch die Form einer Standortsicherungsvereinbarung und finden in den anderen Unternehmen derzeit weitgehende Personalreduzierungen statt. Hinzu kommt, dass Kundenbeziehungen für die Arbeitssituation der Beschäftigten eine wichtige Rolle spielen, sei es, wie in vielen Bereichen der IT-Unternehmen und in der Entwicklung bei HighTech, im direkten Kontakt zu externen Kunden, sei es, wie bei Luftschiff, im Termin- und Qualitätsdruck interner Kunden. Schließlich gewinnen Zielvereinbarungssysteme neben dem eher klassischen Instrument der Budgetierung an Gewicht.

Die auf den ersten Blick so unterschiedlich wirkenden Arbeitszeitregulierungen (Tabelle 14) greifen allesamt Organisationsprinzipien der Marktsteuerung auf. Dies ist an drei Gemeinsamkeiten der Regulierungen erkennbar.

Erstens beruhen alle fünf Arbeitszeitmodelle auf dem Prinzip der *Umwandlung bezahlter Mehrarbeit in Regelarbeitszeit*. Flexibilität bzw. Verlängerung der vertraglichen Arbeitszeiten sollen nicht mehr auf der Grundlage mitbestimmungspflichtiger und für das Unternehmen teurer, da bezahlter Mehrarbeit beruhen, sondern durch eine Variabilisierung der Regelarbeitszeit erzielt werden.

Zweitens beinhalten die fünf Arbeitszeitmodelle *gestaffelte Kontensysteme*, an deren Spitze Langzeitkonten stehen. Die Umwandlung von bezahlter Mehrarbeit in Regelarbeitszeit gab es in begrenztem Umfang ja bereits in traditionellen Gleitzeitsystemen. Die untersuchten neuen Formen der Arbeitszeitregulierung unterscheiden sich davon aber dadurch, dass unterschiedliche Kontentypen miteinander verknüpft werden, um die Flexibilisierungsoptionen zu vergrößern und den Übergang bezahlter Mehrarbeit in variable Regelarbeitszeit umfassender zu ermöglichen. Dies gilt mit Blick auf die Langzeitkonten vor allem für langfristige Schwankungen der Regelarbeitszeit.

Drittens schließlich definieren alle Regulierungsformen in mehr oder weniger ausgeprägter Weise *neue Möglichkeiten der Beschäftigten, ihre Arbeitszeit selbst zu organisieren*. Dies schließt sowohl individuelle Partizipationsspielräume ein als auch – mit Ausnahme der Regulierung bei Kommunikator – neue Normen für die Konfliktaustragung auf dezentraler Ebene. Ein Teil der Kompetenzen für die Gestaltung der Arbeitszeit wird in die Hände der Beschäftigten gelegt. Diese Kompetenzen werden durch Verfahrensnormen für dezentrale Aushandlungen und den Umgang mit Problemsituationen normativ abgesichert. Die starke Nähe dieser Regelungen zu Zielvereinbarungssystemen ist augenfällig. Durch beide

Zusammenfassung

Tab. 14: Synopse der Arbeitszeitregulierungen

	Kontentypen	Ausgleichszeiträume	Obergrenzen	Verwendungsoptionen/-vorgaben
Luftschiff	Arbeitszeitkonto Langzeitkonto	Arbeitszeitkonto: Keine Langzeitkonto: Keine	Arbeitszeitkonto: +/- 105/-35 Stunden Langzeitkonto: + 300 Stunden im Durchschnitt der Beschäftigten	Arbeitszeitkonto: Entnahme in ganzen oder zusammenhängenden Tagen Langzeitkonto: Längere Zeitblöcke, Vorruhestand
High-Tech	Gleitzeitkonto Langzeitkonto	Gleitzeitkonto: 1 Monat Langzeitkonto: Keine	GleitzeitkontoGZK: + 20 Stunden Langzeitkonto: Keine	GleitzeitkontoGZK: In Stunden oder Tagen Langzeitkonto: Verbindlicher Anspruch bei Weiterbildung; Übergang in Ruhestand; Pflege Mindestentnahme 3 Monate
Software	Gleitzeitkonto Langzeitkonto	Gleitzeitkonto: Keine Langzeitkonto: keine	Gleitzeitkonto: +/- 60 Stunden Langzeitkonto: Bis 45 Jahre: 1.800 Stunden, danach unbegrenzt	Gleitzeitkonto: In Stunden oder Tagen Langzeitkonto: Blockfreizeit, Teilzeit bei vollem Gehalt, vorzeitiger Ruhestand
IT-Services	Gleitzeitkonto Mittelfristkonto Langzeitkonto	Gleitzeitkonto: 1 Monat Mittelfristkonto: 5 Jahre Langzeitkonto: Keine	Gleitzeitkonto: +/- 50 Stunden Mittelfristkonto: 550 Stunden; 135 Stunden Zufluss pro Jahr Langzeitkonto: Keine	Gleitzeitkonto: In Stunden oder Tagen Mittelfristkonto: Verbindlicher Anspruch bei Qualifizierung; Blockfreizeit (6 Wochen in 5 Jahren fester Anspruch); Arbeitszeitbudgets zur Reduzierung der Arbeitszeiten Langzeitkonto: Vorzeitiger Ruhestand; Auszahlung als Versorgungskapital ab 45
Kommunikator	Gleitzeitkonto Langzeitkonto	Gleitzeitkonto: 1 Monat Langzeitkonto: Keine	Gleitzeitkonto: + /- 40 Stunden Langzeitkonto: Keine	Gleitzeitkonto: In Stunden oder Tagen Langzeitkonto: In Tagen

Quelle: Eigene Erhebung

Verfahrensnormen werden Ansatzpunkte und Regeln für dezentrale Aushandlungsprozesse beschrieben, die Ergebnisse dabei aber weitgehend offen gelassen. Zugleich wird – wieder mit Ausnahme der Regulierung bei Kommunikator – der Betriebsrat in verschiedenen Formen auf neue Art in die Arbeitszeitgestaltung eingebunden. Diese Regulierungen enthalten also Verfahrensnormen, die wir oben als Haltegriffe und Mitbestimmungsschwellen bezeichnet haben.

Wie funktionieren nun diese Regulierungen in der betrieblichen Praxis? Wie steht es um ihre praktische Wirksamkeit? Auf diese Fragen richtet sich unser Blick in den folgenden Kapiteln. Ausgangspunkt und strukturierende Richtschnur unserer Analyse sind die wichtigsten in der Praxis auftretenden Regulierungsprobleme. Wir konnten in unserem Sample sechs Problembereiche identifizieren, die sich für die praktische Wirksamkeit als entscheidend herausgestellt haben: Den Funktionswandel der Gleitzeit, die anhaltende Bedeutung bezahlter Mehrarbeit, den Verfall geleisteter Arbeitszeit, die problematische Zeitentnahme aus Langzeitkonten, die geringe Aktivierung der Normen für individualisierte Aushandlungen und schließlich Mitbestimmungsdefizite und -dilemmata, aber auch -chancen des Betriebsrates.

Teil 3: Die Praxis – Problembereiche der Wirksamkeit neuartiger Arbeitszeitregulierungen

10. Der Funktionswandel der Gleitzeit

Der erste Problembereich der praktischen Wirksamkeit betrifft die Gleitzeitregelungen der Sampleunternehmen. Eigentlich hat Gleitzeit eine Erfolgsgeschichte. Sie ist das meist genutzte und geschätzte Instrument der neuen Arbeitszeitregulierungen. Aber diese Erfolgsgeschichte ist in Gefahr. Denn unter der Hand hat in den Unternehmen in den letzten Jahren ein partieller Funktionsverlust der Gleitzeitkonten eingesetzt. Strukturelle Mehrarbeit nimmt zu, die den Rahmen von Gleitzeitkonten übersteigt. Kurzfristige Flexibilität bietet sie weniger den Unternehmen als den Beschäftigten, aber nur unter Berücksichtigung des betrieblichen Zeitbedarfs, der deutlich die Grenzen der vertraglichen Arbeitszeit überschreitet. Gleitzeit wandelt sich damit teilweise von einem Flexibilitätsinstrument zu einem Einfallstor für Arbeitszeitverlängerung.

10.1 Gleitzeit im Wandel der Zeit

In den 70er und 80er Jahren wurden vor allem in den Angestelltenbereichen von Großunternehmen sowie im öffentlichen Dienst Gleitzeitkonten eingeführt. Ursprünglich waren sie häufig als ein Angebot an die Beschäftigten gedacht, die Arbeitszeiten stärker an individuelle Bedürfnisse anpassen zu können. Zugleich fungierten sie als Instrument für die Verwaltung von Schwankungen der täglichen oder wöchentlichen Arbeitszeiten. Der Rahmen dafür wurde eng gezogen. Die Obergrenze der Konten war niedrig bemessen (sie betrug z.B. 30 oder 40 Stunden), und der Ausgleichszeitraum für Schwankungen der Arbeitszeit wurde mit einem oder zwei Monaten ebenfalls knapp gehalten. Zumeist wurde ein Gleitzeitrahmen definiert, also eine Maximalgrenze für Beginn und Ende der Arbeitszeit. Innerhalb dieses Rahmens markierte eine Kernzeit die festen, verpflichtenden Anwesenheitszeiten der Beschäftigten, um die herum sie in den Grenzen des Rahmens gleiten konnten.

Gleitzeit hatte ursprünglich nur eine sehr lose Verbindung zu betrieblichen Flexibilitätsanforderungen. Flexibilität im Sinne der „Atmung" spielte, wenn überhaupt, dann nur eine untergeordnete Rolle. Im Vordergrund standen vielmehr Ziele des Human Resource Managements. Gleitzeit wurde als wichtige Maßnahme zur Verbesserung dessen betrachtet, was in diesen Jahren mit dem Begriff der Unternehmenskultur bezeichnet wurde. Durch Gewährung neuer, aus der Praxis fordistischer Regulierung nicht gekannter Spielräume bei der Gestaltung der Arbeitszeit sollte die Motivation der Beschäftigten verbessert und ihre Bindung an ihr Unternehmen gestärkt werden. Der Akzent lag also auf der Ausweitung der Zeitsouveränität.

Manche dieser Kontenregelungen existieren bis heute, auch in den damals vereinbarten Formen. Doch haben sich die Akzente mittlerweile verschoben. Flexibilität ist zu einer eigenständigen Zielsetzung der betrieblichen Arbeitszeitpolitik geworden. Lebensweltliche Interessen der Beschäftigten müssen sich an konkreten betrieblichen Zeitanforderungen ausrichten. Vor diesem Hintergrund sind die neuen Formen der Gleitzeit zu verstehen, die in zunehmendem Maße in den Betrieben ausgehandelt werden. Diese neuen Formen zeichnen sich dadurch aus, dass sie mehr Spielraum für die Variabilisierung der Regelarbeitszeit bieten. So wurden Ausgleichszeiträume verlängert, Kontengrenzen erhöht oder Kernzeiten abgeschafft. Damit ist eine „neue Generation" von Gleitzeitkonten entstanden (Ohl et al. 2000). Doch in mindestens zweierlei Hinsicht bleibt die Verbindung zur traditionellen Gleitzeit gewahrt: Gleitzeitkonten verwalten Schwankungen der täglichen Arbeitszeit, und ein Ausgleich der Arbeitszeiten erfolgt – zumindest dem Anspruch nach – immer noch in überschaubaren Zeiträumen.

Die betriebliche Praxis in unseren Sampleunternehmen bestätigt zum einen, dass Gleitzeitkonten sich nach wie vor als Instrumente der alltäglichen Arbeitszeitorganisation durch die Beschäftigten bewähren. Andererseits zeigen sich zunehmend Symptome einer Überlastung der Gleitzeit.

10.2   Gleitzeit als zentrales Flexibilitätsinstrument

Auf den ersten Blick ist die Gleitzeit ein Erfolgsmodell. Gleitzeitkonten werden in allen Fallunternehmen intensiv genutzt. Mehr noch, wie der Vergleich zu Langzeitkonten zeigen wird, ist die Gleitzeit die eigentliche Stellschraube der neuen Flexibilität der Regelarbeitszeiten. Dabei wird die Gleitzeit in allen Fällen von den Beschäftigten sehr geschätzt.

Ein Beispiel für die guten Nutzungsoptionen der Gleitzeit- als Kurzzeitkonten ist Luftschiff. Das Arbeitszeitkonto hat eine hohe Akzeptanz bei den Beschäftigten. Es setzt sich zusammen aus Gleitzeiten für Normalschichtler und Mehrarbeit für Beschäftigte in Mehrschichtsystemen. Die Beschäftigten haben in den Interviews weitgehend übereinstimmend die guten Möglichkeiten betont, die das Arbeitszeitkonto für die Gestaltung der individuellen Arbeitszeitflexibilität liefert. Dabei sind naturgemäß die individuellen Flexibilitätsmöglichkeiten in der Normalschicht über die Gleitzeit größer als die Möglichkeiten, die sich in den Mehrschichtsystemen bieten. Bei den Gleitzeiten tauchen jedenfalls kaum Probleme auf.

„Samstagsarbeit, das nimmt jeder in Geld. Aber was unter der Woche läuft, das geht ins Gleitzeitkonto. Es kann auch sein, dass jeder dann seine Gleitzeit entnimmt. Das mache ich auch. Ich nehme immer mal einen Gleittag, wenn ich was vorhabe. Ich stimme das dann kurz mit der Gruppe ab." (Beschäftigter Luftschiff)

„Wir sind in der Gleitzeit. Bei uns entnehmen alle eigentlich auch ihre Stunden zeitnah." (Beschäftigter Luftschiff)

Probleme können allerdings entstehen bei Spezialisten der Planung oder der Instandhaltung, die auf der Grundlage einer relativ knappen Personaldecke operieren:

„Instandhalter sind Problemlöser. Man fährt dann automatisch stark in das Gleitzeitkonto hinein. Man achtet auch nicht so drauf. Meistens wird dabei die gesamte Gleitzeitspanne ausgenutzt ... Ich brauche meine Zeiten eigentlich auch nicht. Aber ich denke, ich bekäme ein Problem, wenn ich sie nehmen wollte. Da hoffe ich aber auf Neueinstellungen. Da müsste es dann gehen, dass man die Zeiten entnimmt." (Beschäftigter Luftschiff)

Ein zweites Problem stellen akute Hochdruckphasen dar, wie ein Qualitätssicherer ausführt:

„In der Regel wird versucht, die Gleitzeit auch zeitnah zu entnehmen ... Wenn in einer Phase der Arbeitsdruck sehr groß ist, kann man die Gleitzeit natürlich nicht zeitnah entnehmen. Dann schleppt man schon mal 30 Stunden oder mehr vor sich her." (Beschäftigter Luftschiff)

Dieser Bezug der kurzfristigen Flexibilität zur Arbeitssituation und zur Personalausstattung findet sich in allen Fällen unseres Samples. Dies ist kaum überraschend. Je größer das Arbeitsvolumen und je geringer die Personalressourcen, desto geringer die Nutzbarkeit kurzfristiger Flexibilität. Der Extrempol geringer Spielräume findet sich bei bestimmten Formen von externer Projektarbeit. Weilt ein IT-Spezialist zur Systemimplementation oder -adaption beim Kunden, sind die Gestaltungsmöglichkeiten minimal. Auch in drängenden Projektphasen bei internen Projekten wird die Gleitzeit allenfalls zur Ausweitung der Arbeitszeiten, nicht aber zur Gestaltung der täglichen Flexibilität genutzt. Die Vorzeichen gegenüber klassischen Gleitzeitsystemen kehren sich um. Ging es früher mehr um individuelle Variationen der Arbeitszeit auch und gerade nach lebensweltlichen Bedürfnissen, so wird nunmehr die Gleitzeit zu einem ersten Instrument der Bewältigung betrieblicher Flexibilitätsbedarfe.

Der häufigste Fall ist aber, dass Gleitzeit unter beiden Vorzeichen auftritt. Gleitzeitkonten eröffnen persönliche Spielräume und dienen zugleich als Puffer für betriebliche Anforderungen. Aber auch in dieser Konstellation, unter den Bedingungen wachsender betrieblicher Anforderungen, findet die Gleitzeit in allen Fallunternehmen eine hohe Akzeptanz bei den Beschäftigten, die der Schlüssel für die Erklärung ihrer breiten Nutzung ist. Es sind vor allem die kurzfristigen Flexibilitätsoptionen, die die Gleitzeit für die Beschäftigten zu einem begehrten Instrument der Verwaltung von Flexibilität machen. Dafür bietet das folgende Zitat einer Beschäftigten von Kommunikator nur ein Beispiel, das sich beliebig durch alle Sampleunternehmen nachverfolgen ließe:

> „Ich muss sagen, unsere Gleitzeit ist aber auch sehr flexibel. Man kann später kommen oder früher gehen, je nach Bedarf. Wichtig ist auch unsere Freitagsregelung, die besagt, dass man bereits um 14.00 Uhr gehen kann. Viele nutzen das. Ich finde das vor allem schön beim Einkaufen, nicht zu Stoßzeiten wie samstags in die Läden zu müssen, sondern das in der Woche oder am Freitagnachmittag machen zu können. Das ist eine echte Erleichterung. Ich kann auch mal zwischendurch meine Mutter besuchen oder einfach etwas Spontanes tun. Dadurch wird das Wochenende entlastet und ich kann die Zeit für den Sport nutzen. Es gibt nichts Schöneres als samstagsmorgens zu joggen, wenn die anderen einkaufen. Das ist gut für die, wie nennt man das nochmal, intrinsische Motivation, die flexible Regelung ist echt positiv." (Beschäftigte Kommunikator)

Probleme ergeben sich für die Gleitzeitgestaltung immer dann, wenn sich aufgrund der betrieblichen Bedarfe die Konten an den Rändern ihrer Obergrenzen bewegen und dadurch die individuelle Steuerung schwierig wird.

Diese Praxis ist beispielsweise bei IT-Services eher die Regel als die Ausnahme. Bei IT-Services arbeiten die Beschäftigten in der Regel am Anschlag ihrer Gleitzeitobergrenzen.

> „Ich schätze mal, das 80% der Mitarbeiter ihr Gleitzeitkonto immer auf 50 Stunden ausgeschöpft haben." (Referentin Human Resources IT-Services)

Unter diesen Bedingungen trägt das Gleitzeitkonto aber nicht nur zu einem guten Teil die Last der kurzfristigen betrieblichen Flexibilität, es wird auch für die Abpufferung längerfristiger Mehrarbeitsvolumen genutzt. Dabei handelt es sich nicht nur um eine längerfristige Zyklizität der Arbeitszeit, sondern offensichtlich auch um strukturelle Mehrarbeit, die auch in längerfristiger Perspektive absehbar nicht abbaubar ist. Dies ist der Grund dafür, dass ein Abbau, sei er zeitnah oder nicht, der Arbeitszeitsalden eben nicht mehr erfolgt. Die kontinuierliche Ausschöpfung der Grenzen des Stundenaufbaus, die ein Konto ermöglicht, signalisiert strukturelle, nicht mehr abbaubare Mehrarbeit (Lehndorff/Mansel 1999). Gleitzeit wird damit unter der Hand von einem Instrument der Variabilisierung zu einem Instrument der Verlängerung von Arbeitszeiten.

Wächst das Arbeitsvolumen absehbar über die durch die vertraglichen Arbeitszeiten und die Gleitzeitsaldengrenzen vorgegebenen Spielräume hinaus, sind unterschiedliche Verfahren denkbar. Teilweise, so auch bei IT-Services,

Der Funktionswandel der Gleitzeit 117

beantragen die Beschäftigten Mehrarbeit (wir kommen im nächsten Kapitel darauf zurück). Gleitzeit ist deshalb lediglich der erste Flexibilitätspuffer, der im Bedarfsfall durch bezahlte Mehrarbeit ergänzt wird.

Das heißt aber nicht, dass die Beschäftigten nicht bemüht wären, auch den Freizeitausgleich zu suchen. Doch auch hier ist es so, dass die betrieblichen Bedarfe die Spielräume vorgeben, die für den Aufbau und die Entnahme von Gleitzeitguthaben bestehen.

„In der Projektphase verändert sich die Arbeitszeit, das ist klar. Sie Sachen müssen ja meist zu Ende durchgeführt werden, das kann man kaum unterbrechen. Da muss dann auch länger gearbeitet werden. Wochenendarbeit muss ich ja nicht genehmigen lassen. Was ich zu viel arbeite, das geht auf das Gleitzeitkonto. Was darüber hinausgeht, wird abgeglitten. Wenn es aber klar ist, dass ich das nicht abgleiten kann, schenke ich das der Firma. Oder es kommt auf ein Überstundenkonto mit bezahlter Mehrarbeit." (Beschäftigter IT-Services)

Ähnlich gelagert ist die Situation bei HighTech. Auch dort ist der betriebliche Flexibilitätsdruck, der auf der Gleitzeit lastet, hoch. Und auch dort besteht dieser Druck nur nach oben, in Richtung Ausweitung der Arbeitszeiten. Doch scheint er nicht ganz so groß zu sein wie bei IT-Services, berichten doch die meisten Beschäftigten, dass es ihnen immer wieder gelingt, ihre Gleitzeitkonten zwischenzeitlich auch einmal wieder abzubauen.

Dabei schwankt die normative Bindekraft der Gleitzeitregelung im Werk erheblich zwischen den Bereichen. In manchen Bereichen werden die Vorgaben der Gleitzeitregelung wortgetreu umgesetzt. Dort gilt die Übertragungsobergrenze für Gleitzeitsalden von 20 Stunden als Gesetz. In anderen Bereichen hingegen werden die Vorgaben fast vollständig ignoriert. Dort werden weder die Kontengrenzen noch die Entnahmeregelungen des Gleitzeitkontos eingehalten. Hierzu seien drei Beispiele zitiert:

„Ich selber habe vorher viel Mehrarbeit gemacht. Besser gesagt, ich habe Gleitzeitguthaben aufgebaut ... Eigentlich kann man ja in unserem Modell nur zwanzig Stunden übertragen, was meiner Meinung nach viel zu wenig ist. Ich selber habe teilweise monatlich bis zu sechzig Stunden aufgebaut, ich hatte zum Schluss über dreihundert Stunden auf dem Konto. Ich habe zwischendurch immer mal versucht Gleittage abzubauen. Jetzt habe ich die dreihundert Stunden auch abgebaut, das klappte mit einer Zwei-Tage-Woche, die ich eine Zeitlang gemacht habe." (Beschäftigte HighTech)

„Der Rest wird bei uns über Gleitzeit gemacht. Da reichen die zwanzig Stunden natürlich nicht. Das wird gefüllt, bis einer etwas sagt. Wir machen das intern immer so. In Hochphasen gleitet niemand. In Phasen geringerer Intensität darf man auch mal 'ne Woche abgleiten. Das läuft so in unserer Abteilung. Bis zu einem gewissen Grad wird das vom Gruppen- oder Abteilungsleiter entschieden." (Beschäftigter HighTech)

Dem stehen Beispiele gegenüber, bei denen die Regelungen die Praxis prägen:

„Momentan gibt es bei uns keine Mehrarbeit. Wir arbeiten vierzig Stunden. Damit müssen wir auskommen. Das muss klappen, aber es bleibt natürlich dementsprechend was liegen. Das ist dann eine Frage der Priorisierung. Die Gleitzeit darf bei uns nicht überlaufen ... Gleitzeit darf nicht als Puffer dienen." (Beschäftigter HighTech)

„In anderen Bereichen kenne ich Kollegen, die haben bis zu hundertzwanzig Gleitzeitstunden, wir aber nur zwanzig. Warum kann man das nicht für alle ausweiten?" (Beschäftigter HighTech)

Die Unterschiedlichkeit der Regelungspraxis signalisiert den zunehmenden Druck, der auch bei HighTech auf der Gleitzeit lastet. Bei HighTech steigt vor allem in Bereichen an Kundenschnittstellen, wo diese Flexibilitätsbedarfe besonders ausgeprägt sind, die Versuchung, das Gleitzeitkonto zu einem betrieblichen Flexibilitäts- und Arbeitszeitverlängerungskonto umzufunktionieren.

Noch liegt bei HighTech die Entnahme weiterhin im Bereich des Möglichen. Ob wochenweise oder durch stark verkürzte Wochenarbeitszeiten, bislang gelingt der Abbau der Freizeitansprüche. Freilich ist dies immer an die Ausnutzung von Phasen mit reduziertem Arbeitsvolumen gebunden. Die betriebliche Flexibilität dominiert den Zeitpunkt der Entnahme.

Damit unterscheidet sich HighTech aber deutlich vom Beispiel IT-Services, wo dieser Abbau kaum mehr gelingt. Dort sind die Konten dauerhaft am Anschlag. Die Gleitzeit stellt lediglich noch den fließenden Übergang zur Verlängerung der Arbeitszeiten her. Ihrer ursprünglichen Aufgabe der Verwaltung täglicher Arbeitszeitschwankungen, seien sie durch betriebliche Anforderungen oder lebensweltliche Interessen bedingt, wird die Gleitzeit aber hier wie dort nicht mehr gerecht. Längerfristige Überstunden prägen das Bild. Bei IT-Services haben diese eher einen dauerhaften, bei HighTech eher einen zyklischen Charakter.

Eine Ausnahme von dieser Entwicklung bildet in unserem Sample lediglich Software, wo die Steuerung der Gleitzeitkonten um den Wert Null herum nicht nur propagiert wird, sondern auch die betriebliche Praxis prägt. Dies liegt auch daran, dass die Gleitzeitkonten dort nicht die Last der betrieblichen Flexibilität alleine abfedern müssen. Die in der Regulierung angelegten Möglichkeiten der Arbeitszeitbudgets und des Langzeitkontos zur Verwaltung längerfristiger Flexibilitätsbedarfe werden breit genutzt. Deshalb kann das Gleitzeitkonto entlastet und freier für individuelle Zeitbedarfe genutzt werden. Selbst im Customer Support, wo Erreichbarkeitszeiten verpflichtend sind, wurde von einer weitgehend autonomen Gestaltung der Arbeitszeiten im Team und durch das Team gesprochen. Einzig im Bereich der Professional Services besteht eine größere Abhängigkeit bei der Arbeitszeitgestaltung, wenn die Beschäftigten beim Kunden ar-

Der Funktionswandel der Gleitzeit

beiten und dieser die Projektleitung übernommen hat. In den Entwicklungsteams jedenfalls scheint, nach allem was wir wissen, ein von den Projektgruppen erzeugter Anwesenheitszwang nicht zu bestehen. Im Gegenteil, die Beschäftigten folgen gerade dort ihren ganz individuellen Rhythmen, wie das folgende Beispiel zeigt:

> „Ich komme immer so zwischen 9.00 und 9.30, es kann aber auch mal 11.00 sein. Wir haben kein Comment, wenn man keine Kundenkontakte hat. Das hat den Vorteil für die AG, dass die Mitarbeiter produktiver sind, weil sie sich die Zeit so einteilen können, wie sie sie brauchen. Ich zum Beispiel werde in den Abendstunden, wenn es ruhiger wird, produktiver." (Beschäftigter Entwicklung Software)

Die Ursache für die Freiheiten der Gleitzeit liegt vor allem darin begründet, dass bei Software mit so genannten Zusatzzeitbudgets eine neue Form der Bewältigung von Flexibilitätsanforderungen eingeführt wurde, die über Schwankungen der täglichen Arbeitszeit eindeutig hinausgehen und als zusätzliches Arbeitsvolumen identifizierbar sind. Mit dieser Praxis werden wir uns unten näher befassen. In den anderen Unternehmen jedoch werden Gleitzeitkonten häufig mit längerfristigen Flexibilitätsbedarfen oder gar struktureller Mehrarbeit konfrontiert und damit überbeansprucht. Dies liegt zum einen daran, dass die Arbeitszeitsysteme bestimmte Konstruktionsmängel aufweisen, die wir im Abschnitt über Langzeitkonten analysieren werden. Der wichtigste Grund aber sind die Personal- und Kostenstrategien der Unternehmen, denen wir uns nun zuwenden.

10.3 Die Überbeanspruchung eines Flexibilitätsinstruments

Die Einführung marktorientierter Steuerungsformen hat einschneidende Konsequenzen für die Arbeitszeitgestaltung im Betrieb. Verantwortlich dafür ist die Kombination zweier Entwicklungen: Die stärkere Anbindung der Produktion von Gütern und Dienstleistungen an die Nachfrage schließt sowohl die „atmende" Produktion von Gütern als auch die Kundennähe in der Erstellung von Dienstleistungen ein. Dies ist verknüpft mit gestiegenen Rentabilitätsansprüchen und, daraus abgeleitet, Kostensenkungszielen, die von der Unternehmensspitze in die Organisation hineingetragen und nicht zuletzt mit den Normen und Erwartungen der Finanzmärkte legitimiert werden.

Atmung und Kundenorientierung begründen zunächst einmal neue Anforderungen an die kurz- und langfristige Flexibilität. Bei Luftschiff haben sich die Ansprüche an die Terminbindung der Produktion dramatisch erhöht. Verantwortlich dafür ist die Einführung neuer Logistikprozesse im Unternehmen, die auf Just-in-Time-Anlieferung der Komponenten in den Werken der Endmontage abzielen. Luftschiff steht deshalb als Komponentenwerk, als konzerninterner Zulieferer also, in der besonderen Verantwortung, die Werke der Endmontage bedarfsgenau mit den geforderten Komponenten unter Umgehung von Pufferbildung zu beliefern. Die Produktion bei Luftschiff hat dem Rhythmus der Endmontage zu folgen. Dies schließt ein, dass Schwankungen der Produktion direkt auf die Zeitorganisation des Komponentenwerkes ausstrahlen.

Das Prinzip der Atmung beruht genau darauf, Phasen höherer Belastung und Phasen niedriger Belastung durch flexible Schwankungen der Arbeitszeit auszugleichen, unabhängig davon, ob diese kurz- oder langfristiger Natur sind. Bezahlte Mehrarbeit alleine ist dafür kein geeignetes Instrument, denn sie ermöglicht nur Schwankungen nach oben, nicht aber nach unten. Und Kurzarbeit ist eine teure Alternative. Schwankungen der Regelarbeitszeit hingegen lassen einen solchen Ausgleich kostengünstig zu, denn in Phasen höherer Belastung werden Freizeitansprüche kumuliert, die in Phasen niedrigerer Belastung – so der Anspruch – entnommen werden können.

Die Situation von Luftschiff ist ein Beispiel für eine interne Lieferanten – Kundenbeziehung. Kundenorientierung wird zum Leitprinzip der Gestaltung der Arbeitszeit. Zwar spielt die Kundenorientierung an externen Kundenschnittstellen, z.B. im Vertrieb eines Industrieunternehmens oder im direkten Kundenkontakt bei der Erstellung kundenbezogener Dienstleistungen, sicherlich eine insgesamt größere Rolle als z.B. in der Entwicklungsabteilung eines Dienstleistungsunternehmens. Doch gibt es zunehmend Tendenzen, das Prinzip der Kundenorientierung und die damit verbundenen Flexibilitätsbedarfe in alle Winkel der Organisationen zu tragen, auch wenn dabei Unterschiede zwischen Wertschöpfungsstufen bestehen bleiben.

Dieser Sachverhalt spiegelt sich auch in den von uns untersuchten Dienstleistungsunternehmen wider. In den Organisationen gilt das Leitbild der Kundenorientierung inzwischen überall, seine Bedeutung nimmt aber mit der Nähe zur Kundenschnittstelle zu. Und mit dieser Nähe wächst auch die direkte zeitliche Abhängigkeit von den Anforderungen der Kunden. Ein Beschäftigter von Kommunikator hat dies auf den Punkt gebracht:

> „Es ist halt so: Je näher man zum Account kommt, um so flexibler wird es ... Wenn ein Angebot erstellt werden muss, dann muss man die Deadline einhalten. Man könnte natürlich die Kunden um Verlängerung bitten, klar. Aber da gibt es ja auch noch die Konkurrenz. Die Termine für die Abgaben sind ja in der Regel ganz eng geschnitten, so eng, dass man in Stress kommt. Da kommt dann auch schon mal ein Angebotstermin für den 1.1., wo dann im Grunde vom Kunden erwartet wird, dass man über die Feiertage arbeitet. Aber das trifft ja nicht nur uns, das geht anderen ja auch so." (Beschäftigter Kommunikator)

Dabei ist es so, dass offensichtlich nicht nur innerhalb der Organisationen die Orientierung an den Kundenwünschen als zentrales Gebot propagiert wird. Auch von den Kunden selber werden die Anforderungen eindeutig erhöht. Der Druck der Konkurrenz auf die Anbieter von Dienstleistungen wird größer. Insbesondere große Unternehmen mit Marktmacht nutzen dies aus, um ihren Zulieferern auf vorgelagerten Stufen der Wertschöpfungskette flexiblere und günstigere Leistungen abzuringen. Ein Beispiel dafür ist die Angebotserstellung bei HighTech. Angebote werden vom Endhersteller zunehmend als Vergleichstest für die Leistungsfähigkeit und die Belastbarkeit der Zulieferer genutzt:

> „Wir haben beispielsweise für einen Kunden eine Woche Zeit, ein solches Konzept zu entwickeln und vorzustellen ... Ich solchen Phasen muss man dann rund um die Uhr arbeiten. Dazu erhält man dann auch die Genehmigung, wenn von ganz oben beschlossen wird: Das ist strategisch wichtig, das muss in einer Woche so gemacht werden. Dafür muss sich das Team gut kennen, es muss eingespielt sein. Alle müssen bereit sein, dann rund um die Uhr zu arbeiten. Wir haben jetzt beispielsweise Pfingsten durchgearbeitet ...
>
> Das hängt mit den Endherstellern zusammen. Die wollen mehr Vergleichbarkeit. Die setzen den Zulieferer unter Druck, um zu sehen, was er aushält. Die schicken beispielsweise freitags Daten und wollen Montags früh die Ergebnisse. Sie wollen wissen: Wozu ist der Zulieferer in der Lage? Diese Flexibilität wird in der Angebotsphase überprüft." (Beschäftigte HighTech)

Die extremste Form der Ausrichtung an den Kunden erfolgt bei Dienstleistungstätigkeiten, die beim Kunden selber durchgeführt werden. Der IT-Mitarbeiter, der Systeme beim Kunden installiert und Anpassentwicklungen vornimmt, taucht häufig ganz in die (Zeit)-Organisation des Kunden ein, er wird zum „Diener zweier Herren" (Wassermann 2002). Beispiele dafür finden sich häufig im Bereich der Professional Services:

> „Man unterliegt natürlich stark dem Arbeitsrhythmus des Kunden. Das hängt dann im Einzelfall noch stark davon ab, wer die Projektleitung hat. Wir müssen natürlich beispielsweise die Gleitzeitordnung des Kunden nicht einhalten. Aber man muss erreichbar sein, wenn der Kunde erwartet, dass man erreichbar ist. Eng wird es dann, wenn die Projektergebnisse in Gefahr sind. Außerdem ist viel zu tun bei Produkteinführungen, da muss man dann schon mal ein oder zwei Nächte durcharbeiten." (Beschäftigter Software)

Die Ankoppelung an den Kunden zieht nicht nur eine Anpassung an die Arbeitszeitrhythmen des Kunden nach sich, sondern zumeist auch einen erheblichen Arbeitsaufwand, der häufig nur durch Mehrarbeit zu erreichen ist. Denn Zeitdruck ist, wie aus den Interviews zu entnehmen, eine typische Anforderung an den Dienstleister. Flexibilität und die Bereitschaft zu erheblicher Mehrarbeit gehen dabei Hand in Hand.

„Ich habe meine Fähigkeiten. Wenn ich zehn Stunden gearbeitet habe, und der Kunde ruft an und sagt: meine Anlage steht, dann hänge ich mich richtig rein. Dann kann ich auch 20 Stunden weiterarbeiten, bis die Sache wieder läuft. Diese Fähigkeit bringe ich für unser Business mit." (Beschäftigter IT-Services)

Trotz dieser Anforderungen haben wir bei allen IT-Dienstleistern eine erstaunlich hohe Identifikation der Beschäftigten mit den Kundenwünschen angetroffen. Die Anforderungen des Kunden werden als legitim anerkannt. Mehr noch, die eigene Arbeit wird häufig aus der Perspektive des Kunden bewertet. Kundenzufriedenheit wird auch als entscheidend für die Sicherheit des eigenen Arbeitsplatzes betrachtet:

> „Dieses schlechte Gewissen, das entsteht ja schon daraus, dass der Kunde einen ganzen Batzen Geld bezahlt für unsere Dienstleistungen. Und von diesem Batzen bekomme ich mit meinen Gehalt ja etwas ab. Wenn der Kunde nicht mehr bezahlen würde, sähe es schlecht aus für mich." (Beschäftigter IT-Services)

Es ist in dieser Perspektive nicht mehr der Arbeitgeber, der für die Bereitstellung und Sicherung der Arbeitsplätze zu sorgen hat, sondern der individuelle Beschäftigte, der den Kunden als seine eigentliche Gehaltsquelle an das Unternehmen binden muss. In dieser Perspektive hat die Länge der Arbeitszeiten zwangsläufig eine untergeordnete Bedeutung.

Die Orientierung am Kunden paart sich in unseren Fällen mit einer hohen intrinsischen Motivation der Beschäftigten und einem Interesse an guter Arbeit. Kundenzufriedenheit ist ein zentrales Kriterium für die Güte der eigenen Arbeit, und die Güte der eigenen Arbeit ist ein zentrales Kriterium für die eigene Zufriedenheit der Beschäftigten. Beide Faktoren zusammen wirken als Treibmittel für die Verlängerung der Arbeitszeiten:

> „Warum meine Arbeitszeit immer etwas höher ist? Das ist einerseits das Aufgabenvolumen vom Kunden her. Andererseits habe ich aber auch einen Anspruch hinsichtlich der Qualität meiner Arbeit. Wenn ich etwas mache, dann soll es auch gut sein." (Beschäftigter IT-Services)

> „Ich habe auf 40 Stunden aufgestockt zum 01.01. Ich war ja hier mit 35 Stunden eingestiegen. Ich habe damals sehr viel beantragte Mehrarbeit gemacht. Ich habe so im Schnitt ein Drittel pro Monat mehr gearbeitet, also zehn bis zwölf Stunden pro Woche. Das war aber alles mit Spaß und Freude, das war kein Problem für mich. Da bin ich aber in meiner Abteilung auch kein Einzelfall mit den Überstunden ... Wir haben alles Leute, die sehr engagiert sind. Arbeitszeit ist für uns nicht der dominierende Faktor. Wir sehen eher auf die Ergebnisse. Informationen liefern, Projekte beenden, das ist der Treiber überhaupt." (Beschäftigter HighTech)

Der Funktionswandel der Gleitzeit

Kundenanforderungen und intrinsische Motivation begründen einen expansiven Umgang mit der eigenen Arbeitszeit. Eine Grenze dafür zeichnet sich interessanterweise weniger von der Seite der Beschäftigten als vielmehr von der Seite der Organisationen her ab. Diese Grenze betrifft die Wirtschaftlichkeit. Arbeitszeit ist ein Kostenfaktor – zumindest dann, wenn sie von den Unternehmen bezahlt werden muss. Kundenanforderungen sind im Grunde grenzenlos, die Zahlungsbereitschaft der Kunden aber sehr wohl begrenzt. Ein ökonomischer Umgang mit bezahlter Arbeitszeit liegt also eindeutig im Interesse der anbietenden Unternehmen.

„Mehrarbeit machen wir auch. Aber wenn Sie nicht aufpassen, beantragen die Mitarbeiter Mehrarbeit ohne Ende. Irgendwo aber kommt der Punkt, da muss man das auch betriebswirtschaftlich sehen. Wo oder was ist der Benefit der Mehrarbeit?" (Abteilungsleiter IT-Services)

„Klar ist auch: Zusatzzeitbudgets, das sind Kosten. Da nehmen wir die Führungskräfte in die Pflicht. Sie müssen ein Mittelmaß finden zwischen den Kosten und zwischen dem, was ihr Bereich leisten kann. Die Führungskraft muss dann auch zu ihrem Vorgesetzten gehen und sagen, das kann ich mit meinen Mitteln nicht mehr bearbeiten." (Human Resources Software)

Die Übernahme der Unternehmens- und der Kundenperspektive durch die Beschäftigten ist ein zentrales Element der indirekten Steuerung. Es ist nicht der Vorgesetzte, der die Beschäftigten anweist, bestimmte Arbeitsinhalte oder -umfänge abzuarbeiten, sondern es sind die Beschäftigten selbst, die ihre Arbeit in eigener Regie so organisieren, dass sie den an sie gestellten Anforderungen gerecht werden. Und diese Anforderungen werden ihnen vom Markt um so mehr in der konkreten Person der Kunden vorgegeben, je näher sich die Beschäftigten direkt an der Kundenschnittstelle bewegen. In der Konfrontation mit Markt und Kunden machen die Beschäftigten die Probleme des Unternehmens zu ihren eigenen Problemen.

Dieser Wechsel der Perspektive ist ein starker Motor für die Verlängerung der tatsächlichen Arbeitszeiten. In der indirekten Steuerung verlieren Anwesenheitszeiten ihre strukturierende Wirkung für die Bewertung der Leistung einer Person. Statt dessen werden Ergebnisse in den Vordergrund gerückt. Es zählt nicht mehr so sehr, wie und wann eine Leistung erbracht wird, was zählt, ist dass sie erbracht wird und dass dies im Unternehmensinteresse erfolgreich ist. Dabei unterliegt die konkrete Form der Leistungserstellung der Verantwortung und der Gestaltung des einzelnen Arbeitnehmers. Insoweit ist er der Unternehmer seines operativen Geschäfts. Dies lässt sich zumindest für die Bereiche hoch qualifizierter Tätigkeiten so beschreiben, wie wir sie in den vier Unternehmen HighTech, Software, IT-Services und Kommunikator vorgefunden haben. Aber auch in den Gruppenarbeitskonzepten bei Luftschiff finden sich Ansätze dieses Prinzips.

In einer Kultur der indirekten Steuerung sind es die Beschäftigten, die sich ihre Arbeit selber zuordnen. Vorgesetzte, die sagen: „Heute musst du aber zwei Stunden länger bleiben um noch dieses oder jenes zu beenden", existieren in dieser Kultur nicht mehr. Vorgesetzte gibt es zwar weiterhin, aber nicht mehr in der Rolle der Anweiser von Arbeit. Für die Gestaltung der Arbeitszeit heißt dies: Unter den Vorzeichen der indirekten Steuerung wird Arbeitszeit zur abhängigen Variablen. Als abhängige Variable steht und fällt sie mit dem Arbeitsvolumen, das nach Aussage der Beschäftigten aller untersuchter Unternehmen in den letzten Jahren merklich angestiegen ist.

Aber die Umkehrung der Arbeitszeit zu einer abhängigen Variablen zieht lange Arbeitszeiten nicht als zwangsläufige Konsequenz nach sich. Denn im Prinzip ließen sich auch die höchsten Anforderungen der Kunden an die zeitliche Flexibilität der Beschäftigten durch flexible Zeitentnahmen wieder ausgleichen, so dass eine dauerhafte, strukturelle Ausweitung der Arbeitszeiten keine unabwendbare Folge sein müsste. Doch hier kommt die zweite Begleiterscheinung marktorientierter Steuerungsformen ins Spiel, der wachsende Rentabilitäts- und Kostendruck, der auf dem operativen Geschäft lastet.

In allen Fallunternehmen wurde als entscheidende Ursache für den Anstieg des Arbeitsvolumens die Verknappung von Ressourcen in den Organisationen benannt. Durchgängig wurde das Personal im Verhältnis zum Arbeitsvolumen reduziert. Wir haben im Ergebnis der Interviews Grund zu der Annahme, dass dies mehr als ein konjunkturelles Phänomen ist. Die Einsparung von Personalkosten wird in der Krise wie in Phasen relativer Prosperität mit gleicher Intensität verfolgt:

> „Das hat auch schon dazu geführt, dass wir gesagt haben: Ihr macht so viele Überstunden, stockt doch das Personal auf. Momentan ist das aber schwierig, denn wir haben ja die Vorgabe, weitere Stellen abzubauen." (Betriebsrat IT-Services)

> „Personalabbau findet nur in den Projekten statt, nicht auf der Managementebene. Bei uns gibt es Riesenprobleme ... Das Hauptproblem ist: Die Leute sind einfach nicht mehr da. Wir haben das zu Beginn durch Überstunden kompensiert. Aber jetzt kann man die Leute eigentlich nicht mehr so belasten. Wir müssen das trotzdem tun. Nach der ersten Entlassungswelle waren die Leute noch relativ frisch, mit der zweiten Welle hat sich dann aber relativ schnell bemerkbar gemacht, dass die Leute eigentlich nicht mehr können. Wir arbeiten genauso viel wie vorher, man hat aber trotzdem Leute rausgeschmissen. Das Verhältnis Overhead – Projektmitarbeiter ist ungünstiger geworden. Es ist eigentlich auch nicht mehr möglich, Leute nachzuholen, obwohl wir sie dringend brauchen." (Beschäftigter Leiter Projektmanagement Kommunikator)

Der Funktionswandel der Gleitzeit

„Unser Problem ist, dass zwar die Personen entlassen wurden, aber nicht die Arbeit. Die Leute sind weg, das Arbeitsvolumen bleibt hier. Der Arbeitgeber geht aber nicht zum Kunden und sagt: Du Kunde, ich musste Leute entlassen, weil du weniger für die Dienstleistungen zahlst, und deshalb kann ich dir nicht mehr alle Leistungen bieten. Das macht keiner, und das geht auch allen Konkurrenten so." (Betriebsrat Kommunikator)

Diese neue Personalpolitik kann man in Abwandlung einer alten personalpolitischen Maxime der 80er Jahre als „Personalpolitik der unteren Linie" bezeichnen. In den 80er Jahren hatten einige Unternehmen im Anschluss an die Krisenerfahrungen der frühen 80er Jahre Bestrebungen entwickelt, die hohen Kosten von Personalanpassungen durch eine „Personalpolitik der mittleren Linie" zu vermeiden. Diese Personalpolitik lief darauf hinaus, Schwankungen der Arbeitszeiten und des Personals nach oben und unten zu begrenzen um dadurch die Kernbelegschaft zu stabilisieren. Zu diesem Zweck wurde versucht, das Produktionsvolumen über konjunkturelle Zyklen hinweg möglichst konstant zu halten. Dies schloss ein, dass Auftragsspitzen nicht mit Produktion abgedeckt wurden und in Krisenphasen auf Halde produziert wurde.

Demgegenüber liefert die neue Personalpolitik der unteren Linie eine andere, aber sehr problematische Lösung für das Problem der Stabilisierung der Kernbelegschaft. Hier wird die Ausschöpfung der Regelarbeitszeit nicht mehr bei mittlerer, sondern bei schwacher Auslastung als Normalmaß für die Personalausstattung definiert, die Rückkoppelung der Produktion von Gütern und Dienstleistungen an den Markt als neue Prämisse eingeführt und Schwankungen nach oben vor allem durch Überstunden abgepuffert.

Diese Personalpolitik steht in direktem Zusammenhang zur strategischen Ausrichtung der Unternehmen in Richtung marktorientierter Steuerungsformen. Die dezentralisierten Bereiche funktionieren zunehmend unter dem Damoklesschwert gesteigerter Anforderungen und Erwartungshaltungen der Zentrale, mit denen sie in Form betriebswirtschaftlicher Kennziffern und reduzierter Budgets konfrontiert werden. Besonders gut lässt sich das an den neuen Leitlinien erkennen, die, wie im Falle von Software, in einem Unternehmen entstehen, wenn es an die Börse geht:

„Durch den Börsengang hat sich das Unternehmen schon gewandelt. Mit den Quartalsberichten hat sich einiges geändert. Die Erfüllung, besser aber die Übererfüllung der Planungen ist oberstes Gebot. Da steckt vom Controlling her schon einiges an Druck dahinter. Ja, es wird mehr und intensiver geplant und es wird mit mehr Druck versehen. Auch die Termineinhaltung spielt eine größere Rolle." (Human Resources Software)

Neue Renditeansprüche führen zu einer Verknappung der Ressourcen und einem Anstieg der Arbeitsvolumina. Sie verändern damit die Rahmenbedingungen für die Arbeitsorganisation grundlegend. Und dies hat in Organisationsformen eine besonders große Auswirkung, die darauf ausgelegt sind, dass die Beschäftigten die Perspektive des Unternehmens und der Kunden übernehmen und diese in eigener Regie umsetzen. Unter den Bedingungen eingeschränkter Ressourcen und wachsender Arbeitsvolumina erhalten Anreize zu einer Verlängerung der tatsächlichen Arbeitszeiten, wie sie in der indirekten Steuerung implizit angelegt sind, den Charakter eines zumindest individuell nur schwer auflösbaren Sachzwangs.

10.4 Zusammenfassung

Sowohl in den von uns untersuchten Dienstleistungsunternehmen als auch in dem Industriebetrieb wurden Atmung und Kundenorientierung als Leitbilder der Arbeitsorganisation durchgesetzt. Diesen Leitbildern wird in neuen Konzepten der indirekten Steuerung Rechnung getragen, in deren Rahmen den Beschäftigten Souveränitätsspielräume für die Erreichung ihrer Arbeitsergebnisse eingeräumt werden. Zugleich fand in den Unternehmen eine Neuausrichtung der Unternehmensstrategie statt, in deren Folge der Marktdruck auf den Produkt- und Kapitalmärkten zur Legitimierung wachsender finanzwirtschaftlicher Ansprüche der Unternehmenszentralen an die operativ dezentralen Einheiten genutzt wird. Auf diese Weise entsteht ein neuartiger Kostendruck, der sich unmittelbar in den finanziellen und personellen Ressourcen der dezentralen Einheiten niederschlägt.

Mit der Rückkoppelung der Produktion an den Markt sind in erster Linie temporäre, produkt-, kunden- oder konjunkturbezogene Überstunden verbunden. Diese Überstunden können prinzipiell im Rahmen flexibler Arbeitszeitsysteme durch Zeitentnahmen wieder ausgeglichen werden. Die Begrenzung der personellen Ressourcen jedoch führt zugleich zu einer Personalpolitik der unteren Linie, deren Maßstab die Personalbemessung bei geringer Auslastung ist. So entsteht ein überzyklischer Anstieg des individuellen Arbeitvolumens, denn sinkende Arbeitsvolumina eröffnen kaum noch Möglichkeiten des Zeitabbaus.

Es ist die Wechselwirkung zwischen den beiden Elementen marktorientierter Steuerungsformen, der indirekten Steuerung auf der einen Seite und der Personalpolitik der unteren Linie auf der anderen, die die Gleitzeitregelungen in allen Sampleunternehmen in Mitleidenschaft zu ziehen beginnt. Je konsequenter die Personalpolitik der unteren Linie gefahren wird, um so mehr rückt der Zeitausgleich in weite Ferne. Die Gleitzeitkonten der Beschäftigten bewegen sich unter diesen Bedingungen dauerhaft am oberen Limit. Hier geht es dann nicht mehr um Flexibilität, sondern um Verlängerung der Arbeitszeit.

Noch werden die Gleitzeitkonten als Instrumente geschätzt, mit denen sich kurzfristige Flexibilitätsinteressen der Beschäftigten zumeist gut mit den betrieblichen Erfordernissen kombinieren lassen, die zu berücksichtigen für die Beschäftigten eine Selbstverständlichkeit ist. Kunden- und Unternehmensinteressen werden von ihnen als legitim anerkannt, nicht zuletzt aufgrund des Perspektivwechsels, der mit der indirekten Steuerung verbunden ist. Die Gleitzeit bietet unter diesen Voraussetzungen den Beschäftigten eine Gewähr, dass individuelle Arbeitszeitinteressen mit den betrieblichen Zeitanforderungen in eigener Regie bis zu einem gewissen Grad in Einklang gebracht werden können. Deshalb fungieren die Gleitzeitkonten in den meisten Unternehmen nach wie vor als ein wichtiges Schmiermittel der betrieblichen Flexibilität, obwohl ein wachsender Teil des über die vertragliche Arbeitszeit hinaus gehenden betrieblichen Arbeitszeitbedarfs nicht mehr auf den Gleitzeitkonten Platz findet.

Eines der Ventile für die Verlängerung der Arbeitszeiten über den Rahmen der Gleitzeitkonten hinaus ist bezahlte Mehrarbeit. Dieses überholt geglaubte Instrument spielt in einigen Unternehmen unseres Samples nach wie vor eine wichtige Rolle. Ihm wenden wir uns nun zu.

11. Bezahlte Mehrarbeit – der einfachste Weg

Ein zentrales Element flexibler Arbeitszeitmodelle besteht darin, dass sie eine Umwandlung von bezahlter Mehrarbeit in variable Regelarbeitszeit über den Rahmen der klassischen Gleitzeitsysteme hinaus ermöglichen sollen. Sie enthalten Instrumente, die auf die Verwaltung der langzyklischen oder strukturellen Mehrarbeitsvolumina abzielen, unter deren Last die Gleitzeitkonten erdrückt zu werden drohen. In den von uns untersuchten Betrieben ist jedoch diese – über den Rahmen klassischer Gleitzeit hinausreichende – erweiterte Umwandlung in Mehrarbeit mit Freizeitausgleich bislang kaum praktisch wirksam geworden. Hier liegt offenbar eines der zentralen Problemfelder der praktischen Wirksamkeit neuartiger Formen der Arbeitszeitregulierung, das uns in den nächsten beiden Kapiteln beschäftigen wird. Denn der Übergang zum längerfristigen und großvolumigen Zeitausgleich hat sich in immerhin drei von fünf Fällen unseres Samples als holprig oder tückisch erwiesen. Holprig deshalb, weil der Übergang in einigen Fällen gar nicht stattgefunden hat. In diesen Fällen dominiert weitgehend nach wie vor die bezahlte Mehrarbeit. Tückisch ist der Übergang dann, wenn die Umwandlung von bezahlter Mehrarbeit in Regelarbeitszeit zwar vordergründig gelingt, aber die variable Regelarbeitszeit sich als Konstruktion zur unentgeltlichen Verlängerung von Arbeitszeit herausstellt. Von der ersten Variante handelt dieses Kapitel, der zweiten Variante widmet sich das folgende Kapitel.

11.1 Wahlmöglichkeit zwischen bezahlter Mehrarbeit und Freizeitausgleich

In einigen unserer Samplebetriebe können die Akteure im Betrieb zwischen variablen Regelarbeitszeiten und bezahlter Mehrarbeit wählen. In der Arbeitszeitpraxis der Organisationen spielt diese Option jedoch nur eine geringe Rolle. Dies gilt vor allem für die Fälle Luftschiff und IT-Services.
   Zwar ist bei Luftschiff ein starkes Wachstum von Mehrarbeit mit Freizeitausgleich zu beobachten. So haben sich die Zeitkontenstände auf den Arbeitszeitkonten seit deren Einführung mehr als verachtfacht und lagen im März 2002 bei knapp 136.000 Stunden. Das entspricht einem Durchschnitt von knapp 70 Stunden pro Beschäftigtem. Betrachtet man Langzeit- und Arbeitszeitkonto zusammen, so befindet sich der Schwerpunkt der Verteilung erwartungsgemäß bei Kontenständen von zehn bis 100 Stunden. 50% der Beschäftigten liegen in die-

sem Bereich. Weitere knapp 24% haben Saldenstände unter zehn Stunden, die restlichen rund 26% weisen Salden von über 100 Stunden auf. Bei den hohen Saldenständen von über 300 Stunden dominieren eindeutig Drei-Schichtler und Meister, die zu einem erheblichen Anteil ebenfalls im Drei-Schicht-Betrieb arbeiten, angereichert durch einige Instandhalter. Erklärungsansätze für die hohen Saldenvolumina dieser Beschäftigtengruppen sind zum einen der kontinuierliche Zufluss der so genannten Waschzeiten der Drei-Schichtler in die Langzeitkonten, zum anderen aber auch die in den Interviews hervorgehobene hohe Arbeitsbelastung bei Meistern und Instandhaltern gerade im Zusammenhang mit der Einführung und Umsetzung von Gruppenarbeit. Zunächst einmal spiegeln sich also in diesen Zahlen die unterschiedlichen Möglichkeiten verschiedener Beschäftigtengruppen wider, Zeitguthaben aufzubauen.

Doch die Zahlen der Kontenentwicklung dürfen nicht darüber hinwegtäuschen, und dies ist der hier entscheidende Punkt, dass die bezahlte Mehrarbeit bis zum Ende des Hochlaufs im Werk die Bedeutung der Zeitkonten bei weitem überstieg. Zur Erinnerung sei angemerkt, dass die Konten in der Produktion – mit Ausnahme der Gleitzeitstunden der Normalschichtler – ja vor allem durch Mehrarbeit gefüllt werden, für die ein Freizeitausgleich vorgesehen ist. Ob aber überhaupt Mehrarbeit mit Freizeitausgleich auf die Konten gestellt wird, hängt formal betrachtet vom Wunsch des Beschäftigten ab. 19,3% der Beschäftigten gaben nach unserer Fragebogenerhebung an, dass sie in den letzten Jahren mehr als 20 Mehrarbeitsstunden pro Jahr gemacht haben, 33,4% hatten mehr als 50 Stunden und knapp 30% mehr als 100 Mehrarbeitsstunden. Diese Stunden sind zu einem großen Teil nicht auf den Konten gelandet. Betrachtet man die Zeiten umgerechnet in Mannjahre, so ist festzustellen, dass von Dezember 1999 bis Dezember 2001 zwar das Jahresvolumen der Zeitkonten von 15 auf 25 Mannjahre gestiegen war. Im selben Zeitraum bewegte sich aber das Jahresvolumen der bezahlten Mehrarbeit mit einem Anstieg von 70 auf 93 Mannjahre auf einem rund viermal höheren Niveau.

Die Einrichtung der flexiblen Arbeitszeitregulierung hat die bezahlte Mehrarbeit also zwar ergänzt, sie ist aber noch weit davon entfernt, dieses klassische Instrument zu ersetzen. Auch aus Sicht der betrieblichen Experten ist der bislang erzielte Nutzungsgrad des Kontos mit Blick auf das Ziel der internen Flexibilisierung noch nicht zufrieden stellend. Damit scheint auch die von den Betriebsparteien getragene Gleichung interne Flexibilität gegen Beschäftigungssicherung noch nicht richtig aufgegangen zu sein.

Dieses Ergebnis ist einigermaßen überraschend. Denn bei Luftschiff war die Normbindung der Regulierung relativ hoch. Die Beschäftigten kannten die Regelungen gut und hatten sie auch insgesamt weitgehend akzeptiert. Und doch hakte es beim Übergang von bezahlter Mehrarbeit zu Mehrarbeit mit Freizeitausgleich. In den Interviews wurde deutlich, dass viele Beschäftigte auf den Ein-

Bezahlte Mehrarbeit – der einfachste Weg 131

kommenszuwachs durch Mehrarbeit kaum verzichten wollten, sofern sie sich an diesen bislang gewöhnt hatten. In einigen Bereichen hat sich die informelle Regelung eingespielt, dass Mehrarbeit am Wochenende ausbezahlt wird, während Mehrarbeit in der Arbeitswoche in Freizeit entnommen wird.

„Samstagsarbeit, das nimmt jeder in Geld. Aber was unter der Woche läuft, das geht zunächst ins Gleitzeitkonto." (Beschäftigter Luftschiff)

Zwar haben sich die Akzente etwas verschoben, doch von einer Ersetzung der eingespielten „Auszahlungskultur" durch eine „Freizeitkultur" im Zuge der Einführung der neuen Arbeitszeitregelung kann keine Rede sein. Hinzu kommt, dass auch der Betriebsrat als zentraler Promotor der Regulierung nicht immer konsequent für den Freizeitausgleich geworben hat, wie der Betriebsratsvorsitzende einräumt:

„Bei der Einführung der Regelung sind wir konsequent für diesen Punkt (den Freizeitausgleich, T.H.) eingetreten und haben versucht, die Beschäftigten zu überzeugen. Im letzten Hochlaufjahr haben wir das aber nicht mehr so konsequent gemacht. Da haben wir die Aufklärung nicht mehr so betrieben. Schließlich gab es ja auch 260 feste Neueinstellungen letztes Jahr." (Betriebsratsvorsitzender Luftschiff)

Möglicherweise deuten die Probleme ein Konstruktionsdefizit der Regulierung an. Denn das Arbeitszeitkonto ist ja auch und vor allem ein Mehrarbeitskonto. Überstunden werden zunächst wie traditionelle Mehrarbeit gehandhabt und können erst danach in Mehrarbeit mit Freizeitausgleich umgewandelt werden. Diese Umwandlung aber ist freiwillig. Umso mehr kommt es auf die Anreize für die Beschäftigten an, dies auch zu tun. Und umso größer ist die Verantwortung der Betriebsparteien, Anreize dafür zu setzen. Offensichtlich aber sind diese Anreize nicht groß genug.

Noch einseitiger fällt die Bilanz bei IT-Services zugunsten der bezahlten Mehrarbeit aus. Auch bei IT-Services wird in erheblichem Umfang Mehrarbeit geleistet. Aggregierte Zahlen liegen zwar nicht vor. Aus den Experten- und Beschäftigteninterviews wissen wir aber, dass traditionell am Standort in großem Umfang Mehrarbeit geleistet wurde und wird. Verantwortlich dafür ist den Interviews zu Folge die in vielen Bereichen dünne Personaldecke des Standorts:

„Die Mehrarbeit ist in letzter Zeit eher mehr geworden, trotz der Versuche..., bezahlte Mehrarbeit abzubauen. Wir hatten bei uns am Standort schon immer viele Personalengpässe. Wir haben deshalb auch schon immer viel Mehrarbeit gemacht. Die Mehrarbeit wird bei uns nicht angeordnet, die bestimmen die Mitarbeiter. Jetzt wird es eher noch mehr Mehrarbeit geben, denn wir haben weniger Mitarbeiter. Außerdem wollen viele Mitarbeiter offensichtlich eher das Geld als den Freizeitausgleich. Das ist ja auch eine persönliche Angelegenheit." (Referentin Human Resources IT-Services)

In den Beschäftigteninterviews haben die Beschäftigten genauere Angaben über ihre Mehrarbeitsumfänge gemacht. Diese schwanken in der Regel stark; doch sind Mehrarbeitsvolumina bis zu 60 oder 70 Stunden pro Monat als Belastungsspitzen keine Ausnahme. Stellvertretend dafür sei ein Beschäftigter zitiert:

„Ich habe in den letzten Jahren bezahlte Mehrarbeit in größerem Umfang gemacht, das kann ich so sagen. Ich hatte fast immer Überstunden auf meinem Gehaltszettel. Das konnte stark schwanken, ich würde sagen von zehn bis zu 70 Stunden pro Monat." (Beschäftigter)

Der Ergänzungstarifvertrag sieht vor, dass die Mitarbeiter entscheiden (laut Regelung unter Berücksichtigung der betrieblichen Notwendigkeiten), welche Zeiten als Gleitzeiten anzurechnen sind, welche Zeiten ausbezahlt werden sollen und ob er ein Arbeitszeitbudget einrichten möchte. Freilich muss die Mehrarbeit im Unterschied zur Gleitzeit im Voraus beantragt werden. In der Praxis läuft es meist so, dass die Beschäftigten Mehrarbeit eigenständig beantragen, wenn ihr Gleitzeitkonto absehbar überzulaufen droht. Dies ist ein neuartiger Umgang mit Mehrarbeit. Nicht, wie traditionell üblich, der Vorgesetzte ordnet die Mehrarbeit an, sondern der Beschäftigte entscheidet selbst über sein Mehrarbeitsvolumen und teilt dies dem Vorgesetzten mit, der dann seinerseits die Mehrarbeit beim Betriebsrat beantragt. Hier hat sich also die Praxis der Beantragung von Mehrarbeit der Funktionsweise der indirekten Steuerung angepasst. Die Beschäftigten pflegen einen eigenverantwortlichen Umgang mit der Arbeitszeit nach Maßgabe der betrieblichen Bedürfnisse.

Wegen dieser Regelung spielt in der Praxis übrigens auch die Kappung von Gleitzeitguthaben keine wichtige Rolle, obwohl sie in der Gleitzeitregelung des Standortes ja eigentlich vorgesehen ist. Kappung ergibt sich wenn dann entweder als Versäumnis oder als bewusste Entscheidung der Beschäftigten. Sie kann jedenfalls jederzeit durch bezahlte Mehrarbeit umgangen werden.

Diese Freizügigkeit der Regelung kann auf der einen Seite als Stärkung von Zeitautonomie gewertet werden. Auf der anderen Seite steht und fällt das politische Ziel der Reduzierung der tatsächlichen Arbeitszeiten mit den individuellen Entscheidungen der Beschäftigten, in denen Zeit- und Geldpräferenzen konkurrieren. Und dies geschieht nun unter ungleichen Konkurrenzbedingungen. Denn die Aushandlung von Arbeitszeitbudgets – als Voraussetzung für späteren Zeitausgleich – ist in der Praxis ein deutlich aufwendigerer und schwierigerer Vorgang als die Beantragung von Mehrarbeit, die bislang stets problemlos genehmigt wurde. Trotz der hohen Mehrarbeitsumfänge gab es seit Einführung des ETV am Standort lediglich 29 beantragte Arbeitszeitbudgets, die sich auf 23 Personen verteilten. Die jeweiligen Umfänge der Arbeitszeitbudgets können nicht näher bestimmt werden, zumeist handelte es sich jedoch um Budgets, die für ein Jahr abgeschlossen wurden und die eine moderate Erhöhung der Wochenarbeitszeit von zwei bis vier Stunden vorsahen. Damit hat also nur etwa ein Zwanzigstel der Beschäftigten, für die diese Regelung am Standort in Frage gekommen wäre, das Tool Arbeitszeitbudget als Alternative zur Mehrarbeit genutzt.

Zu dieser geringen Nutzung trägt auch ein Informationsdefizit der Beschäftigten über Inhalte und Möglichkeiten der kollektiven Regulierung bei. Nur etwa die Hälfte der Interviewten wusste um die Möglichkeiten des ETV, einige hatten nur eine dunkle Ahnung, und andere kannten Arbeitszeitbudgets gar nicht:

„Das mit den Arbeitszeitbudgets, was Sie sagen, das kenne ich nicht. Das wird aber auch bei uns so nicht angeboten ... Also, unseren Bereich betrifft das nicht." (Beschäftigter IT-Services)

„Arbeitszeitbudget und Langzeitkonto, das ist nicht sehr populär, also populär im Sinne von bekannt. Jeder bei uns weiß zwar, dass es das gibt, aber kaum einer hat sich die Mühe gemacht, sich darüber genauer zu informieren." (Beschäftigter IT-Services)

Eine wichtige Ursache für dieses Informationsdefizit liegt wohl auch in Mängeln begründet, die die Aufklärung über die genauen Inhalte des ETV betreffen:

„Das hat zwei Jahre gedauert, bis das überhaupt angenommen wurde. Ich denke, dass sich viele Vorgesetzte nicht so gut mit dem ETV vertraut gemacht haben. Und auch die Mitarbeiter haben keine Schulung im ETV erhalten und wissen deshalb nicht, welche Möglichkeiten sie haben." (Referentin HR IT-Services)

Von den Betriebsparteien kommen also nur geringe Anreize für die Nutzung der neuen Regulierung. Ein beschäftigungspolitischer Ausgleich für hohe Mehrarbeitsvolumina, so wie er bei Luftschiff zumindest ansatzweise praktiziert wurde, liegt bei IT-Services gänzlich außerhalb der Reichweite der betrieblichen Akteure. Denn die Vorgaben der Personalausstattung werden in der Konzernzentrale entschieden, und derzeit bestehen Auflagen für einen weiteren Personalabbau.

11.2 Abbau von Überstunden durch Übergang zur 40-Stunden-Woche?

Auch bei *HighTech* wird eine Wahlmöglichkeit geboten, und zwar zwischen bezahlter Mehrarbeit und Übergang zur 40-Stunden-Woche mit partiellem Zeitausgleich. In der Praxis jedoch wird die 40-Stunden-Woche von Seiten des Unternehmens und des Betriebsrates durch einen restriktiven Umgang mit bezahlter Mehrarbeit politisch aktiv unterstützt. Das Hauptinstrument dafür ist die Kontingentierung und Priorisierung von Mehrarbeit. Den Bereichen stehen nur noch bestimmte Volumina von Mehrarbeit zur Verfügung, und sie entscheiden nach Priorität, wo Mehrarbeit einzusetzen ist.

„Ich habe im ersten halben Jahr etwa 80 Stunden Mehrarbeit pro Monat gearbeitet. Das liegt natürlich auch an den Reisezeiten, die da einfließen ... Ich habe jetzt versucht, auf 30 bis 40 Stunden pro Monat runter zu gehen. Zwischendurch hatten wir ja mal eine Totalsperrung bezahlter Mehrarbeit. Jetzt aber sind um die 30 Stunden drin, natürlich auf der Grundlage der 40-Stunden-Woche. Ich bettele dann den Abteilungsleiter um Überstunden an. Die Kontingente verteile ich dann auf das Team." (Beschäftigter HighTech)

Kontingentierung und Priorisierung bedeutet auch, dass die Mehrarbeit ungleich zwischen Bereichen und Projekten verteilt wird. So gibt es in manchen Projekten gar keine Mehrarbeit mehr, in anderen Projekten sind die Mehrarbeitsvolumina aber immer noch sehr hoch. Wird Mehrarbeit gestrichen, können Projekte nicht mehr realisiert werden oder vorher übliche Arbeitsumfänge nicht mehr bearbeitet werden.

„Das Ganze fiel bei uns mit einer Phase zusammen, in der Mehrarbeit zusammengestrichen wurde. Da wurde mit dem Gießkannen-Prinzip über den Konzern hinweggegangen. Die Überstunden wurden gedeckelt. Dadurch sind die Gruppen- und Projektleiter in Bedrängnis gekommen. Wie soll ich die Projekte noch realisieren? Die Alternative war, entweder Projekte fallen zu lassen oder in die 40 Stunden zu gehen." (Beschäftigter HighTech)

Hohe Mehrarbeitsvolumina hängen an der strategischen Bedeutung, die einzelnen Projekten beigemessen wird. Diese Bedeutung ist häufig auch Ergebnis von Interventionen der Kunden. Wenn wegen mangelnder Stundenkapazitäten Aufträge nicht schnell genug oder nicht im erwarteten Umfang oder in der erwarteten Qualität bearbeitet werden können, interveniert der Kunde. Solche Konflikte können bis zur Bereichsgeschäftsleitung eskalieren, die dann zu entscheiden hat, ob Sonderkontingente an Mehrarbeit zu vergeben sind:

„Wir hatten dann massiven Druck vom Kunden, weil wir eine Aufgabe nicht mehr zeitgemäß erledigt haben. Viele der 35-Stündler konnten ja keine Mehrarbeit mehr machen. Da ist der Kunde dann bis zur Geschäftsleitung gegangen, und die haben dann ein Sondervolumen an Mehrarbeit genehmigt." (Beschäftigter HighTech)

Durch die Kontingentierung ist die Mehrarbeit insgesamt stark zurückgefahren worden. Dies hatte für die Beschäftigten zwei Konsequenzen. Erstens konnten sie ihre Aufgaben nicht mehr im gewohnten Umfang erfüllen, denn das Arbeitsvolumen ist ja nicht parallel zu den Stunden reduziert worden. Und zweitens hatten sie, soweit sie vorher in größerem Umfang Mehrarbeit gemacht hatten, empfindliche Einkommenseinbußen hinzunehmen. In dieser Situation bot die 40-Stunden-Woche die Chance, sowohl die Arbeitszeit wieder zu erhöhen als auch Teile des Einkommensverlustes wett zu machen. Ein Beschäftigter bringt es auf den Punkt:

„40 Stunden, da gibt es mehr Gehalt und auch die Arbeit kann man besser erledigen." (Beschäftigter HighTech)

Immerhin haben sich in dem halben Jahr zwischen Einführung des ETV und Durchführung unserer Fallstudie von den 2.600 möglichen Teilnehmern im Werk über 1.300, über 50% also, für die Teilnahme am ETV und für die Verlängerung ihrer vertraglichen Wochenarbeitszeitstunden entschieden.

Allerdings spielt nach Aussagen der Beschäftigten gerade die Frage des Gehalts auch die entscheidende Rolle für die Beschäftigten, die nicht an der Arbeitszeitregelung teilgenommen haben, da die zusätzliche Regelarbeitszeit ja wegen des teilweisen Zeitausgleichs nur zu einem Teil ausbezahlt wird.

„Bei mir im Team sind es nur zwei von 15 Mitarbeitern, die den Vertrag abgeschlossen haben. Viele haben sich gedacht: Für die 40 Stunden Arbeit will ich auch 40 Stunden Geld. Wir sind auch im Schnitt jung, 30 bis 35. Da wollen sich die meisten jetzt eine Existenz aufbauen und nicht erst in 30 Jahren." (Beschäftigter HighTech)

„Außerdem reduziert sich halt bei einer 40-Stunden-Woche die zuschlagspflichtige Mehrarbeit. Wenn ich 40 Überstunden pro Monat mache, bekomme ich halt mehr als bei einer 40-Stunden-Woche mit 20 Überstunden, zumal von den 40 Stunden ja 2,5 Stunden nicht ausgezahlt werden." (Beschäftigter HighTech)

Vor dem Hintergrund dieser Aussagen erscheint gerade die Rückführung der Mehrarbeit als zentraler Erfolgsfaktor für die Implementierung des Langzeitkontos. Materiell, daran lassen die Interviews keinen Zweifel, werten die Beschäftigten die alte Vorgehensweise über Mehrarbeit als überlegenes Modell. Erst der radikale Schnitt bei der Mehrarbeitspolitik setzt die neue Regelung in die Spur.

Ob das Ziel einer weiteren Ausweitung der Teilnehmerquote an 40-Stunden-Woche und Langzeitkonto erreicht wird, das von Unternehmen und Betriebsrat geteilt wird, hängt in hohem Maße davon ab, ob der restriktive Umgang mit Mehrarbeit beibehalten wird. Beide Seiten ließen erkennen, dass sie ihren politischen Kurs der Reduzierung von Mehrarbeit einhalten wollen. Für die Unternehmensseite geht es dabei um die Annäherung von tatsächlichen und vertraglichen Arbeitszeiten, und mehr noch, um die Umwandlung der teuren Mehrarbeit in billigere Regelarbeitszeit. Für Betriebsrat und Gewerkschaft steht die Verkürzung der tatsächlichen Arbeitszeiten im Zentrum. Dies war ja ihr strategisches Interesse bei Aushandlung des Modells. Momentan kann der Betriebsrat ein positives Zwischenfazit ziehen, die Gleichung „Mehrarbeit gegen teilweisen Freizeitausgleich" scheint bislang aufgegangen. Er schränkt jedoch ein, dass der bisherige Erfolg mit der Mehrarbeitspraxis steht und fällt:

„Wir gehen davon aus, dass wir auf diese Weise die Arbeitszeit verkürzen. Wir hatten ja vorher einen Anteil von zehn Prozent Überstunden bei den Angestellten. Das wurde alles ausgezahlt. Jetzt müssen ja 2,5 Stunden pro Woche verpflichtend ausgeglichen werden. ... Eine Voraussetzung dafür ist natürlich auch, dass wir mit den Überstunden restriktiver umgehen. Da kommt uns natürlich jetzt die wirtschaftliche Lage entgegen. Aber wir wollen das als Betriebsrat generell." (Betriebsratsvorsitzender HighTech)

Gegen diese Sichtweise liegt der Einwand nahe, dass in den Bereichen der Forschung und Entwicklung die 40-Stunden-Woche von der geheimen zur offiziellen Arbeitszeitnorm erhoben wurde. Orientiert man sich jedoch an den tatsächlich geleisteten Arbeitszeiten und berücksichtigt den partiellen Freizeitausgleich, der mit dem Übergang zur vertraglichen 40-Stunden-Woche verbunden ist, so dürfte der Betriebsrat recht haben mit seiner Interpretation, dass trotz der Ausweitung der vertraglichen Arbeitszeiten die tatsächlichen Arbeitszeiten reduziert werden konnten. Dies ist allerdings nicht allein auf die Regulierung selbst zurückzuführen, sondern vor allem auf die Gestaltung der Kontextbedingungen durch die Mehrarbeitspolitik der Betriebsparteien

11.3 Verhandlungen im Vorfeld als Mitbestimmungsschwelle

Ein wiederum anderer Weg wird bei *Software* gegangen, obwohl auf den ersten Blick die Konstruktion der Arbeitszeitregulierung der von IT-Services sehr ähnlich ist. In der betrieblichen Praxis bei Software haben – im Unterschied zu IT-Services – die Arbeitszeitbudgets als Kerninstrumente eines neuen Umgangs mit Mehrarbeit eine vergleichsweise große Bedeutung. Woran liegt dies?

Ein erster Unterschied zu IT-Services besteht darin, dass die Stellung und der Status der bezahlten Mehrarbeit verändert wurden. Mehrarbeit ergibt sich nur noch nachträglich als Entscheidung der Beschäftigten über die Verwendung ihrer bereits geleisteten Überstunden, nicht mehr im Vorhinein als Entscheidung darüber, ob Überstunden in Form von bezahlter Mehrarbeit oder variabler Regelarbeitszeit geleistet werden sollen.

Damit aber, und hier liegt der zweite und entscheidendere Unterschied, wurden Aushandlungen über Arbeitszeitbudgets als fester und unumgehbarer Verfahrensschritt institutionalisiert. Bei Überschreitungen der Regelarbeitszeit und absehbarer Erreichung der Kappungsgrenzen sind Gespräche über Arbeitszeitbudgets zwingend zu führen. Die Beschäftigten können nicht, wie bei IT-Services, wählen, ob sie nicht vielleicht lieber auf traditionelle Weise Mehrarbeit beantragen, denn die Beantragung von Mehrarbeit gibt es als Verfahren nicht mehr. Hierin unterscheidet sich die Regelung von Software auch von der Regelung bei Luftschiff, wo der Beschäftigte zwar auch ex post über die Verwendung entscheidet, wo aber erst nach dieser Entscheidung mögliche Aushandlungsprozeduren über den Transfer auf das Langzeitkonto vorgesehen sind.

Bezahlte Mehrarbeit – der einfachste Weg

Schließlich werden auch für die nachträgliche Entscheidung über die Form der Entnahme die Anreize anders gesetzt. Zuschläge auf Mehrarbeit wurden bei Software abgeschafft. Dies geschah sicherlich vor allem, um die Kosten der Mehrarbeit für das Unternehmen zu verringern. Zugleich aber sollen auf diese Weise auch die Anreize für die Beschäftigten sowohl zur Ableistung als auch zur Auszahlung von Überstunden gedämpft werden.

Die uns zur Verfügung stehenden Zahlen zeigen, dass diese Regelung mit Blick auf die Umwandlung von bezahlter Mehrarbeit in Freizeitausgleich nicht ohne Erfolge war, auch wenn es noch weiterhin bezahlte Mehrarbeit gibt. So hat eine Veränderung der Vergütungspraxis eingesetzt. Der Anteil bezahlter Mehrarbeit konnte reduziert, der Anteil der Freizeitansprüche konnte erhöht werden. Haben sich früher die Beschäftigten ihre Überstunden zu 80% auszahlen lassen, so werden mittlerweile nur noch 60% ausbezahlt und 40% der Überstunden auf das Langzeitkonto gebucht. Diese Veränderung zeigt, dass sich das Langzeitkonto als Instrument der Arbeitszeitgestaltung inzwischen etabliert hat. Die Beschäftigten haben das Langzeitkonto zumindest als Alternative zur Auszahlung von Zusatzzeitbudgets akzeptiert. Zugleich liegen die Zeitguthaben auf den Konten in der Summe auf einem vergleichsweise niedrigen Niveau, was für eine gut funktionierende Kontrolle der Arbeitszeitentwicklung spricht. Darauf wird noch zurückzukommen sein.

Auch ist es nicht so, dass die Arbeitszeiten statt in die Bezahlung in die Kappung von Gleitzeit gegangen wären, also unter der Hand in unbezahlte Mehrarbeit verwandelt worden wären. Im Gegenteil, die Liste der Kappungen ist rückläufig. Eine Grauzone der Regulierung in nennenswertem Umfang existiert nicht. Die Anzahl der Kappungen hat sich seit Inkrafttreten der Kappungsregel deutlich reduziert, und zwar von 42 Kappungsfällen im März 2001 bis auf 17 Kappungsfälle im September 2002; in den Jahren 2001 und 2002 hat sie sich auf einen Wert stabilisiert, der um 18 Kappungen pro Monat herum pendelt. Diese Zahl bezieht sich auf insgesamt 1.034 im Zeitkonto beschäftigten Mitarbeiter des Unternehmens. Kappungen kommen also im Schnitt bei gut 1,7% der Mitarbeiter vor. Sie sind daher ein Ausnahmephänomen. Auch die Höhe der Kappungen hat sich auf einen Wert von inzwischen durchschnittlich weniger als zehn Stunden verringert. Die Kappungspraxis ist damit in hohem Maße regelungskonform, denn Kappung wird, anders als in vielen Gleitzeitvereinbarungen, in der Regelung nicht als Normalfall, sondern als Verstoß gegen den Normalfall interpretiert.

11.4 Zusammenfassung

Der mit der Rede von der Arbeitszeitflexibilität immer mitgedachte Übergang von der bezahlten Mehrarbeit zur Variabilisierung der Regelarbeitszeit ist offensichtlich nicht so selbstverständlich, wie dies auf den ersten Blick der Fall zu sein scheint. Im Gegenteil, in zwei unserer fünf Sampleunternehmen spielt bezahlte Mehrarbeit in unterschiedlichem Umfang noch immer eine wichtige Rolle.

Ein Grund dafür ist die Konstruktion der Regelungen. So stellen die ausgefeilten Kontensysteme der Ergänzungstarifverträge bei IT-Services und Luftschiff nur Angebote, Wahloptionen für die Akteure dar. Die Arbeitszeitbudgets bei IT-Services eröffnen gewissermaßen einen zweiten Verfahrensweg, lassen aber den traditionellen Verfahrensweg bezahlter Mehrarbeit in seiner Geltung unberührt. Weil aber der Weg der Beantragung von Arbeitszeitbudgets – im Vergleich zum fast schon automatisierten Verfahren der Beantragung von Mehrarbeit – mühsam und beschwerlich ist, werden die Anreize klar in Richtung klassische Mehrarbeit gesetzt. Erschwerend kommt hinzu, dass bei IT-Services und Luftschiff die Auszahlung durch Zuschläge nach wie vor privilegiert wird. Derartige ökonomische Anreize wurden bei Software abgeschafft, und die dort verzeichneten Erfolge auf dem Weg zu einer Umwandlung bezahlter Mehrarbeit in Freizeitansprüche lassen sich zu einem guten Teil auf die Regelung zurückführen, Mehrarbeit nicht mehr mit Zuschlägen zu versehen.

Für Betriebsräte erscheint der Versuch, eingespielte Auszahlungskulturen abzuschaffen, als politisch riskante Strategie. Bei Software hat er sich dennoch ausgezahlt. Die Beschäftigten sind zufrieden mit der Regulierung, und die Popularität des Betriebsrates hat sich in der Folge eher noch erhöht. Möglicherweise liegt dies daran, dass die Regelung genau das Problem lösen konnte, das der Regulierung vorausging, nämlich die hohen Saldenstände auf den Arbeitszeitkonten zu beseitigen, die die Beschäftigten nicht mehr abbauen konnten. Jetzt wird über die Frage, ob länger gearbeitet werden soll, im Vorfeld verhandelt, und wenn Mehrarbeit geleistet wird, stehen den Beschäftigten zwei finanziell gleichgestellte Alternativen des Ausgleichs zur Wahl.

Bei Software und HighTech ist auch zu beobachten, dass es aber nicht allein auf die Konstruktion einer Regelung ankommt, sondern vor allem auf den Umgang der betrieblichen Akteure mit ihr. So verfolgen bei HighTech die Betriebsparteien – aus unterschiedlichen Motiven – eine restriktive Mehrarbeitspolitik, die viele Beschäftigte vor die praktische Alternative einer 35-Stunden-Woche oder einer vertraglichen 40-Stunden-Woche mit partiellem Zeitausgleich stellt. Bei Software wird durch die Politik der Betriebsparteien die vertragliche 40-Stunden-Woche auch zur Norm in der Arbeitszeitpraxis, worauf wir im Kapitel über Mitbestimmung noch ausführlicher zurückkommen werden. Daraus lässt sich lernen, dass normative Bindekraft eine aktive Unterstützung durch die Betriebsparteien braucht. Die praktische Wirksamkeit einer Arbeitszeitregulierung benötigt aktive Promotoren.

Über allen von uns untersuchten Lösungswegen hängt jedoch das Damoklesschwert der Personalpolitik der unteren Linie. Wie der Fall HighTech zeigt, können bei einem restriktiven Umgang mit Mehrarbeit die tatsächlichen Arbeitszeiten verkürzt werden, obwohl die vertraglichen Arbeitszeiten verlängert wurden. In der Folge wird eben in manchen Bereichen einfach kürzer gearbeitet. Es findet eine Prioritätensetzung durch die Beschäftigten statt, die durchaus auch förderlich für die Produktivitätsentwicklung des Unternehmens sein kann. Die Frage ist allerdings, wie lange dieser Zustand durchgehalten werden kann. Problematisch für die Unternehmen wird die Situation dann, wenn von den Beschäftigten Arbeiten nicht mehr durchgeführt werden können, die für die langfristige Funktionsfähigkeit der Bereiche von Bedeutung sind. Dann kann aus der Verknappung der Arbeitszeit eine Gefährdung der Leistungs- und Innovationsfähigkeit des Unternehmens resultieren. Eine Personalpolitik der unteren Linie wird dann zumindest in einer Phase des Aufschwungs an ihre Grenzen stoßen. In dieser Situation stellen sich zwei strategische Alternativen: Entweder die tatsächlichen Arbeitszeiten über bezahlte Mehrarbeit wieder zu erhöhen, oder die Personalausstattung der Bereiche zu verbessern.

Welche dieser Alternativen ergriffen werden können ist unklar. Die Arbeitszeitregulierung selbst eröffnet dafür keine eindeutigen Vorgaben. Immerhin aber werden durch die Arbeitszeitregulierung beide Optionen als politische Alternativen sichtbar. Damit aber werden die Konesequenzen der Marktsteuerung zu einem politischen Problem in den Organisationen. Promotoren der Arbeitszeitregulierung werden sich früher oder später mit den Steuerungsformen ihres Unternehmens auseinander setzen müssen. Auch dies kann eine nicht zu unterschätzende Funktion der Arbeitszeitregulierung sein.

12. Unbezahlte Mehrarbeit als „sachliche Notwendigkeit"

Tückisch wird der Übergang von bezahlter Mehrarbeit zu variabler Regelarbeitszeit dann, wenn daraus Grauzonen der Arbeitszeit entstehen, indem Arbeitszeiten nicht mehr erfasst und nicht mehr entgolten werden. Genau genommen wird damit der Anspruch flexibler Arbeitszeitmodelle ad absurdum geführt. Denn bezahlte Mehrarbeit wird direkt in unbezahlte Arbeitszeit verwandelt. Dies ist, wie der Fall Kommunikator zeigt, das Ergebnis einer Arbeitszeitregulierung mit geringer praktischer Wirksamkeit unter den Bedingungen einer umfassenden Marktsteuerung. Die kollektive Arbeitszeitregulierung ist in dieser Konstellation nicht in der Lage, die Anreize zur Verlängerung der Arbeitszeiten zu bändigen, die von der strategischen Marktsteuerung auf Unternehmensebene und der indirekten Steuerung auf der Ebene der Arbeitsorganisation ausgehen. Sie bietet auch für die betrieblichen Akteure keine Ansatzpunkte politischen Handelns. Mit der Politik der unteren Personallinie werden die Ressourcen der dezentralen Einheiten beschnitten. Und in der Selbstorganisation der Beschäftigten unter den Bedingungen der indirekten Steuerung wird das Kostenproblem der Unternehmen in ein Arbeitszeitproblem der Beschäftigten umgedeutet. In der Konsequenz geht jede Transparenz und Kontrolle über die tatsächlichen Arbeitszeiten verloren. Weil auf diese Weise Organisationsprobleme privatisiert werden, fehlen Anreize für eine Reflexion der Probleme in der Organisation. Organisatorischen Lernprozessen werden wichtige Grundlagen entzogen.

12.1 Das Verfallen geleisteter Arbeitszeit

Bei Kommunikator sind das Nichterfassen und das Nichtentlohnen von Arbeitszeit gängige Praxis. Anders formuliert könnte man sagen, dass sich bei Kommunikator eine eigene Art der Lösung des Problems der Umwandlung von bezahlter Mehrarbeit in Regelarbeitszeit eingespielt hat. Diese „Lösung" lautet kostenlose Mehrarbeit. In der Folge entsteht eine Grauzone der Arbeitszeit, hinter der sich teilweise überlange Arbeitszeiten verbergen.

Zunächst einmal ist festzuhalten: Aggregierte Daten über die Entwicklung der tatsächlichen Arbeitszeiten in diesem Betrieb gibt es nicht. Das liegt zum einen daran, dass bei Kommunikator die Zeiterfassung dezentralisiert wurde und auf die Einrichtung institutionalisierter Berichtswege verzichtet wurde, die dezentrale Daten in eine zentrale Datenerfassung überführen würden. Die Daten werden dezentral erfasst und dezentral gesammelt, eine Weiterleitung in eine zentrale

Statistik findet jedoch nicht statt. Dem entspricht die in der Regelung vorgesehene Durchführung von Stichproben durch die Geschäftsleitung oder durch den Betriebsrat. Damit können zwar Erkenntnisse über die Entwicklung der Arbeitszeiten gewonnen werden, doch sind diese nur fall- oder bereichsbezogen.

Zum anderen aber besteht zumindest beim Betriebsrat eine – nach den Interviews mit den Beschäftigten als berechtigt zu bezeichnende – gehörige Portion Skepsis hinsichtlich der Güte und der Genauigkeit der von den Beschäftigten aufgezeichneten Zeiten. Es wird davon ausgegangen, dass zumindest Teile der Beschäftigten ihre Zeiten nicht genau erfassen, um möglichen Problemen, die mit der Dokumentation überlanger Arbeitszeiten außerhalb des Arbeitszeitrahmens verbunden sein könnten, aus dem Wege zu gehen. Darauf ist noch zurückzukommen. An dieser Stelle ist von Bedeutung, dass bei Kommunikator mit der Dezentralisierung der Zeiterfassung eine Grauzone der Arbeitszeiten sowohl mit Blick auf die vorhandenen Informationen zur Entwicklung der Arbeitszeiten als auch mit Blick auf die Erfassung der Arbeitszeiten selbst entstanden zu sein scheint.

Die Ursache dafür kann aber nicht allein im Sachverhalt der Dezentralisierung der Zeiterfassung begründet sein. Ein solches System gibt es ja auch bei Software, und dort konnten Grauzonen der Arbeitszeit als verbreitetes Phänomen nicht festgestellt werden. Im Gegenteil, dort scheint die Genauigkeit der Zeiterfassung mit der neuen Arbeitszeitregulierung eher gestiegen zu sein. Viel spricht also dafür, die Gründe an anderer Stelle zu suchen. Dabei ist der Blick zunächst auf die Arbeitszeitregulierung selbst zu richten.

Auch dafür ist der Vergleich zu Software instruktiv. Denn auf den ersten Blick weisen die Regulierungen ja einige Ähnlichkeiten auf, darunter die Regel, Gleitzeitguthaben bei Erreichen eines Schwellenwertes zu kappen. So ähnlich an diesem Punkt die Regelung, so unterschiedlich die Praxis. Wie bereits betont, bewegen sich Kappungsquoten bei Software auf sehr niedrigem Niveau und sind zudem rückläufig. Zudem hat die Kappung eine wichtige Funktion für die praktische Wirksamkeit der Arbeitszeitregulierung. Die Gefahr, für geleistete Arbeitszeit keine Ansprüche in Geld oder Freizeit geltend machen zu können, hat die Beschäftigten nämlich offensichtlich für ihre Arbeitszeit auf eine Weise sensibilisiert, wie sie zuvor nicht bestand, als Arbeitszeitkonten quasi unbegrenzt anwachsen konnten. Dies führt sogar so weit, dass bei Software einige Beschäftigte Tricks entwickeln, wie sie auch in temporären Drucksituationen Kappungen vermeiden können. Wir haben diese Tricks als Schattensysteme der Arbeitszeit bezeichnet. Darauf ist kurz einzugehen.

Als Schattensysteme bezeichnen wir Umgangsweisen mit der Arbeitszeit, die informell und mehr oder weniger unter der Hand einzelne Elemente der Arbeitszeitregelung umgehen, ohne jedoch das System als Ganzes zu sprengen. Bei Software sind uns zwei Typen von Schattensystemen begegnet. Beide Typen stellen Versuche dar, die Kappung von Gleitzeitguthaben zu vermeiden, ohne die Kappungsgrenzen einhalten zu müssen. Das erste System besteht in der Verschiebung einzelner Stunden im Rahmen der Zeitaufschreibung. Die Stunden werden nicht an den Tagen eingegeben, an denen sie angefallen sind, weil sie dann in die Kappung gehen würden, sondern an anderen Tagen, an denen die Situation auf dem Konto entspannter ist.

> „Ich bin auch schon in die Kappung gekommen. Das ist ein großes Problem: Es gibt manchmal ein bis zwei Wochen, die einen hohen Zeitbedarf erfordern. Das sollte man dann ein bis zwei Wochen später, wenn es ruhiger ist, abgleiten können. Aber unsere Regelung besagt, dass bei über sechzig Stunden sofort gekappt wird. Ich schreibe zwar die Zeiten im Prinzip richtig auf. Wenn aber so was absehbar ist, vereinbare ich mit meinem Chef, dass ich mal ein paar Stunden verschiebe, damit das nicht sofort gekappt wird." (Beschäftigte Software)

Diese informelle Verschiebung von Arbeitszeiten findet nicht im Verborgenen statt, sondern wird vom Vorgesetzten mit getragen. Dies gilt auch für den zweiten Typ von Schattensystemen, den Aufbau eines Schattenkontos. Im Gegensatz zur Verschiebung einzelner Stunden dient das Schattenkonto einer langfristigen Neuverteilung der geleisteten Arbeitszeiten, die im offiziellen Kontensystem in die Kappung geraten wären. Im Schattenkonto werden Arbeitszeiten nicht mehr relativ zeitnah eingetragen, sondern vom Beschäftigten auf einem inoffiziellen Konto verbucht und erst langfristig als Arbeitszeiten auf dem Gleitzeitkonto deklariert. Nach außen wird der Anschein erweckt, als arbeite der Beschäftigte kontinuierlich acht Stunden am Tag:

> „Aktuell und aus Gewohnheit schreibe ich mir immer die Anfangs- und Endzeiten in meinen Kalender. Ich trage aber in meinen Bogen immer für den Tag die acht Stunden ein. Denn es gibt das Problem, dass ich trotz meines Zusatzzeitbudgets in den letzten Monaten noch mehr Stunden gearbeitet habe. Die kann ich aber nicht in das System eintragen, weil sie sonst gekappt würden. Ich versuche dann immer auch die Zeiten aus meinem ‚schwarzen Kasten' zu nehmen, wenn es geht, schreibe dann aber offiziell weiter die acht Stunden auf. Das ist, wenn sie so wollen, eine selbst definierte Gleitzeit, die so im System nicht erscheint. Das ist meinem Vorgesetzten auch bekannt, der sagt, das sei so in Ordnung ... So, wie wir das jetzt handhaben, ist das für mich in Ordnung. Wenn die Chemie mit dem Vorgesetzten nicht stimmt, ist die Motivation geringer und ich würde weniger arbeiten." (Beschäftigter Software)

Diese Schattensysteme stellen nach unserer Einschätzung in diesem Betrieb eher die Ausnahme als die Regel dar. Wir haben jedenfalls keine Indizien dafür, dass diese Praktiken eine weite Verbreitung im Unternehmen gefunden hätten. Es sind individuelle Arrangements mit den Härten des Systems, ohne jedoch das System außer Kraft zu setzen. Im Gegenteil, auch diese Beschäftigten akzeptieren und wollen die Arbeitszeitregelung mit Zeiterfassung, ansonsten hätten sie – freilich mit Zustimmung des Vorgesetzten – ganz aus der Zeiterfassung aussteigen und in die Vertrauensarbeitszeit wechseln können. Schattensysteme sind deshalb Regelabweichungen, die mehr zur Stärkung als zur Schwächung der normativen Bindekraft der Regulierung beitragen.

Trotz der Gefahr der Kappung ist die Zeiterfassung bei den Beschäftigten sehr populär. Die Zahl der Beschäftigten, die nicht in der erfolgsabhängigen Vergütung arbeiten und freiwillig in die Vertrauensarbeitszeit gewechselt sind, ist vernachlässigenswert gering. Derzeit sind nach Schätzungen der Experten lediglich zehn Beschäftigte freiwillig aus der Zeiterfassung ausgestiegen, das entspricht nicht einmal einem Prozent der in der Zeiterfassung Arbeitenden. Warum ist die Option Vertrauensarbeitszeit für die Beschäftigten so wenig interessant? In nahezu allen Beschäftigteninterviews ist deutlich geworden, dass die Anreize für die Vertrauensarbeitszeit zu gering sind. Einige Beschäftigte wären zwar bereit, in die Vertrauensarbeitszeit zu wechseln, aber nur, wenn dies mit merklichen Gehaltssteigerungen verbunden wäre. Denn es war der Tenor aller Interviews, dass Vertrauensarbeitszeit gleichzusetzen ist mit Arbeitszeitverlängerung. Hierzu wurde häufig das Beispiel der erfolgsabhängig Vergüteten herangezogen. Ohne entsprechende Aufstockung des Gehaltes und Beteiligung am Erfolg wird die Vertrauensarbeitszeit wohl kein Renner innerhalb der in der Regelung angebotenen Arbeitszeitoptionen.

Im Vergleich zu Software könnte man sagen, dass bei Kommunikator viele Beschäftigte das praktizieren, was bei Software als Vertrauensarbeitszeit bezeichnet wird, ohne dass dies dort so genannt wird. Denn sie verzichten in eigener Initiative auf eine korrekte und vollständige Erfassung ihrer Arbeitszeit. Die individuelle Arbeitszeit wird ganz der Erreichung des Arbeitsergebnisses untergeordnet. Anders als die Fälle der dezenten – und für die praktische Wirksamkeit der Regulierung durchaus funktionalen – Normabweichung bei Software haben wir bei Kommunikator eine Normabweichung vorgefunden, die die praktische Wirksamkeit der kollektiven Regulierung der Arbeitszeiten generell in Frage stellt. Dies lässt sich eindeutig an der Wirkung der Kappungsregel ablesen.

Hatte bei Software die Kappungsregel den Effekt, dass die Sensibilität der Beschäftigten für die Dauer ihrer tatsächlichen Arbeitszeiten gestärkt wurde, so ist bei Kommunikator genau der umgekehrte Fall eingetreten. Gleitzeitverfall ist in allen Bereichen des Standorts ein virulentes Problem.

> „Gleitzeitverfall, den habe ich, seit ich hier im Unternehmen bin. Mir wird immer etwas abgeschnitten. Ich habe aber auch immer mal längere Pausen gemacht, bin früher gegangen oder später gekommen ... Mit dem Gleitzeitverfall ist es so. Die vierzig Stunden hat man ja zusammen, ehe man sich versieht. Das hängt davon ab, wie viel man machen soll oder will. Man versucht zwar, das abzuarbeiten,

wenn die vierzig Stunden überschritten werden, aber das geht auch nicht immer. Ich weiß nicht, wie das die Kollegen machen. Wenn es mal zwei oder drei Stunden sind, kann man sagen: o.k., das verfällt, das ist nicht so schlimm. Wenn es aber zehn bis fünfzehn Stunden sind, muss man überdenken, wie man das handhaben soll. Da muss man notfalls auch zum Vorgesetzten gehen. Ich muss aber zugeben, das habe ich selber nie gemacht." (Beschäftiger Kommunikator)

„In den letzten zwei Jahren war es so, dass ich in meinem Gleitzeitkonto dauernd bei der Grenze von vierzig Stunden lag. Der Rest der Zeit wurde regelmäßig gekappt, jeden Monat aufs Neue. Mein Gleitzeitkonto war immer am Anschlag. Man sollte ja die Gleitzeit eigentlich abbummeln und das Konto gegen Null steuern." (Beschäftigter Kommunikator)

Diese Beispiele sind alles andere als Einzelfälle. Die Kappungsregel hat nicht zu einer Sensibilisierung der Beschäftigten geführt, sondern wirkt im Gegenteil als Einladung zur Entstehung einer Grauzone der Arbeitszeiten.

Dabei fragt es sich zunächst, warum eigentlich Gleitzeitverfall in einem Regulierungskontext entstehen kann, der ein beträchtliches Volumen an Mehrarbeit zur freien Disposition der Akteure stellt. Die Antwort auf diese Frage führt auf direktem Weg zum Kern des Problems, das durch den Gleitzeitverfall angezeigt wird:

„Mehrarbeit ist inzwischen ja mit dem Bonus abgegolten. Der Arbeitszeitbericht erfasst auch nur vierzig Stunden Gleitzeitüberhang. Alles, was darüber liegt, verfällt. Ich glaube, alle würden mich auslachen, wenn ich Mehrarbeit beantragen würde und das bei meinem Vorgesetzten anspreche. Anders ist das bei Leuten, die in Schicht arbeiten. Da kann ich mir das vorstellen. Ich bin mit meinen 40 Stunden immer am Limit, bei mir verfällt Gleitzeit regelmäßig. Früher war das etwas anderes. Da wurde Mehrarbeit ja noch bezahlt. Da habe ich auch darauf geachtet, die Mehrarbeit zu beantragen." (Beschäftigte Kommunikator)

In der Aussage dieser Beschäftigten schälen sich zwei Gründe dafür heraus, Gleitzeitverfall durch die Inanspruchnahme von Mehrarbeit zu vermeiden. Der erste Grund bezieht sich auf die Regelung selbst. Es fehlt der materielle Anreiz, Mehrarbeit zu beantragen. Damit geht zugleich jeder Anlass verloren, auf Mehrarbeit als Arbeitszeit überhaupt noch zu achten. Der zweite Grund führt zum Zusammenhang von Arbeitszeit und Organisation. Der Charakter der Arbeitszeit hat sich verändert. Mehrarbeit erfolgt nicht auf direkte Anordnung von oben. Es wäre die Beschäftigte selbst, die Mehrarbeit bei ihrem Vorgesetzten zu beantragen hätte. Zwar sieht sie sich mit einem Arbeitsvolumen konfrontiert, das innerhalb ihrer Soll-Arbeitszeit nicht zu bewältigen ist. Doch erscheint ihr dieses Arbeitsvolumen nicht als Ergebnis einer hierarchischen Weisung, sondern als sachlich durch ihre Ziele oder die Anforderungen der Kunden bestimmt.

„Gleitzeit und Mehrarbeit, das trennen die Beschäftigten aus meiner Sicht nicht. Mehrarbeit geschieht im Prinzip nur auf Anordnung. Aber die Mitarbeiter ordnen sich die Mehrarbeit ja selber zu. Wir müssen doch unser Ziel erreichen, denken sie. Dafür müssen wir eben auch länger arbeiten. Das teilen sie sich selber zu, da sind sie ja eigenverantwortlich. Der Vorgesetzte stellt sich hinter das Ziel zurück und kann sagen: Ich habe doch keine Überstunden angeordnet. Das war die freie Entscheidung der Mitarbeiter." (Betriebsrätin Kommunikator)

Die schwachen Anreize zur Einhaltung der Dauer der eigenen Arbeitszeiten von Seiten der Arbeitszeitregulierung und die Formen der indirekten Steuerung von Seiten der Organisation setzen einen neuen Rahmen für die Arbeitszeitpraxis der Beschäftigten, der den Weg in Richtung unkontrollierter Verlängerung der Arbeitszeiten weist. Dabei ist die Hierarchie in den Hintergrund getreten, allerdings ohne von der Bildfläche zu verschwinden. Den Vorgesetzten gibt es immer noch, er entscheidet über die Zielerreichung und damit über Gehalt, aber auch über Karrierechancen der Beschäftigten, doch weist er nicht mehr direkt Aufgaben und Arbeitsumfang an. Diese ergeben sich vielmehr indirekt. Der Vorgesetzte bestimmt – zusammen mit den strategischen Vorgaben der Unternehmensführung – über den Arbeitskontext, der Beschäftigte organisiert in diesem Rahmen seine Arbeit selber. Dabei tritt ihm das Arbeitsvolumen als sachliche Notwendigkeit gegenüber:

„Ich sage Ihnen, vergessen Sie das mit den Mehrarbeitskontingenten. Das spielt keine Rolle. Es mag ein paar Mitarbeiter geben, die das gut im Griff haben. Aber das ist die Ausnahme. Ich habe beispielsweise einen Mitarbeiter, der ist hoch effizient. Der schafft in seiner Arbeitszeit oder mit etwas Gleitzeit zusätzlich das pro Tag, wozu ein anderer zehn Stunden braucht. Zunächst hatte mich das etwas gestört, dass er so früh gegangen ist. Jetzt aber sage ich: Diesen Mitarbeiter möchte ich nicht missen, der ist ausgezeichnet. ... Im Grunde ist es ja so. Sie haben eine Arbeit und die muss gemacht werden. Die Arbeitszeit spielt dabei keine Rolle. Wenn ich mich selber anschaue muss ich sagen, ich bin ein Sklaventreiber, ich mache den Druck. Ich prügele die Projekte durch." (Beschäftigter Leiter beim Projektmanagement Kommunikator)

In der Konfrontation mit der sachlichen Notwendigkeit der Arbeit verbinden sich Marktdruck, Kundendruck und Hierarchie. Die Beschäftigten sind mit einem wachsenden Arbeitsvolumen konfrontiert, das sie in eigener Regie zu bewältigen haben, müssen sich aber auch vor der hierarchischen Bewertungsinstanz bewähren, die sich in den Hintergrund zurückgezogen hat. Diese Konstellation wirkt als Treibmittel für die Verlängerung der Arbeitszeiten. Dabei wird die Arbeitszeit zu einer abhängigen Variablen der sachlichen Notwendigkeiten umfunktioniert. In der Konsequenz verliert die Arbeitszeitregulierung ihre prägende Kraft. Mehr noch – sie wird irrelevant:

„Eines ist sicher. Die Arbeitszeitregelung hat bei mir keine regulierende Funktion. Das ist für mich total fiktiv. Bei einer starren Arbeitszeit hätte ich auch keine andere Arbeitszeit. Der einzige Unterschied ist, wenn ich mal um 11.00 Uhr komme, muss ich mich nicht dafür entschuldigen. Aber das ist es dann auch schon, und das kann ich auch nur ganz selten. Ansonsten hat die Arbeitszeitregulierung für mich keine Auswirkungen." (Beschäftigter Projektmanagement Kommunikator)

In dieser Konstellation haben auch Zielvereinbarungen keine korrigierende Wirkung, trotz ihres potentiell partizipativen Gehalts. Zwar können die Beschäftigten, formal betrachtet, selber entscheiden, ob sie kürzer arbeiten, ihre Ziele in geringerem Maße erfüllen und sich mit geringeren variablen Entgelten zufrieden geben, oder ob sie umgekehrt verfahren. Das Instrument der Zielvereinbarungen eröffnet in dieser Logik neue Wahlfreiheiten der Austarierung von Leistung, Entgelt und Arbeitszeit für den Beschäftigten. Die entsprechende Betriebsvereinbarung definiert nur noch eine Norm als Referenzpunkt für die Beurteilung möglicher Zustände. Diese Norm lautet, dass 50% der Ziele im Rahmen der vertraglichen Arbeitszeit erreichbar sein sollten.

„Die Ziele sind zu fünfzig Prozent von den Arbeitnehmern in ihrer Arbeitszeit zu schaffen, so müssen sie konstruiert sein. Dafür bekommt er dann die Hälfte der variablen Vergütung. Wer mehr will, der muss halt über das Wasser gehen, wie ich immer sage. Der muss eben Mehrarbeit machen. Im Schnitt liegen die Beschäftigten bei 70% der Zielvorgaben." (Betriebsrat Kommunikator)

Die in dieser Konstruktion formal angelegte Wahlfreiheit besteht allerdings faktisch nur in begrenztem Maße. Erstens stellen die Kunden ihre Anforderungen unabhängig von den Zielplanungen der Beschäftigten. Bei Kommunikator arbeiten die Beschäftigten zu großen Teilen unmittelbar an Kundenschnittstellen, sie sind daher in besonderem Maße dem Druck der Kundenorientierung ausgesetzt. Zweitens erwarten die Vorgesetzten in der Regel eine vollständige Zielerfüllung. Niedrigere Zielerreichungsgrade werden als mangelnder Leistungswille interpretiert. Und schließlich weisen drittens die Zielvereinbarungen steigende Anteile an Vorgaben und sinkende Anteile an persönlichen Zielen auf. Ziele werden heruntergebrochen, nicht mehr diskutiert. Zudem richten sie sich zunehmend nach strategischen und an den Entwicklungen der Kapitalmärkte orientierten zentralen Entscheidungen aus.

„Wenn sie auf die Zielvereinbarungen schauen, dann sind das im Schnitt zu achtzig Prozent Weisungen. Nur noch zwanzig Prozent davon kommen von den Mitarbeitern. Das läuft so: der Vorgesetzte sagt dem Mitarbeiter: Ich habe Ziele für meinen Bereich, die muss ich auf Euch herunterbrechen. Das heißt für dich folgende Ziele in dieser und jener Höhe. Ist das in Ordnung, oder hast du andere Vorschläge? Da gibt es kaum jemanden, der die Zivilcourage aufbringt und dagegen etwas sagt." (Betriebsrat Kommunikator)

Die Anforderungen der indirekten Steuerung unter den Rahmenbedingungen gesteigerter Renditeansprüche schlagen voll auf die Arbeitszeitgestaltung durch. Die Instrumente der Arbeitszeitregulierung eröffnen kaum Korrekturmöglichkeiten. Die Kappung von Gleitzeit wird unter diesen Bedingungen zum Automatismus. Anreize für die Vermeidung von Kappungen gibt es nicht. Und schließlich bestehen auch kaum Interventionsmöglichkeiten für die organisierten Akteure von Seiten der Arbeitszeitregulierung. An genau diesem Punkt besteht ein entscheidender Unterschied zu Software, wo die Mitbestimmung eine entscheidende Rolle für die praktische Wirksamkeit der Arbeitszeitregulierung spielt. Das Beispiel Software zeigt, dass eine praktisch wirksame Arbeitszeitregulierung nicht nur die Auswirkungen der indirekten Steuerung abdämpfen kann, sondern auch dazu beitragen kann, dass sich ihre Funktionsweise nicht so ungehindert entfaltet, wie dies bei Kommunikator der Fall ist. Die Schwäche der Arbeitszeitregulierung – die auch eine Schwäche der Mitbestimmung ist – ist deshalb auch als Vorbedingung für die Entfesselung der indirekten Steuerung zu werten.

Mit Blick auf Kommunikator überrascht es nicht, dass lange Arbeitszeiten die eindeutige Regel sind. Aus den Interviews lässt sich deutlich der Trend von zu langen Arbeitszeiten ablesen. Fast alle interviewten Beschäftigten gaben an, dass sie im Verlauf der letzten Jahre in mehr oder weniger großem Umfang Arbeit über ihre vertraglichen Arbeitszeiten hinaus geleistet haben. Dabei sind auch extrem lange Arbeitszeiten keine Ausnahme. Die Rahmenkonstellation von Kundenorientierung, hierarchischen Zielen und knappen Ressourcen zieht lange Arbeitszeiten in vielen anderen Bereichen nach sich. Hinzu kommt ein starker allgemeiner Marktdruck, der mit den Entlassungswellen der letzten Jahre in die Organisation Einzug gehalten hat. Die Angst um den eigenen Arbeitsplatz wirkt als ergänzende Triebkraft der Arbeitszeitverlängerung:

> „Inzwischen ist es ja auch so, dass der Arbeitgeber offen sagt: da draußen ist der Arbeitsmarkt und der ist voll. Also, der Marktdruck wird eindeutig verstärkt."
> (Betriebsrat Kommunikator)

In den Interviews wurde deutlich, dass zwar lange Arbeitszeiten im Unternehmen Tradition haben. Doch hat sich dabei etwas qualitativ verändert. War vormals das hohe Arbeitsvolumen auch und vor allem eine Konsequenz der Boomphase, als das Unternehmen gar nicht so viele Fachkräfte einstellen konnte, wie es gebraucht hätte, so ist es jetzt das hohe Arbeitsvolumen in der Krise, in der mehr Personal abgezogen wird, als es einzelne Bereiche verkraften können, und in der die Angst um den Arbeitsplatz grassiert, das Druck auf die Arbeitszeiten ausübt. Damit werden lange Arbeitszeiten zu einem überzyklischen Problem. Der eigentlich für Krisen typische Abbau von Überstundenvolumina findet allenfalls für einzelne Beschäftigte und einzelne Bereiche statt.

Unbezahlte Mehrarbeit als „sachliche Notwendigkeit" 149

„Ich hatte von Oktober bis Dezember letzten Jahres im Minimum neunzig und im Maximum einhundertfünzig Stunden mehr gearbeitet – pro Monat. Mein Gleitzeitkonto ist immer am Limit ... Ich glaube, wir sind mit unserem Bereich schon eine ziemliche Spitze der Arbeitszeiten. Aber vom Unternehmen wird auch Druck gemacht, wir haben eine Pilotfunktion mit Blick auf unser neues Produkt. Meine Kollegen jedenfalls machen ähnlich viele Überstunden. Jetzt im Moment bin ich mit im Schnitt dreißig Überstunden pro Monat an meiner unteren Grenze. Ich merke dabei natürlich, dass ich nicht mehr alles schaffe. Ich müsste mehr arbeiten. Ich mache im Moment nur noch die Feuerwehr, ich kümmere mich um nichts Langfristiges mehr." (Beschäftigter Leiter beim Projektmanagement Kommunikator).

Der Betriebsrat hat gegen diese Praxis kaum eine Handhabe. Allerdings führt er in einzelnen Bereichen Stichproben durch. So wurde am Anfang des Jahres 2003 eine Überprüfung der Arbeitszeitnachweise in der Personalabteilung vorgenommen. Dort konnte der Betriebsrat Verstöße in gravierendem Umfang feststellen.

„Wir haben jetzt eine Überprüfung in der Personalabteilung gemacht und Verstöße im Umfang von mehr als einer halben Million Euro nachgewiesen gemäß unserer Betriebsvereinbarung. Und das war die Personalabteilung, die eigentlich mit uns die Arbeitszeiten kontrollieren sollte. Wir haben uns dann mit der Personalabteilung auf einen symbolischen Betrag von 75.000 Euro geeinigt, der auf unseren Fonds eingezahlt wird, mit dem wir hier im Unternehmen soziale Projekte durchführen. Das zeigt aber, wo das Problem liegt." (Betriebsrat Kommunikator)

Andere Stichproben des Betriebsrates in der Nacht und an Wochenenden haben ergeben, dass offensichtlich viele Beschäftigte auch außerhalb des Arbeitszeitrahmens im Unternehmen arbeiten, ohne dass diese Arbeitszeit als Mehrarbeit erfasst oder beantragt worden wäre. Auf Nachfrage versicherten die Beschäftigten zumeist, dass sie allein aus privaten Zwecken am Arbeitsplatz sitzen. Soll – oder kann – der Betriebsrat in dieser Situation als Arbeitszeitpolizei fungieren?

12.2 Arbeitszeitverlängerung in eigener Initiative

An diesem Punkt wird die prekäre Rolle der Zeiterfassung deutlich. Offensichtlich verbuchen viele Beschäftigte ihre Zeiten nicht korrekt. Dies ist eine gängige Praxis im Unternehmen und wurde auch in den Interviews bestätigt.

„Ich mache die Erfassung in der Regel so exakt wie möglich. In Angebotsphasen allerdings, bei Angebotserstellungen, da darf man das dann nicht aufschreiben, wenn es mal mehr als zehn Stunden am Tag sind. Das unterschreibt dann der Chef nicht." (Beschäftigter Support Management Kommunikator)

> „Es gibt auch Kollegen, die haben über vierzig Stunden auf dem Konto. Die schreiben ihre Zeiten dann nicht mehr auf. Die sagen, ich muss die Sachen für den Kunden machen, es geht nicht anders. In der Konsequenz ... bleiben sie immer bei ihren vierzig Stunden auf dem Konto. Das kann in der Projektarbeit auch schon mal passieren. Da muss man sich dann entscheiden: Wie gehe ich damit um? Viele lassen die Arbeitszeit dann unter den Tisch fallen und sagen, die Sachen müssen eben gemacht werden." (Beschäftigte Sekretariat Kommunikator)

Der Grund für den Verzicht auf Erfassung ist also die Umgehung rechtlicher Vorgaben, insbesondere des Arbeitszeitgesetzes. Arbeiten außerhalb des Arbeitszeitrahmens und Verstöße gegen die arbeitszeitrechtlichen Bestimmungen der täglichen und wöchentlichen Höchstarbeitszeiten sollen auf diese Weise unkenntlich gemacht werden. Interessant ist in diesem Zusammenhang das Verhalten der Vorgesetzten, von dem in den Interviews berichtet wird. Die Vorgesetzten verhalten sich formal korrekt, indem sie sich weigern, Stundenzettel zu unterschreiben, die Verstöße gegen den rechtlichen Rahmen enthalten. Auf der anderen Seite wissen sie genau, dass die Arbeitsleistung des Beschäftigten nur auf der Grundlage dieser Verstöße erbracht werden konnte.

> „Wir haben uns hier auch schon mal eine Nacht um die Ohren geschlagen. Da haben wir abends noch zusammen gesessen, einer hat dann eine Pizza für alle geholt, und wir haben dann gar nicht gemerkt, wie die Zeit vergeht. Schließlich war es dann fünf Uhr morgens. Da bin ich dann nach Hause gegangen und am späten Vormittag wiedergekommen. Der Vorgesetzte hat dann zwar gesagt: ‚Was machst du hier, du darfst noch gar nicht wieder arbeiten. Ich wünsche, dass so etwas nicht wieder vorkommt'. Aber auf der anderen Seite hatten wir das Problem gelöst, und da hatte der Vorgesetzte sicher auch nichts dagegen." (Beschäftigter Support Kommunikator)

An dieser Stelle besteht eine interessante Parallele zur Arbeitszeitpraxis bei IT-Services, wo die Einhaltung der rechtlichen Vorgaben des Arbeitszeitgesetzes ebenfalls ein in der Organisation offen thematisiertes Problem ist. Vielfach wurde in den Interviews die Unangemessenheit der arbeitsrechtlichen Regelungen für die Anforderungen der kundenorientierten Produktion von Dienstleistungen zumindest an den Kundenschnittstellen thematisiert. Dies gilt in erster Linie für die gesetzliche Regelung der Höchstarbeitszeit, die arbeitstäglich zehn Stunden nicht überschreiten darf. Diese Regelung ist in der Betriebsvereinbarung zur Gleitzeit bei IT-Services nochmals expliziert worden, verbunden mit der Auflage, dass Verstöße direkt an den zuständigen Zeitbeauftragten zu melden sind. Von den Beschäftigten wird dies als Eingriff in ihre Autonomie wahrgenommen, der den Bedürfnissen ihrer Tätigkeiten, ihren Arbeitsformen und den Erwartungen der Kunden widerspreche.

„Ich habe eher wohl Berührungspunkte mit dem Arbeitszeitgesetz. Ich kann das in einigen Punkten nachvollziehen, in anderen aber auch nicht. Ich muss sagen, mir und meinen Mitarbeitern ist das zu starr. Gerade die Zehn-Stunden-Vorgabe für die tägliche Arbeitszeit, das ist in unserer Branche sehr einschränkend und restriktiv. Das gilt vor allem für die Projekte. Einen Kunden in die Produkte zu kriegen, das heißt dann schon mal drei Monate richtig zu powern. Aber das geht auch, weil es ja nicht kontinuierlich ist. Man kann dann auch mal elf bis zwölf Stunden arbeiten, das können die Mitarbeiter schaffen. In jedem Fall muss ich das auch formell bestätigen, wenn ein Mitarbeiter die zehn Stunden überschritten hat. Da ist man jetzt ... sehr penibel. Das wird sauber dokumentiert." (Abteilungsleiter IT-Services)

„In Projektphasen war es auch häufig so, dass ich über zehn Stunden gearbeitet habe. Das wurde so abgesegnet, da gab es kein Problem. Das ist heute nicht mehr so. Heute gilt ja: Wer mehr als zehn Stunden arbeitet, hat sich in Achtung stellen zu lassen. Heute müsste ich auch Formulare ausfüllen und Überschreitungen begründen. Ich muss ehrlich sagen, in dem IT-Umfeld, in dem wir arbeiten, finde ich diese Frage eher makaber ... Das können wir doch nicht bringen, zu sagen: Lieber Kunde, meine zehn Stunden sind jetzt um, ich muss jetzt gehen. Ich habe bislang auch nichts geändert. Ich halte das nach wie vor so. Das Formular sollte dann mein Teamleiter ausfüllen. Ich habe ja den Stress, nicht er." (Beschäftigter IT-Services)

Trotz der gemeinsamen Probleme im Umgang mit den rechtlichen Rahmenbedingungen reagieren die Akteure beider Unternehmen darauf mit ganz unterschiedlichen Praktiken. Bei IT-Services werden die Abweichungen dokumentiert und von den Vorgesetzten akzeptiert – und damit von der Organisation toleriert. Dies ist zwar aus rechtlicher Perspektive problematisch, handelt es sich doch um einen klaren Rechtsbruch. Immerhin aber führen Verstöße gegen das Arbeitszeitgesetz zu einer Erhöhung der Gleitzeitsalden oder zu einer Erhöhung der bezahlten Mehrarbeit.

Auch bei IT-Services weitet sich die Kluft zwischen Ressourcenausstattung und Arbeitsvolumen aus. Und auch dort steigen in der Konsequenz die Arbeitszeiten eindeutig an. Der entscheidende Unterschied zu Kommunikator besteht darin, dass bei IT-Services diese Arbeitszeiten nicht verfallen, sondern entgolten oder, soweit Gleitzeit, als Freizeitansprüche geführt werden. Weder entsteht ein Verfall der Arbeitszeiten noch ein Problem der Dokumentation. Auf der einen Seite haben wir also eine registrierte Verlängerung der Arbeitszeiten, auf der anderen Seite hingegen eine unregistrierte und daher auch unkontrollierbare Verlängerung. Deshalb stellt der Problemtyp bei Kommunikator eine neue, eigene Dimension der Probleme praktischer Wirksamkeit gegenüber konventionelleren – weil über klassische Mehrarbeit regulierten – Formen langer Arbeitszeiten wie bei IT-Services dar. Im einen Fall werden Arbeitszeiten noch praktisch reguliert, im anderen Fall wird die Arbeitszeitregulierung bestenfalls als irrelevant, schlimmstenfalls als Hürde verstanden auf dem Weg zur Bewältigung des Arbeitsvolumens.

12.3 Arbeitszeitverlängerung als Vergeudung von Ressourcen

Mit dem Bedeutungsverlust regulierter Arbeitszeit bekommt der Zusammenhang von Arbeit und Gesundheit für einige Beschäftigte eine ganz neue Bedeutung. Unter den bei Kommunikator herrschenden Bedingungen büßen die ehemals als sauber und gesundheitsverträglich geltenden Arbeitsbedingungen hoch qualifizierter Angestellter ihr Privileg gegenüber den körperlich belastenden Arbeitsbedingungen der Produktion teilweise ein.

„Ich glaube auch, dass ich völlig ausgebrannt bin. Ich habe dauernd Erkältungen und mein Kreislauf macht mir Sorgen. Ich will das aber gar nicht genauer untersuchen lassen. Der Betriebsrat sagt mir: da bist du selber schuld, du musst das ändern. Das ist aber gar nicht so leicht, wenn man eine Familie zu ernähren hat und vor allem, wenn man den Arbeitsmarkt kennt." (Beschäftigter Leiter beim Projektmanagement Kommunikator)

Die negativen Rückwirkungen einer entfesselten Marktsteuerung beschränken sich jedoch nicht nur auf die Arbeitsbedingungen der Beschäftigten, sondern erstrecken sich auch auf die Entwicklungschancen der Organisation. Die unkontrollierte und kostenlose Arbeitszeitverlängerung senkt zwar auf der einen Seite die Lohnkosten für das Unternehmen in kurzer Frist. Auf der anderen Seite aber schwächt sie die Lernfähigkeit der Organisation und kann zu einem langfristigen Entwicklungshemmnis werden. Denn wenn Arbeitszeit zur kostenlosen Ressource wird, besteht keine Veranlassung mehr, wirtschaftlich mit Arbeitszeit umzugehen. Indem das Unternehmen sein Kostenproblem zu einem Problem der individuellen Arbeitszeitgestaltung der Beschäftigten gemacht hat, hat es sich zugleich einer wichtigen Quelle für organisationales Lernen beraubt.

Konsequenterweise gibt es bei Kommunikator weder im Rahmen der Zeit- noch der Leistungssteuerung Verfahren, die auf die Steigerung der Produktivität der Tätigkeiten abzielen könnten. So verhindern auf der Seite der Arbeitszeitregulierung sowohl die Kappungsregel als auch das vorab genehmigte Mehrarbeitsvolumen, dass in der Organisation Gespräche über die Verwendung der Arbeitszeiten stattfinden würden. Es wird weder nach der Effizienz – dem „Wie" der Arbeit – noch nach der Effektivität der Tätigkeit – also dem Problem, was überhaupt bearbeitet werden soll – gefragt. Dies liegt zum einen daran, dass beide Regeln Automatismen begründen, die keine Ansatzpunkte für die Thematisierung von Problemen und die Verständigung über Verbesserungen eröffnen. Zum anderen aber fehlen darüber hinaus auch die Anreize für eine Auseinandersetzung mit Fragen der Effizienz und der Effektivität. Solche Anreize gäbe es nur, wenn Arbeitszeit als knappe Ressource betrachtet würde, mit der man möglichst ökonomisch umzugehen hätte. Die unkontrollierte Arbeitszeitverlängerung stellt eine Auflösung des Knappheitsproblems dar, die direkt zu einem unökonomischen Umgang mit Arbeitszeit führt.

Verstärkend kommt hinzu, dass auch von der Seite der Leistungsregulierung keine Akzente in Richtung Lernen gesetzt werden. Zwar existiert mit dem Zielvereinbarungssystem ein potentieller Handlungsraum, in dessen Rahmen Produktivitätsprobleme thematisiert werden könnten. Doch bewirkt auch hier die Entknappung der Arbeitszeit, dass Effizienz und Effektivität von den dezentralen Akteuren nicht als Problem wahrgenommen werden. Außerdem werden inzwischen Ziele mehr und mehr als Vorgaben definiert, die gar keinen Bezug zur jeweils individuellen konkreten Arbeitssituation der Beschäftigten aufweisen. Damit aber wird die Verständigung über konkrete Probleme und Problemlösungen zu einem überflüssigen Ballast.

Natürlich ist es möglich und wahrscheinlich, dass jeder Beschäftigte für sich versucht, seine Arbeitsprozesse so zu verbessern, dass der individuelle Zeitbedarf möglichst niedrig bleibt oder verringert wird. Individuelle Produktivitätssteigerungen werden also durchaus stattfinden. Doch die angesprochenen Mechanismen verhindern, dass diese Verbesserungen als Ausdruck des Könnens und des Erfahrungswissens der Beschäftigten in der Organisation verallgemeinert werden. Die individuellen Wissensbestände der Beschäftigten treten nicht an das Tageslicht der Organisation. Eine Überleitung des Könnens und der Erfahrungen der Beschäftigten im Sinne einer Objektivierung und einer Bereitstellung für andere Organisationsmitglieder unterbleibt. Die Transformation von Können in Wissen findet nicht statt (Brödner 1997). Damit aber werden Produktivitätsverbesserungen parzelliert und individualisiert, so dass sich organisationale Lernprozesse nicht einspielen können.

In kurzfristiger Perspektive scheint die Nutzung unbezahlter Mehrarbeit für das Unternehmen zwar eine betriebswirtschaftlich rationale Angelegenheit zu sein. In langfristiger Perspektive jedoch dürfte diese Rationalität in Irrationalität umschlagen. Produktivitätsressourcen werden nicht mehr systematisch erschlossen. Die Arbeitszeit dient als Puffer auch für die Unvollkommenheiten der Organisation. Und die Humanressourcen erschöpfen sich unter der Last überlanger Arbeitszeiten.

12.4 Zusammenfassung

Das Problem unbezahlter Mehrarbeit als Massenerscheinung ist uns in einem der fünf Betriebe, bei Kommunikator begegnet. Obwohl in unserem Sample ein Einzelfall, wissen wir doch aus der Statistik und aus der Literatur, dass die betriebliche Arbeitszeitpraxis bei Kommunikator kein singuläres Phänomen ist (Ahlers/ Trautwein-Kalms 2002; Glißmann/Peters 2001; Moldaschl/Voß 2002; Pfahl 2000). Schon daraus rechtfertigt es sich, diesem Einzelfall besondere Aufmerksamkeit zu schenken. Bei Kommunikator wirken alle Mechanismen marktorientierter Steuerungsformen zusammen, von denen starke Anreize in Richtung längerer Arbeitszeiten ausgehen. Die Unternehmensstrategie ist klar auf den Kapitalmarkt ausgerichtet, die strategischen Zielvorgaben werden direkt an die operativ dezentralisierten Einheiten weitergegeben, und die Personaldecke wird unter Kostengesichtspunkten systematisch reduziert. Auf der Ebene der Arbeitsorganisation müssen sich die Beschäftigten ungefiltert mit den Kundenerwartungen auseinandersetzen, bekommen in den Zielen hierarchische Vorgaben und stehen unter einem starken Druck des Arbeitsmarktes, der sich in der Krise zu einem Existenzdruck ausgeweitet hat.

Die kollektive Regulierung bei Kommunikator bietet keine konstruktiven Ansatzpunkte für die Beschäftigten, die langen Arbeitszeiten als betriebliches Problem zu thematisieren. Im Gegenteil, Regelungselemente wie die Selbstaufschreibung der Arbeitszeit, die Kappungsregel oder die vorab genehmigte Mehrarbeit bewirken in ihrer Kombination vielmehr, dass die Arbeitszeit zu einer Größe von sekundärer Relevanz herabsinkt. Damit aber wird Normabweichung zur Regel. Handlungsleitend für die Beschäftigten ist dann die normative Kraft des Faktischen, die sich aus der Konfrontation mit dem Markt ergibt.

Bei Kommunikator könnte man zunächst meinen, auch die Normabweichung sei eine souveräne Entscheidung der Beschäftigten. Wer glaubt, Normen seien ohnehin gleichzusetzen mit Zwängen, würde sich darin sofort bestätigt sehen. Doch ganz so einfach ist die Sache nicht. Vieles deutet darauf hin, dass die Normabweichungen das Ergebnis von Zwängen sind, die durch die Arbeitszeitregulierung nicht hinreichend abgedämpft werden konnten. Diese Zwänge werden von der Organisation ausgelöst und stellen sich den Beschäftigten unter den Bedingungen der neuen Steuerungsformen als sachliche Notwendigkeiten des Marktes oder der Kundenorientierung dar. Außerdem ist zu bedenken, dass eine gewissermaßen normungebundene Flexibilität, wie sie jetzt bei Kommunikator vorzufinden ist, gleichbedeutend ist mit einem Verlust an Kontrolle der tatsächlichen Arbeitszeiten – nicht nur für die Betriebsparteien, vor allem auch für die Beschäftigten selbst. Eine unregulierte Flexibilität hat nicht nur negative Auswirkungen auf die Arbeitszeitsouveränität der Beschäftigten, sie kann sogar zu einer konkreten Gefahr für die Gesundheit der Beschäftigten werden. Und nicht zuletzt schafft sie Barrieren für organisationales Lernen. Unregulierte Flexibilität bedeutet, dass weder mit dem Personal noch mit den Wissensbeständen der Organisation nachhaltig umgegangen wird.

13. Probleme der Zeitentnahme aus Langzeitkonten

Wenn Gleitzeitkonten durch längerfristige Arbeitszeitschwankungen überbeansprucht werden, wenn in flexiblen Arbeitszeitmodellen strukturelle Mehrarbeit, anstatt abgebaut zu werden, doch immer wieder in bezahlte Überstunden mündet, wenn die Abschaffung traditioneller Stellschrauben der Arbeitszeitflexibilität unbezahlte Arbeitszeit unsichtbar macht, dann sind dies die Ansatzpunkte für die Einrichtung von Langzeitkonten. Sie sind Bestandteil gestaffelter Kontensysteme, in denen bei der Überlastung kurzfristiger Instrumente neue Kontentypen zugeschaltet werden können.

In den von uns untersuchten Betrieben werden die Langzeitkonten jedoch dieser entlastenden Funktion bislang nur in Ansätzen gerecht. Ihre praktische Wirksamkeit ist noch gering. Dafür gibt es einen einfachen Grund. Die Beschäftigten haben Zweifel, ob sie ihre Freizeitansprüche souverän nutzen können. Die Zeitentnahme ist die Achillesferse der Langzeitkonten. Hinzu kommen manifeste und latente Zielkonflikte. Doch bevor wir diese Probleme eingehender erörtern, empfiehlt es sich, eine kurze Begriffsverständigung vorzunehmen.

13.1 Was sind Langzeitkonten?

Langzeitkonten werden gewöhnlich damit definiert, dass ihr Ausgleichszeitraum zwölf Monate übersteigt. Ihre Funktion macht man sich am besten klar, wenn man sie mit Gleitzeitkonten vergleicht. Die Unterschiede zwischen diesen beiden Kontentypen beziehen sich sowohl auf die Einzahlungs- als auch auf die Entnahmeseite.

Woher kommen die eingezahlten Zeiten? Gleitzeitkonten verwalten kurzfristige, tägliche Schwankungen der Arbeitszeit. Übersteigt das Arbeitsvolumen über einen Zeitraum von – sagen wir – einem Jahr die zur Verfügung stehenden vertraglichen Arbeitszeiten, kommt es also längerfristig zu höheren tatsächlichen Arbeitszeiten, und werden diese nicht in bezahlter Mehrarbeit ausgeglichen, sind die Instrumente eines Gleitzeitkontos rasch überfordert. Langzeitkonten dagegen zeichnen sich durch erweiterte Spielräume hinsichtlich der Ausgleichszeiträume und der Obergrenzen der Konten aus. Dabei können die Ausgleichszeiträume fest definiert werden und eine Entnahme der auf ihnen gesammelten Freizeitansprüche in diesem Zeitraum vorsehen. Die Ausgleichszeiträume können aber auch einen Bezug zur Lebensarbeitszeit der Beschäftigten aufweisen. In diesem Fall deckt sich der Ausgleichszeitraum mit der verbleibenden Lebensarbeitszeit der Beschäftigten.

Damit kommen wir zum zweiten Unterscheidungskriterium, der Zeitentnahme. Langzeitkonten eröffnen neue Entnahmeoptionen. Eine Entnahmeoption sind Sabbaticals, bei denen Freizeitansprüche in größeren Zeitblöcken entnommen werden, oder auch Teilzeitphasen. Von derartigen Pausen im Verlauf des Erwerbslebens sind Entnahmeformen abzugrenzen, die sich auf die Nutzung für den Vorruhestand, die Altersteilzeit oder den Ruhestand beziehen. In dieser Entnahmeoption haben Langzeitkonten de facto eine Rentenansparfunktion. Die Beschäftigten nutzen ihre angesparte Arbeitszeit entweder für bestimmte Formen des Vorruhestands oder lassen sich ihre Freizeitansprüche am Ende des Arbeitslebens in Geld umwandeln.

Häufig wird bei beiden Optionen auf den Konten Zeit in Geld umgewandelt, das dann auf den Kapitalmärkten verzinst wird und schließlich in Zeit zurück verwandelt werden kann. Diese Maßnahme soll die Attraktivität der Langzeitkonten für die Beschäftigten steigern. Erfolgt schließlich eine Auszahlung in Geld, könnte man von einer nachträglichen Verkehrung von variabler Regelarbeitszeit in bezahlte Mehrarbeit sprechen. Diese Umwandlung von Zeit in Geld ohne Rückumwandlung von Geld in Zeit findet in unserem Sample allerdings nicht statt.

Langzeitkonten sind ein junges Instrument. Breitere Bekanntheit haben Langzeitkonten eigentlich erst Mitte der 90er Jahre erlangt, als in der Volkswagen AG mit dem Zeitwertpapier und dem Beschäftigungsscheck zwei Typen von Langzeitkonten eingerichtet wurden, wobei das Zeitwertpapier die Funktion des Rentenansparkontos und der Beschäftigungsscheck die Funktion des Sabbaticals abdecken soll. In der Praxis anderer Unternehmen tat sich zunächst noch nicht viel. Erst in den letzten Jahren gab es eine Welle von Pionierregelungen, darunter auch in den Unternehmen unseres Samples.

Die Schätzungen über die Breite dieser Welle gehen auseinander. Nach der repräsentativen Betriebsbefragung des ISO (Bauer et al. 2002) verfügten 2001 rund 5% aller Betriebe in Deutschland über ein Langzeitkonto. Die Auswertung des IAB-Betriebspanels durch Bellmann et al. (2003) ermittelte für 2002 weniger als 2% Betriebe in der Privatwirtschaft mit Langzeitkonten (gegenüber 5% im öffentlichen Dienst). Stark abweichend von diesen beiden Erhebungen ergab eine im Auftrag von Gesamtmetall (2002) durchgeführte ifo-Erhebung, dass in der Metall- und Elektroindustrie 29% der Betriebe Langzeitkonten für alle Beschäftigten und 15 weitere Prozent für bestimmte Beschäftigtengruppen hätten. Dagegen stimmen die Befunde der verschiedenen Umfragen zu den Verwendungsmöglichkeiten der Freizeitguthaben weitgehend überein: Das Schwergewicht der erklärten Ziele bilden Freizeitblöcke verschiedenster Art, während das Ansparen für ein Vorziehen des Renteneintritts immerhin in rund 40 bis 45% als Ziel genannt wird.

Probleme der Zeitentnahme aus Langzeitkonten 157

In den von uns untersuchten Betrieben spielt eine mögliche Rentenansparfunktion der Langzeitkonten keine zentrale Rolle. Das zentrale Werbeargument für Langzeitkonten sind Blockzeiten oder Sabbaticals. Darin bündeln sich die Versprechen einer Steigerung der Zeitsouveränität der Beschäftigten. Doch das Vertrauen der Beschäftigten, dass dieses Versprechen gehalten werden kann, ist gering.

13.2 Unwägbarkeit der Nutzung

Die Langzeitkonten in unserem Sample werden zumindest bislang wenig genutzt. Selbst bei Luftschiff und Software, wo die Langzeitkonten bereits etwas stärker verankert sind, überwiegt im Vergleich immer noch die bezahlte Mehrarbeit. Ein Sonderfall ist HighTech, wo die Nutzung ja mit dem Übergang in die 40-Stunden-Woche verbindlich ist. Dort ist zu erwarten, dass die Kontenstände als Konsequenz dieser verbindlichen Vorgabe der Regulierung rascher wachsen werden.

Im Ergebnis unserer Beschäftigteninterviews in den fünf Fallunternehmen ist zunächst einmal feststellbar, dass sich klare Nutzungsmotive – ein Betriebsrat sprach auch von Nutzungsvisionen – bislang nicht abzeichnen. Im Gegenteil, die Interessen und Motive der Beschäftigten, die Zeiten auf den Konten einzahlen, sind in nicht wenigen Fällen ebenso unscharf wie die derjenigen, die keine Zeiten einzahlen.

Bei Luftschiff war das Langzeitkonto in der betrieblichen Öffentlichkeit von den Betriebsparteien stark beworben worden. Im Vordergrund standen dabei konkrete praktische Beispiele wie die Nutzung für den – im ländlichen Umfeld des Betriebes sehr beliebten – Hausbau oder für einen langen Urlaub mit dem schönen Bild des Surfens vor den Küsten Australiens. In unserer Betriebserhebung gaben knapp 50% der Nutzer das Motiv „Ansparen für private Interessen" an. Etwa 40% kreuzten das Motiv „Ansparen für schlechte Zeiten der Auslastung" an. Bei diesen Beschäftigten dominiert also der Bezug zur betrieblichen Situation. Jeweils etwa 14% teilten die Motive „Ansparen für Risiken im Leben" und „Ansparen für die Altersteilzeit". Nur 5% verbanden mit der Nutzung des Kontos Weiterbildungsabsichten. In den Interviews haben sich diese Motive weitgehend bestätigt. Aber sie waren in den seltensten Fällen stark ausgeprägt. Es ging mehr um ein „könnte man machen" als um ein „das will ich unbedingt". Das Angebot wurde von vielen als grundsätzlich recht attraktiv bezeichnet, war aber nicht – oder noch nicht – zu einem integrierten Bestandteil der eigenen Lebens- oder Karriereplanung geworden.

Ähnlich ist die Lage auch in den anderen Unternehmen. Ein grundlegender Unterschied zwischen den Produktionsarbeitern bei Luftschiff und den weitgehend höher qualifizierten Beschäftigten der anderen Unternehmen bestand jedoch darin, dass bei Letzteren häufiger eine grundsätzliche Skepsis zu hören war, die sich auf die Verträglichkeit längerer Pausen mit dem Anforderungsprofil der eigenen Tätigkeit bezog. Es wurde mehrfach angemerkt, dass Blockzeiten, also längere Ausstiegsphasen aus der Erwerbstätigkeit, entweder den raschen technologischen Wandel ignorieren oder die ganz einfach die Nähe zu den Inhalten der eigenen Arbeit schwächen.

„Sabbaticals, ich kann mir das im Moment nicht vorstellen, dass ich drei Monate Urlaub mache. Man hat dann ja auch das Gefühl, dass man raus ist aus dem Thema." (Beschäftigte IT-Services)

„Außerdem stelle ich mir das total unbefriedigend vor: Ich komme nach einem Jahr zurück und habe den technischen Fortschritt versäumt." (Beschäftigter HighTech)

Auch die Lage am Arbeitsmarkt wurde von einigen angeführt. In der momentanen Konstellation von Massenarbeitslosigkeit und Personalabbau in den Unternehmen seien mit der Entnahme von Sabbaticals erhebliche Risiken mit dem eigenen Arbeitsplatz verbunden:

„Ein Jahr wild aussteigen, dafür bin ich wohl noch nicht zu lange in der Arbeitswelt, ich habe die Arbeit noch nicht leid. Außerdem ist in der IT-Branche ein Jahr eine lange Zeit. Das kann sehr lange sein, da bekommt man vieles nicht mit. Außerdem haben wir ja auch 4,5 Mio. Arbeitslose, da wird sich der Arbeitsmarkt nicht freuen wenn man nach einem Jahr jubelnd zurückkommt und ruft: Hallo, da bin ich wieder." (Beschäftigter IT-Services)

„Ob das geht, ist eine Sache der Planung. ... Ich sehe vom Wissen her kein Problem für längere Abwesenheiten. So schnell wie vor fünf Jahren läuft die Dynamik auch nicht mehr, die Innovationszyklen sind wieder länger geworden bei uns. Sie können ja außerdem davon ausgehen, dass sich die Leute aus Interesse zu Hause weiterbilden. ... Allerdings ist das Problem eher, aus der Organisation rauszukommen. Bei einem Jahr und mehr finde ich das schwierig. Das ist ja alles bloß Theorie, wir haben ja noch keine Erfahrungen damit gemacht. Aber in einem Jahr kann extrem viel passieren. Was geschieht bei drastischen Kürzungen? Da läuft dann der Mitarbeiter, der ein halbes Jahr weg ist, ein großes Risiko. Was passiert in einem halben Jahr, wenn ich so lange weg bin? ... Ich persönlich würde das nicht riskieren, aber das ist meine private Meinung." (Führungskraft Software)

Gerade bei HighTech stand in mehreren der Interviews ein weiteres Bedenken im Vordergrund. Dieses bezog sich auf die Frage, welche Stelle einem eigentlich zugewiesen würde, wenn man aus dem Sabbatical in das Unternehmen zurückkäme. Für diesen Fall existiert laut Ergänzungstarifvertrag der Anspruch, nach Rückkehr eine vergleichbare Stelle besetzen zu können. Diese Garantie wurde allerdings von vielen Beschäftigten nicht als ausreichend empfunden. Im Gegenteil, die Bezeichnung „gleichwertig" wurde eher als Drohung gesehen:

> „Das, was in der Broschüre steht, dient ja eher als Abschreckung: Der Einsatz nach Rückkehr an einen gleichwertigen Arbeitsplatz. Was soll das heißen? Derselbe ist es dann sicherlich nicht, und aussuchen kann man es sich sicherlich auch nicht." (Beschäftigter HighTech)

Dieses Bedenken wurde auch bei Kommunikator geäußert. Dort wurde es konkret mit der Frage verbunden, wer eigentlich die eigene Arbeit fortführen soll:

> „Für mich sind auch noch zu viele Fragen offen. Was passiert eigentlich, wenn ich mal vier Monate zu Hause bleibe? Beschafft sich der Arbeitgeber dann Ersatz? Wenn er das tut, braucht er mich dann noch? Und wenn er es nicht tut, wer macht dann meine Arbeit? Müssen meine Kollegen dafür dann länger arbeiten? Müssen das dann die anderen in der Abteilung tragen?" (Beschäftiger Kommunikator)

Hinter den Bedenken um den eigenen Arbeitsplatz schimmert auch die Befürchtung durch, wegen der eigenen Zeitentnahme die Arbeitslast des Teams zu erhöhen. Das eigene Handeln wird mit der Verantwortung gegenüber den Kollegen konfrontiert. Wenn kein Ersatz erfolgt, wird die Arbeit vielleicht auf die Schultern der anderen verteilt, wenn Ersatz erfolgt, ist vielleicht der eigene Arbeitsplatz in Gefahr. Der Beschäftigte sieht sich in einer dilemmatischen Handlungssituation.

Bei der Frage der Nutzung der Freizeitansprüche für den Vorruhestand spielten diese Probleme allerdings kaum eine Rolle. Im Gegenteil, die Nutzung für Vorruhestand, sei es nur auf Basis des Langzeitkontos oder auch in Verbindung mit Altersteilzeit, ist wohl das Motiv, das von den meisten Beschäftigten in unseren Interviews geteilt wurde. Argumente dagegen bezogen sich weniger auf strukturelle Hemmnisse als vielmehr auf die individuelle Disposition der Befragten, für die das Thema noch zu weit weg ist, weil sie sich zu jung dafür fühlen oder die vielleicht aufgrund ihrer intrinsischen Motivation gerne möglichst lange arbeiten möchten:

> „Ich habe Spaß bei der Arbeit, das ist mir wichtig. Ich sehe das auch eher wie mein Vater: Der hat auch Spaß dabei und schlägt jede Möglichkeit aus, früher in Rente zu gehen. So kann ich mir das auch vorstellen. Wofür soll ich also jetzt eine Belastung auf mich nehmen?" (Beschäftigter HighTech)

Die bislang gesammelten Motive und Gegenargumente unterliegen implizit allesamt der Prämisse, dass die Ansammlung und Entnahme von Zeiten aus dem Langzeitkonto auch funktionieren. Die Bedenken beziehen sich also auf mögliche Nebenfolgen einer erfolgreichen Praxis des Kontos. Doch diese Prämisse ist, betrachtet man die Interviews im Ganzen, einigermaßen heroisch. Denn die meisten Bedenken zentrieren sich um konkrete Probleme der Kontenpraxis, also um die Gewährung der Teilnahme am Langzeitkonto, den Aufbau von Zeiten und, eindeutig dominierend, die Möglichkeiten der Entnahme von Blockzeiten.

13.3 Unmöglichkeit der Nutzung

Bei Luftschiff beispielsweise haben in unserer Fragebogenerhebung auf die offen formulierte Frage „Wo sehen Sie Verbesserungsbedarf beim Langzeitkonto" insgesamt 338 Beschäftigte geantwortet. Von diesen 338 Beschäftigten haben 162 Beschäftigte, also fast 50% der Antwortenden, Probleme beim Abbau der Konten, also der Entnahme der gesammelten Freizeitansprüche, moniert. Am Punkt der Entnahme wurden die größten Schwierigkeiten der Regelungspraxis gesehen. Diese Einschätzung zieht sich quer durch alle Samplefälle. Das Entnahmeproblem kann daher mit einigem Recht als Achillesferse der Langzeitkontenregelungen bezeichnet werden.

> „Ich habe nur in einem von zehn Beispielen gehört, dass ein Kollege mal Zeiten aus dem Langzeitkonto bekommen hat, als er sie eingefordert hatte. Da spielen dann halt die Belange des Unternehmens die entscheidende Rolle. Das kann man zwar verstehen. Andererseits fragt man sich: Wozu brauche ich dann das Langzeitkonto?" (Beschäftigter Luftschiff)

> „Ich lasse mir die Zusatzzeitbudgets immer ausbezahlen. Das wäre vom Langzeitkonto ja immer wie Urlaub zu beantragen. Und dann heißt es: Erst der Urlaub, dann das Langzeitkonto. Das ist schwierig zu bekommen, glaube ich. Da gibt es wohl wenig Spielraum. Außerdem bin ich ja auch noch nicht so alt, dass ich das für die Rente nutzen sollte. Ich glaube, die Personalabteilung ist für längere Auszeiten offen. Andererseits wird in den Abteilungen so viel gespart, da gibt es so viele Engpässe. Die Kennzahlen wie die Kosten werden doch schwer unter die Lupe genommen. Da geht das nicht einfach so." (Beschäftigte Software)

> „In der jetzigen Personalsituation wäre das eine schwierige Sache. Ich würde klar verneinen, dass ich solche Zeiten nehmen könnte. Vielleicht ginge es nach dem Motto: Nach mir die Sintflut. Es wäre ja so, dass zusätzlich zu unseren vier bis fünf Leuten Unterdeckung ein weiterer Mitarbeiter drei bis vier Monate nicht da wäre. Das ginge einfach zeitlich nicht." (Beschäftigter IT-Services)

Als Hauptproblem für die Entnahme der Freizeitansprüche auf Langzeitkonten galt bei den Beschäftigten in allen Fallbetrieben die geringe Personaldecke. Es sind die gesteigerten Renditeansprüche, der wachsende Kostendruck und die verringerten Personalressourcen im Kontext neuer Steuerungsformen, die den

Entnahmeansprüchen der Beschäftigten zuwider laufen. Die dadurch begründeten restriktiven Rahmen- und Ressourcenbedingungen der Arbeit rücken eine Zeitentnahme im Sinne von Sabbaticals in unerreichbare Ferne.

Bei Luftschiff, HighTech und Software gab es deshalb bislang noch gar keine Fälle der Blockzeitentnahme aus dem Langzeitkonto. Bei IT-Services wurde uns in den Interviews von einem Fall berichtet. Vor diesem Hintergrund fehlt in den Organisationen auch die orientierungsleitende Funktion positiver Beispiele, um die herum sich Mythen über Möglichkeiten ranken und an denen sich die Wahrnehmung der Beschäftigten ausrichten könnten. Die eigentliche Feuertaufe der Langzeitkonten steht also noch aus, und die Erwartungen, die sie von Seiten der Beschäftigten begleiten, sind von Skepsis genährt.

Paradoxerweise werden von einzelnen Beschäftigten gerade mit der Organisation der Projektarbeit etwas bessere Chancen der Zeitentnahme verbunden. Eigentlich wird Projektarbeit gemeinhin als Treiber für die Verlängerung der Arbeitszeit betrachtet (Kratzer 2003), weil dort die Tätigkeiten stark am Ergebnis orientiert sind und häufig unter Zeitdruck erfolgen müssen, nicht zuletzt in Abhängigkeit von der jeweiligen Nähe zum Kunden. Die Eindrücke unserer Fallstudien können diese Einschätzungen durchaus bestätigen. Und dennoch versprechen sich einzelne Beschäftigte, die in dieser Organisationsform arbeiten, davon Möglichkeiten der Blockzeitentnahme. Verantwortlich dafür werden die Bruchstellen gemacht, die sich zwischen den Projekten ergeben können und die im „Regelbetrieb" einer Teamarbeit so nicht vorkommen.

> „Sabbaticals, das wäre sehr interessant. Organisatorisch wäre das gut möglich, ich habe ja vorrangig Projekte. Und in den Projektzwischenräumen ginge es sicher sehr gut, die Zeiten zu nehmen. Das wäre sicherlich machbar. Wenn ich mir das Unternehmen so anschaue, bin ich wohl in einem der Bereiche, in denen das am besten geht. Im Regelbetrieb stelle ich mir das schwierig vor. Da sehe ich das nicht. (Beschäftigte IT-Services)

Diese Einschätzung gilt aber beileibe nicht für alle Beschäftigten. Es ist allenfalls eine Minderheit der Projektbeschäftigten, die diese Chancen sieht. In vielen Fällen sind nämlich die Bruchstellen zwischen den Projekten zu kurz, um daran langfristigere Auszeiten anlagern zu können. Die Regel dürfte weit eher der nahtlose Übergang von einem Projekt in das nächste sein. Das aber ist gleichbedeutend mit der dauerhaften Aneinanderkettung von starken Belastungssituationen.

Eine weitere Bruchstelle, an denen Sabbaticals angelagert werden könnten, sind Stellenwechsel. An dieser Bruchstelle sehen vor allem die Beschäftigten bei HighTech gute Möglichkeiten, denn dort sind häufige Stellenwechsel Teil einer personalpolitischen Karrierestrategie, die traditionelle Kaminkarrieren innerhalb einer Funktion oder eines Bereichs zugunsten einer breiten Erfahrungsbasis ablösen will:

„Das müsste man insgesamt mit dem verbinden, was man hier als ‚HighTech'-Zyklus bezeichnet: Möglichst alle drei Jahre die Abteilung zu wechseln, um seinen Horizont, sein Blickfeld zu erweitern." (Beschäftigter HighTech)

Die Entnahme größerer Freizeitguthaben dürfte aber insgesamt bis auf weiteres eine Randerscheinung bleiben. Dieser Eindruck in den von uns untersuchten Betrieben deckt sich mit den Befunden von Eberling et al. (2004: 278), die auf das zentrale Dilemma aufmerksam machen: Der Aufbau von Zeitguthaben entsteht durch betriebliche Vorgaben, aber die Beschäftigten müssen individuell für die Entnahme der Guthaben sorgen, während – wie man hinzufügen könnte – die Gründe für das Auflaufen der Guthaben unvermindert fortbestehen.

13.4 Zielkonflikte

So schwer es ist, Zeitguthaben individuell zu nutzen, so willkommen können diese Guthaben sein, wenn es um kollektive Beschäftigungssicherung in Zeiten der Krise geht. Dies zeigt die bereits erwähnte Umfrage im Auftrag von Gesamtmetall (2002), in der 95% der Betriebe ausdrücklich das „Abfeiern bei anhaltend schwacher Auftragslage" als einen Zweck der Langzeitkonten angaben. Allerdings führt dies, wie wir in einem Teil der von uns untersuchten Betriebe beobachten konnten, zu einem offensichtlichen Zielkonflikt mit der Zeitsouveränität der Beschäftigten, die im Zentrum der Werbung für Langzeitkonten steht.

Sollen die Langzeitkonten für eine aktive Kapazitätsanpassung nach unten genutzt werden, entsteht die Erwartungshaltung, dass die Beschäftigten in Phasen niedriger Auslastung ihre Zeiten auch tatsächlich entnehmen. Nur unter dieser Bedingung können Konten zu Instrumenten der Atmung werden. Als Instrumente der Atmung aber geraten sie in ein problematisches Verhältnis zur souveränen Verfügung der Beschäftigten über ihre Ansprüche. Zwar können die Beschäftigten Zeiten entnehmen, sie können dies aber nicht tun, wann sie wollen und wann es für sie aus ihrer lebensweltlichen Perspektive sinnvoll erschiene. Es wird erwartet, dass die Beschäftigten ihre Zeitgestaltung ganz an der konjunkturellen Situation ihres Betriebes oder ihres Unternehmens ausrichten.

Freilich kann sich der Zwang auch mit einer freien Entscheidung decken. Ein Beschäftigter kann souverän entscheiden, dass er seine Konten gerne im Sinne der Beschäftigungssicherung oder Kapazitätsauslastung nutzen möchte. In diese Richtung deuten ja auch teilweise die Antworten, die wir im Rahmen unserer Fragebogenerhebung bei Luftschiff erhalten haben, wo 40% der Beschäftigten dies als Motiv angeben. Selbstverständlich ist das aber nicht. Die gemeinsame Schnittmenge zwischen den Zielen dürfte vielmehr begrenzt sein.

Gerade bei Luftschiff waren wir Zeugen eines solchen Zielkonflikts in der betrieblichen Praxis. In den Interviews dominierten die Klagen über die Domi-

Probleme der Zeitentnahme aus Langzeitkonten 163

nanz betrieblicher Ziele. Bei Luftschiff war erstens, wie bereits beschrieben, die Entnahme von Zeitguthaben aus dem Langzeitkonto in der Phase des Booms praktisch ausgeschlossen. Hinzu kam dann aber zweitens in der Phase der Krise des letzten Jahres der mehr oder weniger offene Druck, Freizeitansprüche aus dem Langzeitkonto zu entnehmen. Dies stieß bei nicht wenigen Beschäftigten auf Unverständnis, stand es für sie doch im Widerspruch zu den Zielen, mit denen das Langzeitkonto ursprünglich in der Diskussion der betrieblichen Öffentlichkeit eingeführt worden war.

„Mit dem Langzeitkonto hat man uns doch eingelullt. Man hat uns was vom Hausbau gesagt oder von der langen Reise nach Australien. Und jetzt sollen wir das für die Kurzarbeit nutzen. Und bekommen deshalb kein Geld vom Arbeitsamt, weil wir unsere Stunden nutzen, obwohl wir doch immer brav unsere Arbeitslosenversicherung zahlen." (Beschäftigter Luftschiff)

Zwar hatte das Werk mit dem Arbeitsamt eine flexible Regelung vereinbaren können, der zufolge die Zeitguthaben der Beschäftigten nicht oder nur zu geringen Teilen mit der Kurzarbeit gegengerechnet werden mussten; eine Regelung, die mittlerweile auch gesetzlich abgesichert worden ist. Dies ändert jedoch grundsätzlich nichts an der Problematik, dass jede auch teilweise Nutzung von Zeitguthaben als Ersatz für Kurzarbeit mit einer Ungleichbehandlung von Beschäftigten und mit Zielkonflikten verbunden ist.

In anderen Unternehmen war dieser Zielkonflikt eher latent angelegt. Auch bei Software war die Zeitentnahme in der Phase hoher Kapazitätsauslastung ein Problem, während das Unternehmen ebenso wie der Betriebsrat – geprägt durch den Boom der New Economy – mit dem Langzeitkonto Vorstellungen von Zeitsouveränität verbanden. Doch dies hat sich mit den Krisenerfahrungen der letzten beiden Jahre geändert. Atmende Produktion von Dienstleistungen, dieses Leitbild hat inzwischen auch im Management von Software Verbreitung gefunden. Und der Betriebsrat hat im Angesicht betriebsbedingter Kündigungen erste Vorstellungen von Beschäftigungssicherung entwickelt. In diesem Wandel der Orientierungen stellt sich für die Betriebsparteien auch die Rolle des Arbeitszeitkontos neu dar. Bis zum Kriseneinbruch lag die Initiative für die Arbeitszeitgestaltung beim individuellen Beschäftigten. Nunmehr wird in Situationen einer drohenden Unterauslastung von Unternehmensseite an die Beschäftigten die Bitte herangetragen, ihre Langzeitkontenguthaben für die Überbrückung der Engpässe zu nutzen.

„Einige Kollegen hatten im letzten Monat gar keinen Auftrag. Die sind dann von ihrem Vorgesetzten angesprochen worden, ob sie das nicht in Urlaub nehmen könnten, oder Gleitzeit reduzieren könnten oder Zeiten aus dem Langzeitkonto nehmen könnten." (Beschäftigter Software)

> „Im Moment jedenfalls geht das Unternehmen auf die Beschäftigten zu – wenn wenig zu tun ist – um sie aufzufordern, die Zeiten aus dem LZK zu entnehmen. Das tut mir persönlich weh, aber da bin ich wohl die einzige. Auch vom Betriebsrat hört man dazu nichts. Das haben wir aber doch vor einem Jahr anders verkauft. Von Unternehmensseite ist das sicherlich o.k., das darf das Unternehmen auch. ... Ich habe auch noch nicht gemerkt, dass die Attraktivität des Instruments sinkt. Das Unternehmen sagt: Wir erwarten ein Entgegenkommen von den Mitarbeitern. ... Trotzdem meine ich, da hätten wir das vor einem Jahr etwas anders verkaufen sollen. Allerdings gilt ja weiterhin, dass die Beschäftigten nicht gezwungen werden können, auch nicht mit der Brechstange. Das ganze bleibt freiwillig. Es ist eben mehr ein sanfter Druck." (Human Resources Software)

Hält diese Situation an, könnte eine neue Prioritätensetzung für die Zielbestimmung des Kontos unvermeidlich werden.

Ähnliches gilt auch für IT-Services, wo bedingt durch den Personalabbau die Rolle des Langzeitkontos ebenfalls überdacht wird. Neben das Ziel Freizeitausgleich statt bezahlter Mehrarbeit tritt zunehmend das Zieltandem Kapazitätsanpassung und Beschäftigungssicherung. Darin wird teilweise sogar die einzige Möglichkeit gesehen, Zeitentnahmen auch realistisch durchführen zu können:

> „Die Arbeitszeitbudgets halte ich für eine realistische Option, also die Zeiten als Sabbaticals zu entnehmen. Gerade in Zeiten wie der heutigen. Da gibt es im Unternehmen immer Bereiche, die einen Überschuss an Arbeitnehmern haben und wo man froh ist, wenn die Mitarbeiter Zeiten entnehmen können. Das ist doch allemal besser als Kurzarbeit, würde ich sagen." (Leiter CSU IT-Services)

Die konjunkturelle Komponente des Zielkonflikts von Kapazitätsanpassung und Zeitsouveränität wirft einen dunklen Schatten auf die Attraktivität der Langzeitkontenregelungen. Dies gilt umso mehr, als sich neben die konjunkturelle Komponente auch eine strukturelle Komponente zu schieben beginnt. Wie im vorigen Kapitel ausgeführt, operieren die Unternehmen unseres Samples unter den Vorzeichen neuer Steuerungsformen, gesteigerter Renditeansprüche und verschärften Kostendrucks zunehmend mit einer Personalpolitik der unteren Linie. Die Personalbesetzung richtet sich mehr und mehr an einem Personalminimum aus, dessen Referenzgröße die Krisensituation ist. Das heißt zwar nicht, dass es in „guten Zeiten" gar keinen Personalaufbau gibt. Nur hält sich dieser stets unterhalb der Zunahme des Arbeitsvolumens. Dadurch steigt auf der einen Seite der Druck auf Mehrarbeit in Phasen guter Auslastung. Zugleich aber werden auf der anderen Seite auch in Zeiten schlechter Auslastung nicht automatisch Kapazitäten frei. Zumeist operieren sogar dann noch viele Bereiche mit Mehrarbeit. In diesen Bereichen tritt dann der oben beschriebene Konjunktureffekt der Kapazitäten kaum mehr auf. Damit aber können größere Ansprüche auf Freizeitguthaben auch in der Krise zum Problem werden, und die Nutzung für den Vorruhestand könnte als einzige Nutzungsoption der Ansprüche übrig bleiben. Vielleicht läge ein politisch einfacherer Ansatzpunkt zunächst darin, die Funktionen der Konten strenger zu trennen und auf unterschiedliche Kontentypen zu verteilen. Dies wäre ein Beitrag zur Entmystifizierung der Möglichkeiten der Konten. Eine solche Lösung ist jedenfalls nach Abschluss unserer Fallstudie bei Luftschiff vereinbart worden. Dort wurde – auch unterstützt durch die Ergebnisse unserer Fallstudie – ein neuer Ergänzungstarifvertrag ausgehandelt, der ein dreistufiges Kontenmodell vorsieht. Dem altbekannten Arbeitszeitkonto schließen sich jetzt zwei neue Langzeitkonten an. Das erste Konto ist das so bezeichnete Sicherheitskonto, das ausdrücklich zur Kapazitätsanpassung genutzt werden soll, aber auch offen ist für individuelle Entnahmewünsche. Dieses Konto hat eine Obergrenze von 150 Stunden. Plus-Stunden erhalten einen Zeitzuschlag von 15% mit dem Ziel, das Konto trotz der Priorität der Kapazitätsanpassung für die Beschäftigten attraktiv zu machen. Das zweite Konto ist das so bezeichnete Lebensarbeitszeitkonto. Dieses Konto hat eine explizite Rentenansparfunktion. Die auf dieses Konto übertragenen Zeiten liegen fest und werden für den vorzeitigen Austritt in den Ruhestand genutzt. Möglicherweise ist diese Trennung von Kontentypen nach Zielen geeignet, die Zielkonflikte zu vermeiden, die in der alten Regulierung in der betrieblichen Praxis feststellbar waren. Empirische Aufschlüsse dazu bestehen allerdings noch nicht.

Bei HighTech hat der Betriebsrat einen Vorschlag gemacht, wie den Entnahmeproblemen der Langzeitkonten auf andere Art beizukommen sein könnte. Er schlägt die Einrichtung eines flexiblen Personalpools als Gegengewicht zu einer Personalpolitik der unteren Linie vor. Er soll aus neuem Personal mit befristeten Verträgen gebildet werden, das flexibel in Bedarfsbereichen der Forschung und Entwicklung eingesetzt werden kann. Die Zugehörigkeit dieses Personals zum Unternehmen soll garantieren, dass die Beschäftigten eine Nähe zu den internen Prozessen entwickeln, so dass sie ohne längere Einarbeitungszeiten einsatzfähig sind. Zugleich soll der Personalpool als zentrales Scharnier der Personalrekrutierung genutzt werden. Wer sich über eine bestimmte Zeit im Personalpool bewährt, soll auf eine feste Stelle übernommen werden.

Flexible Ersatzmöglichkeiten im Rahmen eines flexiblen Personalpools sollen nicht nur gewährleisten, dass die Beschäftigten angesammelte Zeitbestände entnehmen können, sondern auch, dass sie nach Beendigung des Sabbaticals auf dieselbe Stelle zurückkehren können:

„Entscheidend wird die Frage des gleichwertigen Ersatzes nach Rückkehr sein. Da muss sich die Firma Leute schaffen, die dann flexibel eingesetzt werden können. Man kennt das ja aus der Fertigung. Diese Leute sollten von intern kommen, nicht von extern, von außen. Die Leute müssen nämlich sofort einsatzbereit sein und passen. Sowohl mit den Themen hier als auch mit den Abläufen vertraut sein. In so einem Pool kann man sich ja auch gut Leute heranziehen. Das wäre so eine Art interne Leasing-Gruppe, in der sich die Leute bewähren können, bevor sie dann auf feste Arbeitsplätze kommen. Das ist unser Vorschlag. Das Unternehmen sagt: schauen wir mal. Aber wir werden an diesem Punkt nicht lockerlassen. Wir haben immer schon gesagt: Entnahme und Rückkehr, das sind die beiden entscheidenden Punkte. Wie komme ich raus? Und wie komme ich zurück? Wir sagen: Es muss derselbe Arbeitsplatz sein. Nur dann funktioniert das richtig. Das ist einer dieser Punkte, da tut sich die Firma schwer." (Betriebsratsvorsitzender HighTech)

Dieser Vorschlag könnte viele der bei den Langzeitkonten von den Beschäftigten angesprochenen Probleme wenn nicht lösen, so doch lindern. Ob er sich aber bei HighTech durchsetzen wird, und ob er vielleicht auch in anderen Unternehmen aufgegriffen werden wird, ist allerdings eine offene Frage. In jedem Fall würde damit im Erfolgsfall die Personalpolitik der unteren Linie an einem entscheidenden Punkt in Frage gestellt, und mit ihr ein Kernstück der neuen Steuerungsformen. Das Funktionieren der Arbeitszeitregulierung könnte damit zum Ausgangspunkt einer Politisierung von Steuerungsproblemen gemacht werden.

13.5 Zusammenfassung

Langzeitkonten sind ein junges Regulierungsinstrument. Erste Erfahrungen sind deshalb mit Zurückhaltung zu bewerten. Unsere Beobachtungen des Umgangs mit Langzeitkonten erlauben jedoch bereits zwei vorläufige Schlussfolgerungen. Die erste lautet, dass die Langzeitkonten in den von uns untersuchten Betrieben bislang die in sie von den tariflichen und betrieblichen Akteuren gesetzten Erwartungen nicht erfüllen konnten. Sie bieten nur wenig Entlastung für die überbeanspruchten Gleitzeitkonten. Bei der Verbindung von längerfristigen betrieblichen Flexibilitätsanforderungen und individuellen Zeitinteressen sind sie in der Arbeitszeitpraxis der Betriebe noch eine Randerscheinung.

Die zweite Schlussfolgerung ist, dass dafür vor allem die begrenzten Möglichkeiten der Beschäftigten verantwortlich sind, über ihre Zeitguthaben souverän zu verfügen. Dazu zählen auch mögliche Folgeprobleme einer Entnahme von Blockzeiten, die sich in den Fragen bündeln, wer die Arbeitsaufgaben weiterführt und welche Stelle man nach der Rückkehr in das Unternehmen erhält. Weit gravierender aber wiegt die Skepsis hinsichtlich der grundsätzlichen Entnahmemöglichkeiten. Sie schränkt die Attraktivität der Langzeitkonten deutlich ein. Als wirkungsvolle Alternative zur bezahlten Mehrarbeit können sie sich auf dieser Grundlage kaum etablieren. Warum sollten die Beschäftigten die Unwägbarkeiten der Entnahme größerer Freizeitblöcke riskieren? Da ist die Auszahlung die näher liegende Option. Langzeitkonten fehlt deshalb die vielleicht entscheidende Grundlage, auf der sie stärkere Verbreitung finden können.

Diese Problematik hervorzuheben ist besonders notwendig angesichts der Mythen, die sich um Rolle und Einsatzmöglichkeiten der Langzeitkonten mittlerweile in der öffentlichen Diskussion ranken. Teilweise werden Langzeitkonten als Allzweckwaffe zur Bewältigung aller möglichen Probleme der Arbeitszeiten und ihrer Regulierung betrachtet, sei es die Ausweitung der betrieblichen Flexibilität oder sei es die Ersetzung teurer Vorruhestands- oder Altersteilzeitregelungen. Unsere Untersuchungsergebnisse machen demgegenüber auf Zielkonflikte zwischen Kapazitätsanpassung, Beschäftigungssicherung und individueller Zeitsouveränität aufmerksam, die die Attraktivität der Langzeitkonten lähmen. Die mit der Marktsteuerung verbundene Personalpolitik der unteren Linie verhindert, dass Langzeitkonten überhaupt für eine langfristige Flexibilität genutzt werden können, weil sie die Poren für die Zeitentnahme fast völlig schließt. Langzeitkonten verwandeln sich deshalb unter der Hand zu einem Instrument der Ansammlung struktureller Mehrarbeit, für die faktisch zwei Verwendungsmöglichkeiten bleiben: das Ansparen für schlechte Zeiten, und das Ansparen für einen früheren Renteneintritt.

Die erste Verwendungsmöglichkeit ist nicht immer gegeben, denn nicht für alle Beschäftigtengruppen vermindert sich in bei nachlassender Nachfrage der Arbeitsumfang. Hinzu kommt, dass etliche Unternehmen auch in der Krise an ihrer Personalpolitik der unteren Linie festhalten und einen gelungenen Personalabbau gegenüber ihren Kapitalgebern als Ausweis ihrer Leistungsfähigkeit zu benötigen glauben. Gerade dieser Aspekt könnte aber dafür sprechen, die mögliche Beschäftigungssicherungsfunktion von Langzeitkonten stärker in den Mittelpunkt zu rücken. Allerdings dürfen dabei zwei Probleme nicht übersehen werden. Wenn Langzeitkonten als „Atmungsorgan" eingesetzt werden sollen, ist grundsätzlich zu fragen, ob dies auf Basis einer Personalpolitik der „unteren" oder der „mittleren" Linie geschehen soll. Bleibt es bei der „unteren Linie", dann bedeuten Langzeitkonten nichts anderes als eine längerfristige Abkoppelung des Betriebes vom externen Arbeitsmarkt. Zweitens muss man klar zu erkennen geben, dass die Umfunktionierung von Langzeitkonten zu Beschäftigungssicherungskonten im Widerspruch zu dem bisher im Vordergrund stehenden Ziel einer Erhöhung der individuellen Zeitsouveränität steht. Dem kann zwar durch eine Aufteilung in verschiedene Typen von Langzeitkonten Rechnung getragen werden. Doch die Regelungsvielfalt nimmt dann zu, und es ist fraglich, was das für die Verbreitungschancen von Langzeitkonten bedeutet.

Die zweite realistische Perspektive ist die in der Rentenansparfunktion von Langzeitkonten angelegte Orientierung auf eine Verkürzung der Lebensarbeitszeit. Die Beschäftigten schätzen diese Möglichkeit ungleich optimistischer ein als die der Blockzeitentnahme. Sollen Langzeitkonten als Äquivalent oder Ersatz für Vorruhestands- oder Altersteilzeitregelungen dienen, müsste sich ihre Popularität vervielfachen, und die Beschäftigten hätten Zeitguthaben in großem Umfang aufzubauen.

Doch auch hier drängen sich Fragen auf. Nicht allein, dass derartige Langzeitkonten als Massenerscheinung in bemerkenswertem Kontrast zu der gegenwärtigen öffentlichen Debatte über die Notwendigkeit einer Verlängerung der – zumindest faktisch geleisteten – Lebensarbeitszeit bilden würden. Diesem Einwand könnte immerhin noch entgegen gehalten werden, dass diese Ansprüche auf vorgezogene Rente durch vorgezogene Arbeitszeit selbst erarbeitet wären. Aber gerade damit ist ein gewichtiges Problem verbunden. Denn mit dieser Funktionsbestimmung von Langzeitkonten verbindet sich das Bild einer längerfristigen Arbeitszeitverlängerung unter den „prime age" Beschäftigten, also den Beschäftigten in der Lebensphase, in der sie als besonders leistungsfähig gelten. Dieses heimliche Leitbild steht zum einen in Konflikt mit der viel diskutierten „Vereinbarkeit von Familie und Beruf", denn wenn diese Beschäftigten in ihrem „prime age" Kinder haben, führt dies in aller Regel zu einer Polarisierung der Arbeitszeiten zwischen Männern und Frauen. Zum anderen verschärft sich das bereits jetzt feststellbare Problem, dass die höher Qualifizierten wesentlich bessere Möglichkeiten haben, größere Zeitguthaben anzusammeln, als Beschäftigte mit mittleren oder niedrigen Qualifikationsniveaus. Von allen Gerechtigkeitsproblemen einmal abgesehen, die daraus zum Beispiel bei einer Erhöhung des gesetzlichen Rentenalters erwachsen würden, würden Knappheitssituationen auf den Arbeitsmärkten höher qualifizierter Beschäftigter längerfristig vorprogrammiert. Wenn heute bereits 83% der Unternehmen aus Industrie und technischen Dienstleistungen in einer Befragung im Auftrag des VDI (ZEW 2004) für die nächsten fünf bis zehn Jahre einen Ingenieurmangel in Deutschland erwarten, dann wird es offensichtlich, dass ein verbreitetes Setzen auf Langzeitkonten in der Funktion von Rentenansparkonten für die Unternehmen mit erheblichen Zielkonflikten verbunden wäre.

Angesichts dieser offenen Fragen werden Langzeitkonten wahrscheinlich erst in dem Maße zu einem Erfolgsmodell werden können, wenn konsequent das Problem der Entnahmemöglichkeiten von Guthaben angegangen wird. Eine Personalpolitik der „mittleren Linie" dürfte die wichtigste Voraussetzung dafür sein, mit Hilfe von Langzeitkonten neue Flexibilitätskompromisse auszubalancieren. Besonders hervorhebenswert ist deshalb der Vorschlag des Betriebsrates von HighTech, einen Pool von zunächst befristet eingestellten qualifizierten Reservekräften zu bilden, die genügend Erfahrungen innerhalb des Betriebes sammeln, um Beschäftigte vertreten zu können, die ihre Guthaben von Langzeitkonten entnehmen.

14. Individualisierte Aushandlung – die (fast) brachliegende Arena

Ein zentrales Problemfeld der neuen Regelungen ist in den vorigen Kapiteln mehrfach angerissen worden: Die neuen Prozessnormen, die in den Arbeitszeitregulierungen sowohl für dezentrale Aushandlungen zwischen Beschäftigten und Führungskräften als auch für die traditionelle Mitbestimmung geschaffen werden, deren Aushandlungsakteure der Betriebsrat und – auf der anderen Seite – der Betrieb oder das Unternehmen sind. Bislang wurden diese Prozessnormen gewissermaßen als Kontextbedingung behandelt. Bei allen angesprochenen Problemen, sei es dem Funktionswandel und dem Verfall von Gleitzeit, der stockenden Umwandlung von bezahlter Mehrarbeit in variable Regelarbeitszeit oder den Entnahmeproblemen der Langzeitkonten, hatte sich der zentrale Stellenwert der Prozessnormen für die praktische Wirksamkeit der Arbeitszeitregulierung angedeutet.

Dieser Stellenwert ist im Folgenden genauer auszuloten. Vor der Analyse neuer Mitbestimmungsrechte der Betriebsräte im sechsten Kapitel widmen wir uns zunächst der individualisierten Aushandlung, also der Verhandlung von arbeitspolitisch relevanten Fragen zwischen Beschäftigten und Führungskräften. Die individualisierte Aushandlung kann als eine weitgehend noch brachliegende Arena der industriellen Beziehungen bezeichnet werden. Um den Ursachen dafür auf die Spur zu kommen, beginnen wir mit einer Skizze der tektonischen Verschiebungen zwischen den Aushandlungsarenen der industriellen Beziehungen, die mit den neuartigen Arbeitszeitregulierungen verbunden sind.

14.1 Arbeitszeit als Partizipations- und Rationalisierungsinstrument

Ein zentrales Charakteristikum neuartiger Formen kollektiver Arbeitszeitregulierung ist ihr partizipativer Anspruch. Dadurch grenzen sie sich deutlich ab von den Restriktionen, die fest fixierte kollektive Standards bei Lage, Verteilung und Dauer der Arbeitszeiten unzweifelhaft darstellen. In den fordistischen Regulierungsformen ist auch der Ausnahmetatbestand von Mehrarbeit kein Gegenstand der individuellen Disposition, sondern wird zwischen Vorgesetzten, Unternehmen und betrieblicher Interessenvertretung ausgehandelt, und zwar gewissermaßen über die Köpfe der Beschäftigten hinweg.

Genau daran setzte ursprünglich der neue Gedanke der Gleitzeit an, zumindest in begrenzten Bereichen der Unternehmen individuelle Dispositionsmöglichkeiten über die Gestaltung der Arbeitszeit zu schaffen. Dabei wurde allerdings zunächst der Rahmen des fordistischen Zeitregimes nicht wirklich gesprengt, denn die frühen Gleitzeitregelungen bewegten sich aufgrund ihrer geringen Obergrenzen und Ausgleichszeiträume in Verbindung mit ihren langen Kernzeiten weitgehend in dem Rahmen, der von den Rhythmen der kollektiven Standards vorgegeben worden war. Außerdem, und hier liegt ein entscheidender Unterschied zu den neuartigen Regulierungsformen, die wir in unseren Falluntersuchungen behandelt haben, hatten die Gleitzeitinitiativen keinen direkten Bezug zu den Rationalisierungsstrategien der Unternehmen. Sicherlich bestand eine Verbindung, diese war aber nur vermittelt und lief über den Fokus der Unternehmenskultur. Gleitzeitregelungen sollten die Arbeitszufriedenheit der Beschäftigten verbessern und ihre emotionale und motivationale Integration in das Unternehmen festigen.

In den neuartigen Formen kollektivvertraglicher Arbeitszeitregulierung hingegen existiert ein unmittelbarer Bezug der Regulierung zur Rationalisierung. Denn diese Formen sind Teil arbeitskraftzentrierter Rationalisierungsstrategien, die in den 90er Jahren verstärkt Einzug in die Unternehmen gehalten haben und die darauf abzielen, das Erfahrungswissen der Beschäftigten für die Gestaltung und Ausführung der Arbeitsaufgabe nutzbar zu machen. Voraussetzung dafür ist die Gewährung von Beteiligungschancen im Rahmen partizipativer Managementkonzepte. Viel ist darüber diskutiert worden, welches Ausmaß diese Beteiligungsangebote des Managements wirklich haben und ob sie effizienz- oder arbeitsorientiert sind (Dörre 1996), also nur neue Herrschaftsmittel darstellen oder echte Partizipationschancen bieten. Dies ist an dieser Stelle nicht zu entscheiden. Wichtig ist vielmehr festzuhalten, dass die Arbeitszeit einen neuen strategischen Stellenwert erhalten hat als zentraler Eckpfeiler neuer Managementkonzepte der Arbeitsorganisation. Denn die Partizipationsangebote des Managements bezogen sich immer auch und besonders auf die individuellen Spielräume der Gestaltung der Arbeitszeit.

Damit aber verschieben sich zugleich die Aushandlungsbeziehungen in der Organisation. Im fordistischen Regime ist die Sache klar. Aushandlungen über Arbeitszeit – zumindest alle formellen Aushandlungen – finden auf der Ebene der organisierten Akteure statt, einschließlich der Regelungen zum Ausnahmetatbestand Mehrarbeit. Insbesondere die erforderliche Zustimmung zu Mehrarbeit ermöglichte den Betriebsräten Koppelgeschäfte, die sie für ihre Politik auch in anderen Bereichen nutzbar machen konnten.

Durch die Verlagerung der Arbeitszeitgestaltung im Geist partizipativer Managementkonzepte von der Ebene der organisierten Akteure, der so bezeichneten „Arena der Mitbestimmung", auf die Ebene des einzelnen Beschäftigten, der „Arena der Arbeitsverfassung" (Müller-Jentsch 1999), können Prozesse der individualisierten Aushandlungen zwischen Beschäftigten und Vorgesetzten angestoßen werden. Es ist ein zentrales Charakteristikum der untersuchten Arbeitszeitregulierungen, dass sie für diese Aushandlungen Verfahrensregeln definieren, also die Arena der Arbeitsverfassung zu einem guten Teil normativ unterfüttern. Diese Verfahrensregeln lassen sich grob unterscheiden danach, ob es überhaupt genauere Vorgaben für individualisierte Aushandlungen gibt, ob – wenn dies der Fall ist – Prozeduren und Instrumente der Konfliktlösung vorgesehen sind und schließlich, ob in diesen Prozeduren die Betriebsparteien und damit die Mitbestimmung des Betriebsrates explizit angelegt ist. Ist letzteres der Fall, besteht eine institutionalisierte Klammer zwischen individualisierter Aushandlung und Mitbestimmung, zwischen direkter und repräsentativer Partizipation. Die damit formulierten Prozessnormen lassen sich auch, wie bereits angesprochen, als Haltegriffe und Mitbestimmungsschwellen bezeichnen. Dabei sind Haltegriffe Normen, auf die die Beschäftigten in den Aushandlungen mit ihren Führungskräften zurückgreifen können und die ihnen feste Ansprüche sichern. Und Mitbestimmungsschwellen sind Punkte, an denen vorgesehen ist, dass sich der Betriebsrat in das Geschehen auf der operativen Ebene einschalten kann.

Es liegt in der Natur der Sache, dass sich mit der Verlagerung der Arenen und Aushandlungsebenen auch das Verhältnis zwischen materialen und prozeduralen Normen ändert. Materiale Normen beschreiben feste Grenzen oder eindeutige Festlegungen dessen, was normal ist und dessen, was demgegenüber Ausnahmetatbestände sind. Im fordistischen Regulierungsgebäude stehen materiale Normen im Vordergrund der Regulierung wie die 40-Stunden-Woche, der Acht-Stunden-Tag oder die Fünf-Tage-Woche. An diesen Standards gibt es nichts zu rütteln, Veränderungen sind zwangsläufig Normabweichungen. Den inhaltlichen Standards sind prozedurale Normen angelagert. Prozedurale Normen beschreiben Leitlinien für Verfahren, nicht für Ergebnisse. Ein Beispiel dafür ist im fordistischen Regime das Verfahren für die Beantragung von Mehrarbeit beim Betriebsrat. Die Ergebnisoffenheit der Normen zeigt sich darin, dass zwar Obergrenzen für Mehrarbeitsvolumen definiert werden, es aber keine Vorgaben dafür gibt, ob überhaupt Mehrarbeit vom Betriebsrat zu genehmigen ist und was der Betriebsrat dafür als Gegenleistung verlangen kann. Es gibt lediglich die Norm, dass eine Verhandlung stattfinden muss.

In den neuen Formen der Arbeitszeitregulierung bestehen zwar beide Formen von Normen fort. Aber die Gewichte zwischen den Normen verschieben sich. So existieren nach wie vor materiale Standards wie die Länge der wöchentlichen Arbeitszeiten oder wie Obergrenzen für Ausgleichszeiträume und Saldenbildungen auf Arbeitszeitkonten. Aber diese lassen mehr Spielraum für individuelles oder kollektives Handeln. Und dieser Spielraum kann in stärkerem Maße von prozeduralen Standards reguliert werden. Beispiele dafür sind Normen für Aushandlungen zwischen Vorgesetzten und Beschäftigten, Verfahrensweisen für den Umgang mit Problemsituationen oder Interventionspunkte für die Einbeziehung des Betriebsrates.

Mit den prozeduralen Normen neuer Arbeitszeitregulierungen entstehen auch neue Verknüpfungen von Arbeitszeit und Leistung. Dies betrifft zum einen die Verfahren. In beiden Regulierungsbereichen wurden in den Fallunternehmen mehr oder weniger ausgeprägte Verfahren der individualisierten Aushandlung kollektiv reguliert, in der Arbeitszeit die Aushandlung über Arbeitzeitbudgets oder Zeitverwendung, in der Leistungsfrage die Aushandlungen über Zielvereinbarungen. Beide Regulierungsbereiche zusammen sind es, in denen die individualisierte Aushandlung als Ansatzpunkt einer neuen Arena der industriellen Beziehungen regulativ begründet wird. Sie stehen für neue, formelle und dialogische Verfahren im Umgang von Beschäftigten und Vorgesetzten auf der operativen Ebene.

Doch Arbeitszeit und Leistung finden in der individualisierten Aushandlung auch eine neue inhaltliche Verknüpfung. Das Bindeglied zwischen beiden Regulierungsfeldern ist die Orientierung der Arbeitsprozesse an Ergebnissen im Rahmen der indirekten Steuerung, die die neuen prozeduralen Verfahren prägt (Haipeter 2002). So weisen Zielvereinbarungen einen engen Bezug zur Arbeitszeit auf. In Zielvereinbarungsgesprächen läuft stets implizit die Frage mit, welche Ziele eigentlich im Rahmen der vertraglichen Arbeitszeiten erreicht werden können. Ziele machen nur dann Sinn als Instrument der Leistungssteuerung, wenn sie das Leistungspotenzial des Beschäftigten, das er in seiner Arbeitszeit einbringen kann, weder grob unter- noch überschätzen. Die vertragliche Arbeitszeit definiert dafür einen wichtigen Rahmen, denn ohne Referenz auf Arbeitszeiten gäbe es für die Bemessung von Zielen keine feste Bezugsgröße mehr, gerade auch im Vergleich zwischen den Beschäftigten. Das heißt natürlich nicht, dass Ziele nicht so ausgerichtet sein können, dass ihre Erfüllung nur bei Überschreitungen der vertraglichen Arbeitszeiten möglich ist. Aber auch in diesem Fall wäre die vertragliche Arbeitzeit noch immer eine zumindest indirekte Bezugsgröße für die Bemessung der Ziele.

Bei Aushandlungen über die Arbeitszeit schwingt immer das Problem mit, ob beispielsweise kostenträchtige Verlängerungen der Arbeitszeit überhaupt geboten sind. Sie berühren damit die Effizienz- und Effektivitätsfrage, die ja eine Leistungsfrage ist. Genau dieser Zusammenhang findet sich beispielsweise in der von den Promotoren der Vertrauensarbeitszeit empfohlenen Institution der Überlastgespräche (Hoff 2002; Haipeter et al. 2002). Überlastgespräche verknüpfen Aushandlungen über Arbeitszeit und Leistung. Bei absehbarer struktureller Überschreitung der vertraglichen Arbeitszeiten signalisiert der Beschäftigte seinem Vorgesetzten eine Überlast, und beide überlegen dann, wie diese Überlast abzubauen ist. Nach der Entscheidung darüber, was und wie gearbeitet wird, ist

Individualisierte Aushandlung 173

im Konzept die Verlängerung der Arbeitszeit erst die dritte Option, die von den dezentralen Akteuren gezogen werden sollte.

Die Entstehung einer neuen Ebene der individualisierten Aushandlung bedeutet ohne Zweifel eine gewichtige Veränderung für das deutsche System der industriellen Beziehungen. Dieses System ist traditionell durch die Dualität der Arenen geprägt, der Arena der Tarifautonomie und der Arena der Betriebsverfassung, das sich über einen langen Zeitraum hinweg als stabil erwiesen hat (Müller-Jentsch 1997; Streeck 1979). Mit der Arbeitsverfassung kommt nun aber eine neue Arena hinzu, für die es keine historisch bereits eingespielte und bewährte Rolle gibt, die den Akteuren als Orientierungsrahmen zur Verfügung stünde. Dies gilt auch für die analytische Einschätzung. Führt diese Arena eher zur Schwächung des Systems der industriellen Beziehungen, weil sie Betriebsräten wichtige Mitbestimmungsrechte entzieht, so zum Beispiel durch den Verlust an kollektiver Mitbestimmung über Mehrarbeit? Oder stellt sie eine Ergänzung der traditionellen Mitbestimmung und damit potentiell sogar eine Stärkung dar, indem sie eine „Mitbestimmung in erster Person" (Müller-Jentsch 1997) begründet?

Gegen die erste Einschätzung spricht, dass in unseren Untersuchungsfällen die dezentralisierte Aushandlung nicht das Ergebnis einer unilateralen Managementstrategie ist, sondern durch tarifliche und/oder betriebliche Vereinbarungen kollektiv reguliert wird. Warum sollen Gewerkschaften oder Betriebsräte sich an der Schaffung neuer Institutionen beteiligen, von denen absehbar ist, dass sie nur den Interessen des Managements dienen und die betriebliche Mitbestimmung und damit die Machtposition der Betriebsräte gefährden? Im Gegenteil, in unseren Fallstudien gehen die Interessenvertretungen vielmehr davon aus, dass die aus den Regulierungen folgende begrenzte Machtverlagerung zugunsten der Arena der Arbeitsverfassung zu einer Stärkung der Partizipationsmöglichkeiten der Beschäftigten führt, die ihrerseits die Position der Betriebsräte eher stärkt als schwächt. In dieser Sichtweise gewinnt die Position der Betriebsräte dadurch, dass die Mitbestimmung an die neuen Bedingungen marktgesteuerter Organisationen angepasst wird. Partizipation ist keine bloße Gewährung des Managements mehr, sondern nimmt den Charakter einklagbarer Rechte für die Beschäftigten an. Betriebsräte können von den Beschäftigten dabei als Garanten ihrer Rechte wahrgenommen werden und damit ihre Bedeutung auch in neuen Organisationsformen festigen. Freilich ist damit ein Rollenwechsel für den Betriebsrat verbunden. Müller-Jentsch (2003) bezeichnet ihn als Wende von einer Stellvertreterpolitik hin zu einer Politik des „interest management" individueller Partizipationsansprüche.

Eine andere Frage ist aber, ob die in die neue Arena der dezentralisierten Aushandlung gesetzten Hoffnungen auch tatsächlich berechtigt sind. In dieser Frage ist Skepsis nicht unbegründet. Denn mit der Arena der Arbeitsverfassung entstehen nicht einfach ganz neue Rechte der direkten Partizipation, die additiv neben die traditionelle Mitbestimmung gestellt würden. Im Gegenteil, die direkte Partizipation wird gewissermaßen substitutiv von der traditionellen, repräsentativen Mitbestimmung des Betriebsrates abgezweigt. Es geht damit um eine neue Aufteilung von Mitbestimmungsmöglichkeiten, nicht um zusätzliche Mitbestimmung auf direkter Ebene. Hinzu kommt: Der Beschäftigte ist nicht der Betriebsrat. Er hat kein Betriebsverfassungsgesetz im Rücken, er hat häufig keine Erfahrung im Austragen institutioneller Konflikte, und er ist dabei auch nicht professionalisiert. Vor allem aber bestehen zwischen ihm und seinem Vorgesetzten auch in abgeflachten Hierarchien noch immer entscheidende Asymmetrien hinsichtlich der Macht- und der Statusverteilung in der Organisation. Eine Stärkung der betrieblichen Mitbestimmung durch Schaffung einer Arena der Arbeitsverfassung ist damit an viele Voraussetzungen gebunden, von denen im Vorhinein unklar ist, ob sie sich tatsächlich auch in der Praxis einspielen.

Diese Skepsis wird durch unsere Fallstudien eher genährt als abgeschwächt. Wir werden anhand unserer Fälle sehen, dass sich die neuen dezentralen Aushandlungsformen gerade mit Blick auf die Arbeitszeit noch keineswegs so weit etabliert haben, wie dies durch die angestellten allgemeinen Überlegungen suggeriert werden könnte. Deshalb können sie auch noch kaum zu einer Stärkung der Mitbestimmung beitragen. Aber auch die in sie gesetzten Hoffnungen auf Steigerung der Produktivität haben sich bislang allenfalls ansatzweise erfüllt. Insbesondere der Zusammenhang von Arbeitszeit und Leistung spielt in der betrieblichen Praxis keine entscheidende Rolle. Dass zumindest potenziell ein mehr an Partizipation und Diskurs auch ein mehr an Effizienz und eine Stärkung der Mitbestimmung nach sich ziehen könnte, lässt sich aber an einem Fall eindrucksvoll belegen. Davor stehen jedoch zwei grundlegende Probleme, nämlich Probleme der Hierarchie auf der einen und Probleme der indirekten Steuerung auf der anderen Seite.

14.2 Störfaktor Hierarchie

Bei Luftschiff gibt es mehrere regulative Ansatzpunkte für die individualisierte Aushandlung über Arbeitszeit. Dazu zählen die bereits im vorigen Kapitel angeführten Gespräche über die Frage, in welchem Umfang Zeiten von den Konten entnommen werden können. Dass bei Luftschiff die Entnahme von Blockzeiten als zentrale Achillesverse der Langzeitkontenregelung betrachtet werden kann, ist auch ein erster Indikator dafür, dass die individualisierten Aushandlungen zwischen Beschäftigten und Vorgesetzten nicht so gelingen, wie dies dem Geist der Regulierung eigentlich entspräche. Grenzen der praktischen Wirksamkeit

Individualisierte Aushandlung 175

zeichneten sich ab, und diese Grenzen standen in engem Zusammenhang zu den Zielkonflikten, die in der Regulierung von vorneherein angelegt waren.

Doch die Entnahmeprobleme waren nicht die einzigen Probleme der individualisierten Aushandlung bei Luftschiff. So wurde in einigen Fällen berichtet, dass die Einrichtung eines Langzeitkontos von den Führungskräften direkt untersagt worden war:

„Beim Langzeitkonto verstehe ich es aber nicht, dass die Meister das nicht zulassen. Ich weiß auch, dass es bei den Angestellten häufig so ist, dass der Vorgesetzte sagt: Bei mir kommen keine Zeiten ins Langzeitkonto. Die Folge ist dann natürlich, dass die Zeiten gekappt werden. Diese Fälle gibt es natürlich. Wenn der Hallenchef das sagt, dann geht natürlich auch kein Angestellter zum Betriebsrat. Das macht da keiner." (Beschäftigter Luftschiff)

Wir haben allerdings keine Hinweise dafür erhalten, dass das Verbot der Einrichtung von Konten und das Kappungsproblem im Werk weit verbreitet wäre. Möglicherweise scheuen die Vorgesetzten die Anforderungen, die ihnen durch die Planung von Abwesenheiten erwachsen würden. In diesen Fällen jedenfalls scheitert die individualisierte Aushandlung am Beharrungsvermögen der Hierarchie.

Über derartige Einzelfälle hinaus behält die Hierarchie im Werk aber auch deshalb ihren dominierenden Einfluss auf die Arbeitszeitgestaltung der Beschäftigten, weil die autonome Zeitsteuerung der Gruppe mit dem Funktionieren der Gruppenarbeit steht und fällt. Die Gruppenarbeit jedoch hat sich im Werk bislang nicht als durchgängiges Organisationsprinzip der Produktion ausbreiten können.

Das derzeitige Bild der Gruppenarbeit im Werk gleicht einem bunten Flickenteppich. Ein Teil der Gruppen hat sich tatsächlich nach dem groben Leitbild entwickelt, das mit der teilautonomen Gruppenarbeit von den Betriebsparteien angedacht worden war. Daneben existieren Gruppen, die einen eher restriktiven Aufgaben- und Funktionszuschnitt haben. Weiterhin finden sich Gruppen, die sich für kurze Zeit als teilautonome Gruppen etabliert hatten, dann aber ihre Gruppenaktivitäten entscheidend eingeschränkt haben und nun nur noch der Bezeichnung nach eine Gruppe bilden. Schließlich läuft in einigen Bereichen die Gruppenarbeit gerade erst an.

Fragt man nach den Gründen für die Schwierigkeiten oder gar das Scheitern von Gruppenarbeitsprojekten, so stößt man im Werk zunächst auf zwei Faktoren, die aus der Literatur zur Gruppenarbeit gut bekannt sind (vgl. Pekruhl 2001), nämlich die Führungskulturen und die Anforderungen der diskursiven Koordinierung innerhalb der Gruppen. Hinzu kommen noch Probleme der Leistungssteuerung der Gruppen.

Die Führungskulturen und die Führungspersönlichkeiten spielen eine große Rolle. Im bilateralen Aushandlungsprozess ist die Person des Meisters von kaum zu überschätzender Bedeutung. Er ist für die Gruppen in seinem Arbeitsbereich sowohl disziplinarisch verantwortlich als auch verantwortlich für ihr Arbeitsergebnis gegenüber seinem Vorgesetzten. Er verbindet damit in einer Person die Rolle des disziplinarischen Vorgesetzten gegenüber der Gruppe, die Rolle des ergebnisverantwortlichen Vorgesetzten gegenüber dem Subsegment und die Rolle des Förderers der Autonomie und Selbststeuerung. Und zugleich kommen die meisten Meister aus einer tayloristischen Arbeitskultur, in der ihr Wort Gesetz war. In dieser Situation sind Überlastungen, Rollenkonflikte und Orientierungsprobleme vorprogrammiert, und die Selbstorganisation der Gruppe steht unter Entscheidungsvorbehalt (Kühl 2001). Meister als betriebliche Führungskräfte begleiten die Gruppenprozesse und entscheiden zugleich weiter als Experten und verantwortliche Vorgesetzte. Die Gruppenarbeit bleibt in eine Hierarchie eingebunden, in deren Rahmen die betriebliche Führungskraft jederzeit delegierte Entscheidungen wieder an sich ziehen kann, wenn nach ihrer Wahrnehmung die Situation dies erfordert. Zu bedenken ist dabei, dass die Verantwortung für die Zielerreichung ihres Bereichs weiterhin bei den Meistern verankert ist. Daraus entsteht ein erheblicher Druck, in Problemsituationen in die Selbstorganisation der Teams einzugreifen. Dies gilt gerade auch für die Steuerung der Arbeitszeit, wie die folgenden Zitate belegen:

> „Aber jetzt haben wir einen neuen Meister, der hat die Zügel deutlich angezogen. Der muss immer zustimmen, alles hängt von seinem Ja oder Nein ab. Das betrifft alle Bereiche der Gruppenarbeit. Da gibt es dann natürlich auch Konflikte. Erst hatten wir die Freiheit, dann will man sie uns wieder wegnehmen. Wir hatten deshalb auch schon Konflikte mit der Abwesenheitsplanung." (Gruppensprecher Luftschiff)
>
> „Ich arbeite in einer teilautonomen Gruppe. Wir hatten einige Aufgaben übernommen, die vorher Vorarbeiter oder Meister gemacht haben. Die Abwesenheitsplanung hat jetzt aber eher wieder der Meister übernommen. Vielleicht haben die Angst, dass mal zu wenig Leute da sein könnten." (Beschäftigter Luftschiff)

Doch nicht nur die Meister müssen sich in eine neue Welt einfinden, dasselbe gilt für die Produktionsarbeiter. So mancher betriebliche Experte wies auf den Kulturwandel hin, der für Produktionsarbeiter nötig ist, um den Schritt von der Bevormundung in der tayloristischen Kommandostruktur hin zur Selbstorganisation und Kooperation bewältigen zu können. Die Zumutungen und Schwierigkeiten einer verständigungsorientierten Koordinierung sind nur auf der Grundlage langfristiger und offener Lernprozesse von den Beschäftigten tragbar (Minssen 1999). Die Beschäftigten müssen lernen, sich zu artikulieren, ihre Interessen gegenüber anderen zu formulieren und Kompromisse mit den Positionen anderer zu schließen. Dies gilt sowohl für die Beziehungen zum Vorgesetzten als auch für die internen Beziehungen der Gruppe. Dafür ist eben nicht nur der Meister verantwortlich, sondern auch die Gruppe selbst. Darüber hinaus ist es auch unsicher, ob die Gruppenmitglieder überhaupt „miteinander können". Gruppen funktionieren nicht nur als Einheiten der Organisation, sondern auch als soziale Einheiten, bei denen die interne Chemie stimmen muss – sonst läuft der Gruppenprozess ins Leere.

„Außerdem haben wir noch ein besonderes Problem, acht Frauen untereinander, das ist nicht ganz so einfach. Die Klärung untereinander ist da immer mal notwendig. Die Kommunikation ist insgesamt schwer hinzukriegen, vor allem wenn es um sachliche Themen geht. Da schalten einige sofort ab. Manche blocken sofort ab, gerade und vor allem auch bei Gesprächen mit dem Vorgesetzten. Mir war das insgesamt zuviel. Ich war zwar zunächst Gruppensprecherin, habe dann aber nach einem Jahr das Handtuch geschmissen. Ich bin doch nicht der Sündenbock, ich lasse doch nicht alles auf mich schieben, was nicht läuft. Jemand anderes dafür haben wir aber auch nicht. Deshalb haben wir zurzeit in der Normalschicht keine Gruppensprecherin." (Ehemalige Gruppensprecherin Luftschiff)

„Unsere Gruppe ist zerstritten. Sie hat sich in mehrere Untergruppen aufgespalten. ... Bei der Gruppe war es so, dass viele Probleme nicht ausgesprochen und ausdiskutiert wurden. Die Leute müssen halt zusammenpassen, das war bei uns nicht der Fall. Die Leute wurden ja gewissermaßen zueinander gezwungen. Es wäre aus meiner Sicht viel besser gelaufen, hätte sich die Gruppe freiwillig zusammensetzen können." (Gruppensprecher Luftschiff)

Ein zentrales Problem der Gruppenarbeit ist die Herausbildung eines neuen Leistungskompromisses. Dieses Problem verstärkt die Tendenz einer Rückkehr der Hierarchie entscheidend. Zunächst einmal ist es in der Gruppenarbeit formal so, dass die verständigungsorientierte Koordinierung und Steuerung der Gruppenarbeit über Kostenziele, Zielvereinbarungen und Kennziffern erfolgt. Hier liegt der Hauptakzent der eingeforderten Rationalisierung in Eigenregie, und hier soll die Leistungsregulierung neu austariert werden. In unserer Umfrage haben fast 88% der Beschäftigten angegeben, dass für sie die Arbeitsanforderungen in den letzten Jahren gestiegen sind. Dies gilt sowohl für die Beschäftigten, die sich in Gruppenarbeit sehen als auch für diejenigen, die von sich sagen, dass sie nicht in teilautonomen Teams arbeiten. Es ist schwer zu entscheiden, ob sich diese Aussage auf eine Leistungsintensivierung in Eigenregie bezieht oder eher auf das Ergebnis traditioneller Rationalisierungsformen. In der Tat wurden in den Interviews Hinweise darauf deutlich, dass es in der Rationalisierungspraxis beide Rationalisierungsansätze gibt und zumindest in einzelnen Bereichen auch eine Kombination dieser Ansätze vorfindbar ist. Gerade der letzte Fall ist von Interesse. Zwar ist formal die Unterschreitung der Vorgabezeiten und damit die Freigabe von Zeiten freiwillig. Dennoch haben einige Beschäftigte von einem faktischen Druck durch das Industrial Engineering (IE) berichtet. Demnach verfolgt das IE – im Auftrag der zuständigen Meister – zumindest in Einzelfällen das Ziel, in die Gruppen hineinzugehen und die Vorgabezeiten auf traditionelle Weise zu kürzen, wenn die Beschäftigten nicht freiwillig Zeiten in das Beteiligungsmodell abgeben:

„Grundsätzlich können alle Cost Improvement Potenziale von den Gruppen angezeigt werden, auch Layout-Veränderungen. Wenn die Gruppen aber von selber keine Potenziale benennen, dann gehen wir als Industrial Engineering in die Gruppen hinein. Dabei ist klar, dass die Verbesserungen, die wir dann feststellen, nicht in das Beteiligungsmodell eingehen. Kommt nichts von der Gruppe, dann setzt unser Vorgehen wieder ein wie vor der Gruppenarbeit. Das läuft dann wie gewohnt ab." (Mitarbeiter Industrial Engineering Luftschiff)

„Insgesamt muss ich aber sagen, Zeitrückgaben, das ist schon schwierig. Wir machen es aber. Wir erwirtschaften was. Wir sind uns einig, dass wir lieber Zeit zurückgeben, als das wir bei uns die IE drin haben. Wir machen lieber eine Zeitrückgabe, denn da können wir selber bestimmen, was wir zurückgeben. Wenn die IE reingeht, muss man mit allem rechnen." (Gruppensprecher Luftschiff)

„Wenn es aber keine Verbesserungen gibt, wird uns gedroht, dass die IE reinkommt und die Zeiten neu aufnimmt. Ich sehe das so. Mit dem Verbesserungsmodell hat es der Betrieb geschafft, die alte Prämienlohnregel zu unterlaufen. Früher war das so, wenn man die Vorgabezeiten geschafft hat, hatte man sein Geld. Schneller zu arbeiten, davon hatte man keinen Vorteil. Das unterschied die Prämie ja vom Akkord. Jetzt hat man über das Beteiligungsmodell doch wieder den Druck wie im Akkord, und hat ihn in die Prämie hineingebracht. Und wenn man die Prozentzahlen nicht reinbekommt, werden die Zeiten neu festgelegt. Das ist aus meiner Sicht eine Abkehr vom Prämienmodell." (Beschäftigter Luftschiff)

Dieses Phänomen tritt insbesondere in solchen Bereichen auf, in denen die Erfüllung der verbindlichen Kostenziele in Gefahr gerät. Anders gewendet ist der Rückgriff auf traditionelle Rationalisierungstechniken eine Folge des aus der Marktsteuerung resultierenden kontinuierlichen Kosten- und Ergebnisdrucks. Es sind die Kostenziele, die die Meister dazu bewegen, ihren Entscheidungsvorbehalt zu nutzen und delegierte Kompetenzen wieder an sich zu ziehen. In der Konsequenz aber ist es schwer vorstellbar, dass sich unter diesen Bedingungen eine Rationalisierung in Eigenregie als Bestandteil einer selbstorganisierten Leistungssteuerung der Gruppen langfristig einspielen kann. Im Gegenteil, viel spricht dafür, dass auf diese Weise die mit den Gruppenkonzepten verfolgte Ausweitung des internen Unternehmertums im Keim erstickt wird.

Unter diesen Bedingungen, der Rückkehr der Hierarchie und der traditionellen Rationalisierungsmuster, steht auch Zeitsouveränität der Gruppen als Grundlage der individualisierten Aushandlung auf prekärer Grundlage. Um so mehr stellt sich die Frage, ob und inwieweit eigentlich die Beschäftigten die Konfliktlösungsnormen nutzen, die ihnen in der Regulierung zur Verfügung gestellt wurden. Diese beziehen sich vor allem auf die Möglichkeit, den Betriebsrat bei Streitigkeiten einzuschalten. Für diesen Fall sieht die Regulierung mit Verhandlungen zwischen den Betriebsparteien, dem Gang zur Einigungsstelle und der Anrufung der Tarifparteien drei Eskalationsstufen vor. Nutzen die Beschäftigten die Haltegriffe, die ihnen in der Regulierung angeboten wurden?

Die – gerade auch mit Blick auf das Problem der Zeitentnahme – erstaunliche Antwort auf diese Frage lautet: Nein. Uns ist aus den Beschäftigteninterviews nicht ein Fall bekannt geworden, dass ein Beschäftigter aufgrund eines Streites mit seinem Vorgesetzten den Betriebsrat aufgesucht hätte. Auch der Betriebsrat sieht hier Defizite:

> „Der Betriebsrat tritt ein, wenn er gefragt wird. Aber die Courage haben, zum Betriebsrat zu kommen, das müssen die Leute schon. Ich kann nur für jemanden aktiv werden, wenn er mich auch bittet. Aber das wollen einige nicht; sie befürchten Probleme mit den Vorgesetzten." (Betriebsrat Luftschiff)

In den Angestelltenbereichen fanden wir das weniger überraschend; dort ist die Leistungs- und Beitragsorientierung traditionell ausgeprägter und die Distanz zum Betriebsrat größer. Aber auch bei den Produktionsarbeitern herrscht eine wahrnehmbare Distanz, und zwar nicht gegenüber dem Betriebsrat, sondern vielmehr gegenüber dialogischen Verfahren, wie sie mit den neuen individualisierten Aushandlungen ja verbunden sind. Die meisten Beschäftigten haben in den Interviews betont, dass es keine Kommunikationsprobleme mit dem Betriebsrat gäbe und sie seine Hilfe jederzeit in Anspruch nehmen würden, wenn sie dies als nötig empfänden. Aber zur Lösung ihrer Arbeitszeitprobleme haben sie davon doch keinen Gebrauch gemacht. Die regulativen Haltegriffe für die individuellen Aushandlungsprozesse wurden nicht genutzt.

Dafür könnten mehrere Gründe verantwortlich sein. Zieht man aber die aufgezeigten Probleme der Gruppenarbeit in die Betrachtung ein, so spricht viel dafür, dass wir es hier mit einem Sozialisations- und Kulturproblem zu tun haben. Viele der Beschäftigten haben ihre betriebliche Sozialisation unter tayloristischen Vorzeichen erfahren; Dialog und Mündigkeit waren da nicht gefragt. Deshalb liegt es nahe, dass sie bis jetzt wenn schon nicht eine gewisse Skepsis, so doch eine mangelnde Vertrautheit mit den neuen Prozessen und einen Mangel an kommunikativer Kompetenz aufweisen, die es ihnen ermöglichen würde, die dialogischen Verfahren auch voll zu nutzen. Daraus entsteht ein Kulturproblem des Umbruchs von der tayloristischen in die post-tayloristische Fabrik. Und dieses Kulturproblem ist umso schwerer zu lösen, je schwerfälliger der Wandel der tatsächlichen Strukturen vonstatten geht.

Diese Problemkonstellation dürfte typischerweise für Industriebetriebe eine große Bedeutung haben. Auch deshalb wurde der Darstellung hier so viel Raum gewidmet. In unserem Sample mit seinem Schwergewicht auf Bereichen hoch qualifizierter Angestellter ist diese Konstellation allerdings eine Ausnahme. In diesen Bereichen sind Selbstorganisation und Dialog gängige Praxis. Und doch gleichen auch hier die Verfahren der individualisierten Aushandlung in manchen Fällen einer brachliegenden Arena. Die Gründe dafür sind aber ganz andere.

14.3 Indirekte Steuerung, Aushandlungen über Arbeitszeit und Zielvereinbarungen

Bei IT-Services liegt die Sache zunächst klar auf der Hand: Die neuen Verfahrensregeln werden nicht genutzt, weil die Instrumente der kollektiven Arbeitszeitregulierung generell bislang kaum Verbreitung im Unternehmen gefunden haben. Es macht keinen Sinn, Prozessnormen einer Regulierung in Anspruch zu nehmen, deren Gestaltungselemente keine Rolle für die eigene Praxis spielen. Zwar fand im Unternehmen eine Individualisierung der Aushandlung bei der Arbeitszeit statt, dies geschah aber in traditionellen Bahnen, die ja gewissermaßen dort als Parallelsystem bestehen und die neue Arbeitszeitregulierung an den Rand drängen. Diese Individualisierung betrifft die Mehrarbeit. Es sind die Beschäftigten selber, die ihr Mehrarbeitsvolumen planen und beantragen. An diesem Punkt wurde die traditionelle Mehrarbeitsregelung der Logik der indirekten Steuerung angepasst, mit der sich kollektive Verfahren nicht vertragen würden. Trotz der Individualisierung kann man aber nicht von einer Aushandlung sprechen, sondern eher von einem Automatismus: Mit wenigen Ausnahmen leiten die Vorgesetzten die Anträge weiter, die dann vom Betriebsrat genehmigt werden. Weitere Aushandlungen über die Arbeitszeit sind nicht institutionalisiert.

Kommunikator ist ein Beispiel dafür, dass sich unter den Bedingungen der indirekten Steuerung bei schwachen Prozessnormen eine Arena der individualisierten Aushandlung gar nicht herausbilden kann. Die Regulierung selbst sieht explizite Konfliktregelungen nur für den Fall vor, dass Guthaben auf dem Langzeitkonto bis zur Beendigung der Anstellung nicht entnommen werden können und Streit über ihre Verwendung entsteht. Ein solcher Fall ist uns aber nicht begegnet. Für die in der betrieblichen Praxis weit relevanteren Fragen der Kappung von Zeiten oder der Mehrarbeit sind hingegen keine Verfahrensregeln aufgestellt worden. Es liegt in der Logik der Regelung, den Umgang mit diesen Instrumenten ganz in die Sphäre der individuellen Selbstorganisation zu stellen. Der Vorgesetzte tritt dabei gänzlich, also auch als Dialogpartner, in den Hintergrund. Es ist der Beschäftigte, der seine Zeitgestaltung autonom in Auseinandersetzung mit den Anforderungen seiner Arbeit steuert. Und diese Anforderungen

Individualisierte Aushandlung

werden zumindest dem äußeren Anschein nach nicht mehr von der Hierarchie vorgegeben, sondern entstehen aus den sachlichen Ansprüchen, die der Markt und der Kunde an den Beschäftigten stellen. Wenn der Kunde ruft oder der Termin drängt, aber die eigene Arbeitszeit aus den Fugen gerät, macht es keinen Sinn, den Vorgesetzten um Hilfe zu rufen, denn er ist es ja nicht, der die Anforderungen gesetzt hat. Aus den sachlichen Notwendigkeiten der Arbeit scheint es kein Entrinnen zu geben, und die Regulierung hält dafür auch keine (Selbst-) Schutzinstrumente bereit. Der Druck des Marktes trifft die Beschäftigten direkt, und die Arbeitszeitregulierung liefert dafür sogar den formalen Rahmen.

Das Beispiel Kommunikator zeigt, wie lose der Zusammenhang von Partizipation und indirekter Steuerung ist. Indirekte Steuerung kann ohne institutionalisierte Partizipation blendend funktionieren. Es genügt, den Beschäftigten zum zentralen Akteur für die Lösung der Probleme des Unternehmens zu machen. Dies gilt sowohl für Kommunikator als auch für IT-Services, wobei bei IT-Services ja wenigstens noch die prinzipielle Möglichkeit besteht, Haltegriffe zu nutzen, vorausgesetzt freilich, die dafür vorgesehenen Prozesse werden auch eingeleitet.

Vor diesem Hintergrund stellt sich mit Blick auf den Stellenwert der individualisierten Aushandlung die Frage, welche Rolle die Leistungsregulierung spielt. Möglicherweise können Zielvereinbarungen den Beschäftigten helfen, einen gewissen Einfluss auf den Arbeitsumfang und die eigene Arbeitszeit zu verschaffen, den sie über die Arbeitszeitregulierung unmittelbar nicht erhalten. Der Blick auf Kommunikator und IT-Services stimmt diesbezüglich allerdings skeptisch.

Bei Kommunikator dominieren die sachlichen scheinenden Zwänge der Arbeit, und die Arbeitszeiten sind zu einer abhängigen Variablen geworden. Zwar werden diese sachlichen Zwänge auch teilweise durch Ziele formalisiert, doch die Ziele bilden nur einen Ausschnitt aus dem gesamten Tätigkeitsspektrum der Beschäftigten. Und aufgrund ihres Zuschnitts unterstützen und verstärken die Ziele die „sachlichen Zwänge des Marktes" noch. Dies liegt vor allem daran, dass sich das Verhältnis von Vorgaben und Vereinbarungen bei den Zielen inzwischen eindeutig in Richtung Vorgaben gewandelt hat. Von einer ausgewogenen Mischung kann daher keine Rede mehr sein:

„Ich glaube, das Grundproblem für die Arbeitszeit ist die Zielvereinbarung. Durch die Zielvereinbarung soll der Mitarbeiter zur Ich AG werden, zum Unternehmer im Unternehmen. Da steht dann die Erreichung der Ziele an erster Stelle. Die Arbeitszeit wird dann zum Problem und das Arbeitszeitgesetz zu einer lästigen Vorgabe. Die Folge ist: Kaum einer schreibt seine Arbeitszeit noch richtig auf. ... Da liegt natürlich immer eine Machtasymmetrie vor, das sind keine Verhandlungen unter Gleichen. Der Mitarbeiter ist kein Unternehmer im Unternehmen, sondern ein Mitarbeiter, der seine Weisungen erhält." (Betriebsrat Kommunikator)

Nach übereinstimmender Schätzung der Beschäftigten beläuft sich der Anteil von Vorgaben an den individuellen Zielen inzwischen bei 80%, die sich ihrerseits wieder zusammensetzen aus allgemeinen Unternehmenszielen und abteilungsbezogenen Zielen. Unter diesen Voraussetzungen ist auch die Regelung, dass 50% der Ziele in der vereinbarten Arbeitszeit erreichbar sein sollen, weitgehend Makulatur. Denn die Vorgesetzten erwarten eine höchstmögliche Zielerfüllung. Spielräume für individuelle Wahlhandlungen bestehen kaum. Zumal die krisenhafte Lage des Unternehmens der Hierarchie ein weiteres Druckmittel der Marktsteuerung in die Hand gibt, nämlich den Druck des Arbeitsmarktes.

Allerdings beklagen einige Beschäftigte auch den Verlust an Steuerungsfunktion der Ziele, der damit verbunden ist, dass der Stellenwert unternehmensbezogener Ziele steigt. Je weniger die Ziele durch das eigene Handeln beeinflussbar sind, umso weniger dienen sie dafür als Orientierungsdatum:

> „Meine Ziele sind immer mehr zu generellen Zielen geworden, das hatte die Firma ja so beschlossen. Das ist wie bei einer Roulettekugel: Wenn sie richtig fällt, ist es schön, ansonsten kann man sowieso nichts machen." (Beschäftigter Kommunikator)

Welche Schlussfolgerungen lassen sich aus der Praxis bei Kommunikator ziehen? Werden Zielvereinbarungen als Zielvorgaben praktiziert, scheint sich der Druck auf Leistung und damit auch auf Arbeitszeiten zunächst einmal zu erhöhen. Doch je mehr allgemeine, von den Beschäftigten nicht mehr zu beeinflussende Ziele in die Vorgaben eingehen, desto mehr wird dieser Druck relativiert, weil die Ziele ihre Steuerungsfunktion für das individuelle Handeln verlieren. Bei Kommunikator bedeutet dies aber nicht, dass dadurch eine Entlastung für die Beschäftigten einträte. Wo keine konkreten Ziele bestehen, walten frei die vermeintlichen Sachzwänge der Kundenanforderungen und des allgemeinen Marktdrucks. In diesem Sinne kann man sagen, dass in diesem Unternehmen auch die Zielvereinbarungen inzwischen ganz in die Logik der indirekten Steuerung eingegangen sind. Ein partizipatives Gegengewicht dazu bilden sie jedenfalls nicht.

Die Einschaltung des Betriebsrates in Problemsituationen kommt übrigens für die Beschäftigten bei Kommunikator nicht in Frage, auch wenn diese zumindest in der kollektiven Regulierung der Zielvereinbarungen durchaus vorgesehen ist. Ebenso wie bei der Arbeitszeit geschieht in dieser Richtung nichts, obwohl die Beschäftigten offensichtlich nicht in der Lage sind, ihre Probleme individuell zu lösen oder eigene Vorstellungen durchzusetzen. Entscheidend dafür ist, dass der Betriebsrat als ebenso ohnmächtig wahrgenommen wird, wie man selbst ist. Diese Ohnmacht wird sowohl auf den Marktdruck bezogen als auch auf die Hierarchie. Der Betriebsrat kann die Beschäftigten weder vor dem Druck der Konkurrenz schützen noch vor den Konsequenzen aus der Hierarchie, mit denen

Individualisierte Aushandlung 183

die Beschäftigten rechnen zu müssen glauben, sollten sie den Betriebsrat als Vertreter ihrer Interessen aufsuchen und in den Konflikt schicken:

„Für mich stellt sich der BR als ohnmächtig dar. Und gewerkschaftlich organisierte Sachen, das schätze ich nicht, die finde ich viel zu starr auch mit ihren Vorstellungen, wie Wirtschaft zu funktionieren hat. Ich würde da jedenfalls nicht die Meute loslassen. Wenn die mein Time-Sheet in die Hand bekämen, müsste mein Chef richtig zahlen. Außerdem, ich schwärze mich doch nicht selber an. Man macht sich auch keine Vorstellung, was hier zurzeit für ein rauer Wind weht. Wenn ich zum BR ginge, wäre das für mich sicherlich nicht positiv." (Beschäftiger Kommunikator)

Unter diesen Voraussetzungen kann sich ein neues Zusammenspiel der Aushandlungsebenen nicht einpendeln. Bei Kommunikator wurden zwar Aushandlungskompetenzen an die Arena der Arbeitsverfassung delegiert, doch wirksame Schutzmechanismen gegen die Zumutungen des Marktdrucks und der Hierarchie sind damit nicht verbunden.

Bei IT-Services ist die Lage anders und doch ähnlich. Denn zunächst einmal vermittelt sich der Eindruck, die Praxis der Zielvereinbarungen sei eine partizipative Angelegenheit. Ziele wurden in den Interviews als Ergebnis eines Konsenses beschrieben, und ihre gute Erreichbarkeit wurde betont. Ein Konflikt zwischen Zielen und Arbeitszeit wird in diesen Fällen nicht gesehen. Damit besteht aus Sicht der Beschäftigten auch gar keine Veranlassung, das Thema Arbeitszeit in die Zielvereinbarungsgespräche hineinzuziehen:

„Ich habe zumeist für das ganze Jahr ganz banale Ziele. Ein Ziel ist z.B., dass ich meinen Kunden geordnet an das neue Team bis Jahresende zu übergeben habe. Oder der Urlaub soll fristgerecht abgebaut werden. (Ich habe ja sonst immer auch alten Urlaub mit ins neue Jahr genommen. Das Unternehmen will aber die Rückstellungen reduzieren. Wir haben eigentlich auch keine Probleme, 30 Tage im Jahr zu nehmen, das war bei mir eher psychologisch begründet. Die Ziele sind in jedem Fall so gestaltet, dass man sie voll erreicht, wenn man seinen Job ordentlich macht. Da ist nichts Außergewöhnliches dahinter. Da hat man dann die Ziele schon eher über erfüllt. Die sollen ja quantifizierbar, nachvollziehbar und beeinflussbar sein. Was bleibt da schon noch übrig?" (Beschäftigter IT-Services)

Wichtig ist dabei aus Sicht der Beschäftigten, dass Ziele auch unterjährig veränderten Rahmenbedingungen angepasst werden können. Ist dies der Fall, ist eine Quelle für möglichen Stress und längere Arbeitszeiten gebannt:

„Das Zielvereinbarungsgespräch ist sehr gleichwertig, würde ich sagen. Der Mitarbeiter kann selbst Vorschläge einbringen. Die Ziele sollten in jedem Fall erreichbar sein. Es ist ganz wichtig, keine Ziele zu vereinbaren, die nicht erreichbar sind. Er macht Vorschläge, ich mache Vorschläge, und dann vereinbart man einen Kompromiss. Damit kann ich dann sehr gut arbeiten. Ich habe auch einen netten Chef, mit dem kann man sehr gut reden. Wir verstehen uns gut. Über den Zusammenhang zwischen Zielen und Arbeitszeit denke ich nicht nach. Es werden schon für gewisse Sachen Termine vereinbart. Aber man schaut schon, dass man sich sicher ist, dass man die Ziele auch gut erreichen kann. Wenn z.B. Zulieferer nicht mitspielen, wofür man nichts kann, dann muss man rechtzeitig Alarm schlagen. Dann muss das in den Zielen berücksichtigt werden. Das läuft hier nicht nach dem Motto: Pech gehabt." (Beschäftigter IT-Services)

„Bei Zielen wird nicht über die Arbeitszeit gesprochen." (Beschäftigter IT-Services)

Arbeitszeit ist dabei kein Thema in Zielvereinbarungsgesprächen zwischen Beschäftigten und Führungskraft. Denn die Ziele lassen sich den Angaben der Beschäftigten zu Folge in der Arbeitszeit gut erreichen. Damit entsteht eine scheinbar paradoxe Situation. Auf der einen Seite befinden sich die partizipativ ausgelegten Zielvereinbarungen mit Zielen, die im Diskurs vereinbart und unterjährig wechselnden Rahmenbedingungen angepasst werden und aus denen sich keine direkten Konsequenzen für die Arbeitszeit ergeben. Auf der anderen Seite aber existieren im Unternehmen unzweifelhaft lange tatsächliche Arbeitszeiten. Diese Paradoxie löst sich aber auf, wenn man sich den Charakter der Ziele genauer anschaut. Der zuerst zitierte Beschäftigte hat dafür das passende Stichwort gegeben: die Ziele sind teilweise banal. Sie haben häufig, wie das Ziel der Urlaubsentnahme zeigt, gar keinen Bezug zu den eigentlichen Tätigkeiten der Beschäftigten. Was ein Beschäftigter tut und wie erfolgreich er es tut, bestimmt sich demnach auch nur sehr bedingt aus den vereinbarten Zielen. Es sind vielmehr auch hier die sachlichen Notwendigkeiten der Arbeit, mit denen die Beschäftigten konfrontiert werden und aus denen sich ihre konkreten Arbeitsanforderungen ergeben. Zwar existiert also ein partizipatives Zielvereinbarungssystem, doch hat es nur eine marginale Bedeutung in einer durch die indirekte Steuerung geprägten Organisation. Dies würde sich erst dann ändern können, wenn die Ziele stärker an den konkreten Arbeitsanforderungen orientiert wären und diese zum Gegenstand der individualisierten Aushandlung machen würden.

14.4 Ein Gegenbeispiel

Die Dominanz der indirekten Steuerung über oder neben Zielvereinbarungen ist aber kein Naturgesetz. Ebenso wenig ist es ein Naturgesetz, dass Arbeitszeitgespräche entweder nicht stattfinden oder aber keine steuernde Wirkung für die Entwicklung der tatsächlichen Arbeitszeiten hätten. Dies zeigt die betriebliche Praxis bei Software. Bei Software sind die Prozessnormen der individualisierten Aushandlung schon in der Regelung stark ausgeprägt. Dies ist zwar auch bei IT-

Individualisierte Aushandlung

Services der Fall, doch bei Software haben sie eine ungleich höhere praktische Wirksamkeit.

Im Zentrum der individualisierten Aushandlung steht das Gespräch über Arbeits- oder Zusatzzeitbudgets. Mit dem Arbeitszeitbudget werden zusätzliche Zeitkapazitäten für absehbare Mehrbelastungen vereinbart, die über die Grenzen der vertraglichen Arbeitszeiten hinausgehen. Zunächst einmal ist festzuhalten: Zusatzzeitbudgets haben ihren festen Platz in der betrieblichen Praxis gewonnen. Zumeist werden die Vereinbarungen mit dem direkten Vorgesetzten ausgehandelt und müssen dann durch die Bereichsleiter genehmigt werden. Die Initiative für die Zusatzzeitbudgets geht vor allem von den Mitarbeitern aus. Sie sind es, die Überlastungssituationen heraufziehen sehen und deshalb ein Interesse an Mehrarbeit artikulieren.

„Wenn spezielle Probleme auftreten, denke ich über ein Zusatzzeitbudget nach, das spreche ich dann mit dem Vorgesetzten ab. Ich selbst bin ein begeisterter Entwickler, ich will die Sachen schaffen. Dazu muss dann eben mal ein Zusatzzeitbudget beantragt werden, das kann dann zwanzig oder fünfundzwanzig Stunden im Monat betragen." (Beschäftigter Entwicklung Software)

Damit aber geben sie auch Informationen an die Vorgesetzten weiter, die diese aufgrund der Komplexität und der Einmaligkeit einer Projektsituation gar nicht haben können. Vereinbarungen über Zusatzzeitbudgets sind deshalb immer auch ein Verfahren der Generierung und Vermittlung von Informationen über Projektstände im Bottom-up-Verfahren. Dies ist ein positiver Nebeneffekt der Zusatzzeitbudgets.

„Das muss man nicht mehr aufoktroyieren. Die Leute kommen von sich aus und sagen: Gib mir mehr Zeit, ich habe Termine. Da müssen die Leute kommen, das mache ich nicht von mir aus, das bestimme nicht ich. Das kann ich ja auch gar nicht abschätzen. Ich kann das nicht beurteilen, das können nur die Leute." (Fachbereichsleiter Software)

Die Vorgesetzten loben auch die bessere Planbarkeit, die mit den Zusatzzeitbudgets einhergeht:

„Das ist wirklich ein Fortschritt. Die Vorausschau, Überstunden leisten zu müssen. Da kann man doch auch die Planung ändern. Hier muss man manchmal flexibel ergänzen, wenn die Rahmenbedingungen im Projekt sich ändern. Das ist ja das Entscheidende: Überstunden fallen an, weil sich die Rahmenbedingungen geändert haben. Das sind meistens Kundenanforderungen, die zusätzlich kommen. Wir hatten jetzt den Fall, dass ein Mitarbeiter ausgefallen ist und eine neue Funktionalität vom Kunden gefordert wurde. Das hieß auch: Höherer Umsatz. Das waren Gründe genug zu sagen: Zwei Mitarbeiter bekommen jetzt jeweils 20 Stunden im Monat Zusatzzeitbudget. Solche Sachen sind nicht planerisch machbar."(Fachbereichsleiter Software)

Die meisten Interviewpartner haben betont, dass die Genehmigung von Zusatzzeitbudgets nicht prinzipiell problematisch ist. Das heißt aber nicht, dass alle Anfragen positiv bewilligt würden. So ist der in der zitierten Interviewpassage angesprochene Zusammenhang von Zusatzzeiten und Umsatz unverkennbar. Wenn ein Zusatzzeitbudget in einem Projekt umsatz- und ertragssteigernd wirkt, wird es von den Vorgesetzten ohne Probleme bewilligt. Ist dies nicht der Fall, sieht die Sache anders aus. Denn ein Zusatzzeitbudget ist ein Kostenfaktor, der die Budgets der Bereiche belastet. Diese Verknüpfung von Kosten und Mehrarbeit wird aber von allen Experten als gewollt angesehen. Denn über die Kosten soll eine Schranke für Mehrarbeit in das System gezogen werden.

„Klar ist auch: Zusatzzeitbudgets, das sind Kosten. Da nehmen wir die Führungskräfte in die Pflicht. Sie müssen ein Mittelmaß finden zwischen den Kosten und dem, was ihr Bereich leisten kann. Die Führungskraft muss dann auch zu ihrem Vorgesetzten gehen und sagen, das kann ich mit meinen Mitteln nicht mehr bearbeiten. Entweder wir bekommen mehr Mittel, oder wir können das nicht im vorgegebenen Zeitraum abarbeiten. Wir sind uns bewusst, dass wir die Führungskräfte einem Spannungsfeld aussetzen." (Human Resources Software)

Das Spannungsfeld von Kosten und Leistungen soll Aushandlungen auch auf den Führungsebenen des Unternehmens auslösen. Die Ergebnisse dieser Aushandlungen hängen freilich von den Spielräumen ab, die es für Veränderungen der Kosten und Leistungen tatsächlich gibt.

Ein zentraler Aspekt der Zusatzzeitbudgets ist die Verbindung von Arbeitszeit und Effizienz. Laut Betriebsvereinbarung gilt es, vor Vereinbarung eines Zusatzzeitbudgets drei Fragen zu stellen: Ist die Arbeit notwendig? Kann sie umverteilt werden? Ist ein zeitnaher Freizeitausgleich möglich? Erst wenn alle drei Fragen negativ beantwortet werden, sollen Zusatzzeitbudgets vereinbart werden.

Die betriebliche Praxis löst diese Vorgabe nicht durchgängig ein. Zu einer grundsätzlicheren Durchleuchtung der Tätigkeiten und ihrer Verteilung kommt es in einigen Fällen nicht. In manchen Fällen ist die Genehmigung eher ein Automatismus, allerdings unter dem Vorbehalt der Höhe der bereichsbezogenen Budgets.

„Bei Bedarf an Zusatzzeitbudgets gehe ich zu meinem disziplinarischen Vorgesetzten und sage, dass ich mit meinem Abteilungsleiter ein Zusatzzeitbudget verabredet habe, wir brauchen das. Es wird natürlich versucht, nicht so viele Budgets herauszugeben. Aber wenn es dringend erforderlich ist, bekommt man das ... Das Gespräch über das Zusatzzeitbudget ist sehr automatisiert, da findet keine Durchforstung meiner Tätigkeit statt. Nur wenn ich eine schwachsinnige Begründung geben würde, würde sicherlich nachgefragt." (Beschäftigte Software)

Das Gegenbeispiel eines an Effizienz orientierten Umgangs mit den Zusatzzeitbudgets begegnete uns im Bereich der Entwicklung:

> „In diesem Rahmen definieren wir Meilensteine, an denen wir schauen: Haben wir das erreicht? Wie liegen wir im Plan? Falls nicht, überlegen wir, ob wir Funktionen kippen können. Falls das nicht geht, versuchen wir die Termine zu schieben. Und falls das nicht geht, vereinbaren wir Zusatzzeitbudgets. Die sind gewissermaßen unsere letzte Option: Kappung Funktionen – Schieben der Termine – Zusatzzeitbudgets. Die Mitarbeiter können mit ihren Erfahrungen den Zeitbedarf sehr gut selber einschätzen, das ist für uns die Grundlage. Zeitbausteine für einzelne Schritte oder Tätigkeiten, das gibt es nicht. Das läuft alles auf individueller Basis." (Fachbereichsleiter Entwicklung Software)

Effizienzsteigerung entsteht hier nicht nach tayloristischem Vorbild durch ein prinzipielles Infragestellen der Leistungsbereitschaft der Beschäftigten, sondern durch das kritische Durchleuchten eines Projektes. Dabei wird den Zeitangaben der Beschäftigten als Experten ihrer Arbeit vertraut. Hier konnte das posttayloristische Ideal einer Rationalisierung in Eigenregie offensichtlich zum Leben erweckt werden, und diese Praxis wird direkt verknüpft mit der Leistungssteuerung.

> „Wir haben jetzt gerade erst Ziele angepasst. Wenn die Mitarbeiter die Ziele nicht in der Arbeitszeit schaffen, dann werden sie angepasst. Dann ändern wir ein Ziel oder streichen eine Tätigkeit. Man schaut aber zunächst mal natürlich: Wird die Arbeitszeit auch effizient genutzt? Das ist klar. Wenn ich den Eindruck habe, dass ein Mitarbeiter zu viele Zeit im Internet versurft, dann ändere ich die Ziele nicht. Dann sage ich ihm stattdessen: Du musst effizienter arbeiten." (Teamleiter Software)

Das letzte Zitat des Teamleiters der Entwicklung bei Software liefert ein Beispiel für den Zusammenhang zwischen Zielen, Leistung und Arbeitszeit, der in den Gesprächen hergestellt wird. In den diskursiven Prozessen ist Arbeitszeit ein Gegenstand der Aushandlung. Arbeitszeit wird, anders als bei Kommunikator oder IT-Services, nicht zu einer abhängigen Variablen der indirekten Steuerung. Partizipation hat einen eigenständigen Stellenwert. Die gilt für die partizipative Gestaltung der Ziele und der Arbeitszeit gleichermaßen. Dadurch kann die Arbeitszeit auch zum Anknüpfungspunkt für organisationales Lernen werden. Die Berücksichtigung der vertraglichen Arbeitszeiten schafft Ansatzpunkte für die Verbesserung der Effizienz und damit der Produktivität. Diese Praxis unterscheidet Software radikal von Kommunikator. Dort werden die Probleme der Organisation an die Beschäftigten delegiert, und die Arbeitszeit dient als Puffer für deren Bewältigung. Bei Software hingegen besteht dieser Puffer so nicht oder nicht mehr. Damit werden die Probleme zwangsläufig Gegenstand der internen Kommunikation und ermöglichen auf diese Weise auch interne Problemlösungen.

Hinzu kommt bei Software der für ein IT-Unternehmen zunächst überraschend offene Umgang mit dem Betriebsrat bei Konfliktsituation. Ein Beispiel dafür ist der Fall einer Beschäftigten, die sich im Konflikt mit ihrem Vorgesetzten an ihre Bereichsbetriebsrätin gewandt hatte:

„Jetzt hat sich das aber geändert, weil wir sehr stark sparen müssen und wollen. Ich hatte eine Kollegin, die sich bei mir beschwerte, dass ihr Vorgesetzter das nicht genehmigt, weil es nicht im Budget läge. Er müsse das extra beim Vorstand beantragen. Ich habe ihr dann gesagt, dass das Quatsch ist. Wir sind dann als BR zu Vorgesetzten gegangen und haben das geklärt." (Betriebsrätin Software)

Auch wenn dies vielleicht nicht der Regelfall in der betrieblichen Praxis im Unternehmen ist, so gibt es immerhin derartige „Lerninseln", die größer werden könnten, sowohl mit Blick auf die Aushandlungen über Arbeitszeitbudgets als auch auf die Nutzung der individuellen Haltegriffe. Voraussetzungen dafür gibt es jedenfalls, nicht zuletzt auch wegen der für einen IT-Betrieb außergewöhnlich starken Stellung des Betriebsrates in der Belegschaft. Dies hängt zusammen mit dem funktionierenden Wechselspiel zwischen den Mitbestimmungsebenen, auf das wir im sechsten Kapitel näher eingehen werden. Allein auf individuelle Partizipation und Aushandlung gestützt, dies zeigen jedenfalls die Erfahrungen in den fünf von uns untersuchten Betrieben, sind die Beschäftigten den Auswirkungen der Marktsteuerung gegenüber machtlos.

14.5 Zusammenfassung

Flexible betriebliche Arbeitszeitmodelle setzen in letzter Konsequenz immer voraus, dass Partizipation und dezentrale Vereinbarungen über die Arbeitszeitgestaltung möglich sind. Demgegenüber hat unsere Analyse der Ansätze individualisierter Aushandlung von Arbeitszeiten zwei grundlegende Problemlagen deutlich gemacht. Die erste Problemlage ergibt sich aus der Beharrungskraft der Hierarchie. Sie fand sich in unserem Sample nur in den Produktionshallen von Luftschiff, dürfte aber in der Landschaft bundesdeutscher Produktionsbetriebe eine weite Verbreitung haben. Die schwerfällige, teilweise misslungene, ausgesetzte oder noch gar nicht begonnene Abkehr vom Taylorismus hat zur Folge, dass sich eine Autonomie der Zeitgestaltung, die ja im Schichtbetrieb der Produktion ohnehin stark eingeschränkt ist, über die kleinere Gruppe von Spezialisten und Indirekten hinaus kaum etablieren kann. Anders gesagt gibt es die Autonomie, aber sie bleibt auf der Ebene der Meister stecken, oder die Meister holen sich Kompetenzen von den Gruppen zurück. Auch zeigt das Beispiel Luftschiff, dass dies sehr wohl vereinbar ist mit den ansonsten sehr weitgehend im

Individualisierte Aushandlung

Konzern implementierten marktorientierten Steuerungsformen. Diese Steuerungsformen sind prinzipiell offen für verschiedene arbeitspolitische Strategien auf der operativen Ebene. Auch deshalb ist der Siegeszug der Gruppenarbeit und in Verbindung damit ein Mehr an Zeitautonomie noch keine ausgemachte Sache. Und deshalb bleibt auch offen, inwieweit die Prozessnormen der individualisierten Aushandlung zu einer Selbstverständlichkeit der betrieblichen Praxis werden können.

Damit aber ist eine zweite Problemlage angesprochen, die gerade die Bereiche hoch qualifizierter Angestelltenarbeit der anderen Samplefälle kennzeichnet. In zwei unserer Fallunternehmen dominiert eindeutig die indirekte Steuerung gegenüber der Aushandlung. Diese Fälle zeigen, dass das Funktionieren der indirekten Steuerung, ob auf Kundenanforderungen oder auf die Weitergabe allgemeinen Marktdrucks begründet, partizipativer Elemente nicht bedarf. Im Gegenteil, Partizipation und indirekte Steuerung erscheinen eher als funktionale Substitute denn als funktionale Ergänzungen. Nicht von ungefähr wird Partizipation in beiden Unternehmen klein geschrieben, sei es, weil partizipative Elemente sich gegen den Druck des Marktes gar nicht erst entfalten können oder sei es, weil sie sich auf Themen konzentrieren, die für eine Eindämmung des Marktdrucks nicht geeignet sind. Wo sich keine partizipativen Milieus entwickeln, trifft die indirekte Steuerung auch auf keine ernsthaften Grenzen.

Unter diesen Bedingungen nutzen die hoch qualifizierten, sonst sehr auf die individuelle Vertretung ihrer Interessen bedachten Beschäftigten die Haltegriffe der Prozessnormen nicht. Dies gilt sowohl für die Seite der Arbeitszeit- als auch für die Seite der Leistungsregulierung. Und weder in den Aushandlungen über Arbeitszeit noch in denen über Leistung wird das jeweils andere Thema diskutiert, obwohl in ergebnisorientierten Steuerungssystemen die Verbindung faktisch ja besteht. Tatsächlich spielt in der Wahrnehmung der Beschäftigten die Zielerreichung insgesamt eine geringere Rolle bei der Erklärung der Dauer der Arbeitszeiten als die scheinbar sachlichen Anforderungen des Marktes und die direkte Konfrontation mit dem Kunden. Hier liegt in den Unternehmen die Haupt triebkraft für strukturelle Mehrarbeit unter den Bedingungen knapper Ressourcen. Die Beschäftigten haben diese Anforderungen auch in einem erstaunlich hohen Maß internalisiert. Kritische Anmerkungen dazu kamen in den Interviews jedenfalls kaum. Die sachlichen Notwendigkeiten werden als Sachzwang begriffen, an dem weder durch das eigene Handeln noch durch das Handeln der Vorgesetzten etwas geändert werden kann. Damit entziehen sie sich auch der Verhandlung; was nicht gestaltet werden kann, muss auch nicht diskutiert werden.

Da ist es konsequent, dass die Hinzuziehung des Betriebsrates als gewissermaßen zweite Instanz der Interessenvertretung auf ganz wenige Ausnahmen beschränkt bleibt. Damit aber kann sich auch ein neues Zusammenspiel der Aushandlungsarenen zumindest von Seiten der Beschäftigten nicht entwickeln. Wo, wie bei Kommunikator, der Betriebsrat schwach und wenig etabliert ist, wird er von den Beschäftigten nicht als Problemlöser wahrgenommen. Aber auch bei IT-Services, wo die Voraussetzungen für den Betriebsrat günstiger sind, kommt es kaum zu seiner Einschaltung. Entscheidend dafür ist nach unserer Interpretation, dass die neuen Regulierungen insgesamt eine so geringe praktische Wirksamkeit haben, dass von ihren Haltegriffen auch kein Gebrauch gemacht werden muss. Weder entsteht eine neue Mitbestimmungsebene nach dem Muster einer „Mitbestimmung in erster Person", noch erwächst daraus eine Stärkung der Mitbestimmung im Betrieb insgesamt.

Ein positives Gegenbeispiel ist diesbezüglich Software. Das Beispiel Software zeigt, dass die Etablierung der indirekten Steuerung keine Naturgewalt ist. Auch in Prozessen, die auf Ergebnisorientierung ausgelegt sind, kann Partizipation eine tragende Rolle spielen. Und in der diskursiven Verständigung kann Arbeitszeit die Stellung einer unabhängigen Variablen einnehmen. Mehr noch, indem dies der Fall ist, werden Ansatzpunkte für organisationales Lernen freigesetzt, die überall dort verschüttet werden, wo die Probleme des Unternehmens zu den Problemen der Beschäftigten gemacht werden und die Arbeitszeit als Puffer auch für Organisationsprobleme dient. Aber auch hier ist die Partizipation kein Selbstläufer, von einer eigenständigen Arena der Arbeitsverfassung und einer Mitbestimmung in erster Person kann auch hier nicht gesprochen werden. Vielmehr hängt das partizipative Milieu, wie wir es bei Software vorfinden konnten, in entscheidender Weise von der traditionellen Mitbestimmung und der starken Position des Betriebsrates ab. Diesem Zusammenhang wenden wir uns nun zu.

15. Mitbestimmung – der Anker der Arbeitszeitregulierung?

Die dezentrale Arena individualisierter Aushandlungen wird sich kaum als feste Größe im System der industriellen Beziehungen nachhaltig etablieren, wenn sie auf sich allein gestellt ist. Dies gilt nach den Erfahrungen des vorigen Kapitels unabhängig von der Qualität der konkreten Regulierungen. Auch eine Regulierung, die weitreichende Prozessnormen vorsieht, ist dafür kein Garant. Mehr als auf die Regulierung kommt es auf die Akteure an. Die dezentralisierte Aushandlung ist auf Promotoren im Betrieb angewiesen. Nach den im vorangegangenen Kapitel beschriebenen Erfahrungen kommt diese Rolle vor allem den Betriebsräten zu, die mit ihren verbindlichen Mitbestimmungsrechten noch immer die Mitbestimmungsinstitution Nummer eins im Unternehmen darstellen. Der Betriebsrat wird als Anker der industriellen Beziehungen im Rahmen eines „New Deal" zwischen direkter und repräsentativer Partizipation (Dörre/Neubert/Wolf 1993) weiterhin gebraucht. Unsere Fallstudien zeigen aber, dass diese Rolle nur schwer auszufüllen ist. Die Wahrnehmung neuer Mitbestimmungschancen und die Entwicklung eines neuen Zusammenspiels der Aushandlungsarenen sind noch weit davon entfernt, ein neues Muster industrieller Beziehungen zu bilden. Positive Einzelerfahrungen bieten allerdings Stoff für exemplarisches Lernen.

15.1 Vertretungsdilemma in der indirekten Steuerung

Kommunikator ist ein Beispiel für die Negativspirale, die sich aus der Wechselwirkung von indirekter Steuerung und schwacher Mitbestimmung ergeben kann. Diese Wechselwirkung hat zwei entscheidende Konsequenzen: Brüchige Mitbestimmungsschwellen in der Regulierung und ein Vertretungsdilemma des Betriebsrates in der Arbeitszeitpraxis.

Bei Kommunikator hat der Betriebsrat kraft der Arbeitszeitregulierung seine traditionellen Mitbestimmungsrechte über Mehrarbeit verloren, ohne neue Mitbestimmungsmöglichkeiten erlangt zu haben. Auch in der Arena der Arbeitsverfassung sind keine Haltegriffe im Sinne einklagbarer Rechte für die Beschäftigten geschaffen worden. Die Konsequenz wurde im vorigen Kapitel ausführlich beschrieben. Die Arbeitszeitregulierung ist so konstruiert, dass die Beschäftigten der Logik der indirekten Steuerung ungefiltert ausgesetzt sind. Wenn Probleme mit Arbeitsvolumen, Zeitaufwand oder Zeitgestaltung auftreten, können ihnen weder Vorgesetzte noch Betriebsrat helfen. Im Gegenteil, in dieser Konstellation wird der Betriebsrat sogar zur Störgröße. Dies hat die bereits schwache Stellung des Betriebsrates in der Organisation noch weiter geschwächt. Ohnehin ist es ja so, dass der gewerkschaftliche Organisationsgrad gering ist und die großteils hoch qualifizierten Beschäftigten eine sozialisationsbedingte Distanz gegenüber kollektiven Vertretungsorganen wie dem Betriebsrat haben. Die weitere Schwächung des Betriebsrates entsteht vor allem aus der Tatsache, dass die Beschäftigten die kollektive Arbeitszeitregulierung in eigener Initiative unterlaufen. Es ist nicht der Vorgesetzte, der sie dazu zwingt, auch wenn er Verstöße stillschweigend billigt; es sind die Beschäftigten selbst, die in der Konfrontation mit den ihnen als sachliche Notwendigkeiten gegenübertretenden Arbeitsanforderungen die Arbeitszeitregulierung als Hürde betrachten, die es, falls nötig, zu umgehen oder zu überspringen gilt.

Diese Situation drängt den Betriebsrat in die Defensive. Mehr noch, als Verteidiger der kollektiven Regulierung der Arbeitszeit wird er als Hindernis auf dem Weg zur individuellen Bewältigung der Arbeit wahrgenommen. Vorgesetzte und Unternehmen stehen mit weißer Weste da; einzig der Betriebsrat pocht auf die Einhaltung einer Regulierung, die ursprünglich gar nicht seiner Intention entsprungen war. Nicht zuletzt deshalb findet zwischen Beschäftigten und Betriebsrat kaum Kommunikation über Arbeitszeit statt:

> „Wir müssen doch unser Ziel erreichen, denken sie. Dafür müssen wir eben auch länger arbeiten. Das teilen sie sich selber zu, dafür sind sie ja eigenverantwortlich. Der Vorgesetzte stellt sich hinter das Ziel zurück und kann sagen: Ich habe doch keine Überstunden angeordnet. Das war die freie Entscheidung der Mitarbeiter. ... Aber anscheinend hat hier ja keiner ein Problem. Wenn keiner zu uns kommt, können wir ja auch nicht aktiv werden. Solange bei uns keine Beschwerden eingehen, haben wir vom Betriebsrat auch keinen Handlungsbedarf ... Die Leute meinen ja immer, das ist nur kurzfristig, das schaffen wir schon. Wir sollen bloß nicht mit dem Vorgesetzten reden. Gerade auch jetzt bei den Entlassungen traut sich doch erst recht keiner, das Maul aufzumachen." (Betriebsrätin Kommunikator)

Dieser Betriebsrat steht vor dem Vertretungsdilemma, das wir oben, im ersten Teil dieses Buches, beschrieben haben. Er ist in die Zwickmühle der indirekten Steuerung geraten. Wenn Betriebsräte in den Interviews den „Schutz der Beschäftigten vor sich selbst" als Ziel formulieren, dann beruht dies auf einer prekären Legitimationsbasis, weil sie sich auf kollektive Interessen berufen, die nicht mit dem im Einklang stehen, was viele Beschäftigte als ihre individuellen Interessen betrachten.

Die aktuelle Krise des Unternehmens hat diesbezüglich eine zwiespältige Wirkung. Einerseits verschärft sie die Situation, schürt sie doch die Arbeitsplatzängste der Beschäftigten und steigert den Marktdruck. Andererseits zeigte sich in den Interviews die Tendenz, dass die Beschäftigten angesichts des Personalabbaus die wichtige Rolle des Betriebsrates als Garant für die Einhaltung sozialer Gesichtspunkte und als Ratgeber schätzten. Aber Auswirkungen auf die Arbeitszeitpolitik hat dies zumindest noch nicht. Auf diesem Feld erreicht der Betriebsrat die Beschäftigten nicht. Entsprechend groß ist seine Skepsis, dass sich die Situation bald bessern könnte.

„Das Feindbild hat sich also grundlegend geändert. Auch mit der IG Metall-Geschichte ‚Arbeiten ohne Ende' kriegen wir hier kein Bein auf die Erde. Damit erreichen wir die Beschäftigten nicht. Die haben dafür kein Verständnis. Die Mitarbeiter spielen voll mit. Sie sind die Unternehmer ihrer Arbeitszeit ... Die Mitarbeiter kommen aber erst zu uns, wenn ihnen wirklich das Wasser bis zum Hals steht. Dann können wir aber immer noch nicht eingreifen, weil die meisten Mitarbeiter ihre Beschwerde nicht bei der Geschäftsleitung unter ihrem Namen vertreten wissen wollen. Ich kann aber erst aktiv werden, wenn ich Namen nennen kann. Sonst werden von der Geschäftsleitung die Akten sofort wieder zugeklappt." (Betriebsrat Kommunikator)

Bislang ist es dem Betriebsrat trotz erheblicher Bemühungen nicht gelungen, die Probleme langer Arbeitszeiten zu einem Gegenstand betriebsöffentlicher Diskussionen zu machen. Auswege aus seinem Vertretungsdilemma sind einstweilen nicht absehbar.

15.2 Indirekte Steuerung und traditionelle Mitbestimmung

Dieses Dilemma existiert bei IT-Services nicht, obwohl auch dort die indirekte Steuerung die betriebliche Arbeitszeitpraxis eindeutig prägt. Der Grund dafür ist prekär: Bezahlte Mehrarbeit ist nach wie vor der dominierende Umgang mit der im Gefolge der Marktsteuerung entstehenden strukturellen Mehrarbeit. Der Betriebsrat hat seine Mitbestimmungsrechte über Mehrarbeit nicht verloren. Deshalb ist er nach wie vor zumindest formal Herr des Verfahrens. Doch es zeigt sich, dass die der Form nach traditionelle Mitbestimmungspraxis unter den neuen Vorzeichen indirekter Steuerung starke Risiken für die zukünftige Verankerung der Mitbestimmung birgt.

Ein Hauptgrund für die Dominanz traditioneller Prozessnormen liegt in der Regelung selbst. Bei IT-Services existieren ja für zwei getrennte Prozesswege für den Umgang mit Flexibilität. Auf der einen Seite sind dies die Verfahren der neuen Arbeitszeitregulierungen, auf der anderen Seite die traditionellen Verfahren der Genehmigung von bezahlter Mehrarbeit. Mit der weithin dominierenden Entscheidung zugunsten bezahlter Mehrarbeit werden zugleich die Weichen in Richtung traditioneller Mitbestimmungsformen gestellt. Das Unternehmen kann offensichtlich mit der traditionellen Mehrarbeitspraxis gut leben. Die Absicht, durch Abschaffung dieser Praxis die Mitbestimmungsmöglichkeiten des Betriebsrates zu beschneiden, war nicht erkennbar. Zumal auch von Seiten des Betriebsrates bislang Mehrarbeit nicht eingeschränkt worden war; die Genehmigung hatte vielfach eher den Charakter eines Automatismus.

Der Betriebsrat hat bislang wenig Signale gesetzt, sich von der eingespielten Mehrarbeitspraxis zugunsten der neuen Prozessnormen trennen zu wollen, die der Ergänzungstarifvertrag vorsieht. Ein solches Signal wären sicherlich Einschränkungen bei der Genehmigung von Mehrarbeit; diese würden schließlich die dezentralen Akteure tatsächlich zu Aushandlungen über Arbeitszeitbudgets zwingen, wollten sie das bis dahin praktizierte Arbeitsvolumen aufrechterhalten, ohne unmittelbar neues Personal einzustellen. Doch diese Weichenstellung findet nicht statt. Offensichtlich lebt auch der Betriebsrat ganz gut mit der Mehrarbeitspraxis. Denn sie garantiert ihm ja immerhin die Bewahrung seiner traditionellen Mitbestimmungsrechte bei Mehrarbeit, und diese sind ein wichtiges Pfund in den betrieblichen Verhandlungen und damit seiner innerbetrieblichen Stärke.

Die Konsequenzen für die tatsächlichen Arbeitszeiten liegen auf der Hand: Sie sind auf jeden Fall länger, als sie es wären, wenn ein Übergang in Freizeitausgleich tatsächlich stattfinden würde. Zu bedenken ist dabei aber, dass die Ausweitung der tatsächlichen Arbeitszeiten immerhin zumindest formal unter Kontrolle bleibt. Der Betriebsrat könnte jederzeit die Genehmigung von Mehrarbeit verweigern, und nach eigenen Aussagen schaut er auch kritisch auf Bereiche, in denen Mehrarbeit überdurchschnittlich häufig anfällt.

> „Das kommt schon mal vor, dass man sich das als Betriebsrat anschaut, wenn es fünfzig oder sechzig Stunden im Monat sind. Das darf als Ausnahme mal vorkommen. Es darf aber auch nicht die Regel sein, meine ich. Denn sonst läuft im Unternehmen was falsch." (Betriebsrätin)

Dies ist aber insgesamt eine Behandlung von Einzelfällen besonders großer Mehrarbeitsvolumina. Zu einer Verweigerung von Mehrarbeit hat sich der Betriebsrat aber auch in diesen Fällen noch nicht entschließen können. Er appelliert zwar an die Unternehmensseite, Anpassungen bei der Personalbemessung vorzunehmen. Doch dafür ist sein Standortmanagement im Grunde der falsche Ansprechpartner, denn die Direktiven der Personalpolitik werden von der Konzernzentrale als Ergebnis strategischer Planungsziele vorgegeben:

> „Das hat auch schon dazu geführt, dass wir gesagt haben: Ihr macht so viele Überstunden, stockt doch das Personal auf. Momentan ist das aber schwierig, denn wir haben ja (im Unternehmen, T.H.) die Vorgabe, ... 3.500 Stellen abzubauen." (Stellvertretender Betriebsrat)

Theoretisch wäre der Versuch denkbar, mit Hilfe der neu geschaffenen Prozessnormen den Druck, Problemlösungen zu finden, an die dezentralen Akteure zu

Mitbestimmung – der Anker der Arbeitszeitregulierung?

delegieren und damit in die Organisation zurückzuleiten. Aber dieser Versuch wurde bislang nicht unternommen. Auf diese Weise kann sich eine neue Verzahnung der Mitbestimmungsebenen nicht einspielen. Alle Probleme werden gewissermaßen mit Geld überdeckt. Die mit der neuen Arbeitszeitregulierung erklärtermaßen verfolgten beschäftigungspolitischen Weichenstellungen finden keinen Niederschlag in der betrieblichen Praxis. So lange das Ventil bezahlter Mehrarbeit geöffnet bleibt, kann nicht getestet werden, ob mit Hilfe der neuen Verfahrensregelungen die Wirkungen der indirekten Steuerung auf die Arbeitszeiten eingedämmt werden können.

15.3 Neue Mitbestimmungsformen in der Praxis

Das Beispiel Software ist ein Musterfall für die überragende Bedeutung, die der Mitbestimmung für die praktische Wirksamkeit neuartiger Arbeitszeitregulierungen zukommt. Wir hatten ja bereits feststellen können, dass bei Software die Praxis individualisierter Aushandlung von allen Sampleunternehmen am besten funktioniert. Die Aushandlung von Arbeitszeitbudgets ist zu einem selbstverständlichen Bestandteil der betrieblichen Praxis geworden. Auch der Übergang von bezahlter Mehrarbeit zu variabler Regelarbeitszeit ist hier am weitesten fortgeschritten. Zugleich konnten Kappungen von Gleitzeitguthaben auf ein Minimum reduziert werden. Und die in der Regulierung angestrebte Steuerung des Gleitzeitkontos um den Wert null herum rückt für die meisten Beschäftigten in greifbare Nähe.

Unsere Hypothese lautet, dass diese Fortschritte sowohl der geschickten Konstruktion der Arbeitszeitregulierung als auch und vor allem ihrer aktiven Umsetzung durch die Betriebsparteien zu verdanken sind, wobei die selbstbewusste Nutzung der neuen Mitbestimmungsmöglichkeiten durch den Betriebsrat eine Schlüsselrolle spielt. Die industriellen Beziehungen im Betrieb verleihen der Wirksamkeit der Arbeitszeitregulierung die größten Impulse und zugleich profitieren sie von den neuen Regulierungsnormen.

Im Zentrum dieser Neuordnung steht die Arbeitszeitkommission. Sie ist in der Betriebsvereinbarung als paritätisch besetzte Institution vorgesehen, die zentrale Informations-, Steuerungs- und Kontrollaufgaben auszufüllen hat. So bündeln sich in der Arbeitszeitkommission die Informationen über Zeitkontenständen, Kappungen, Arbeitszeitbudgets und über Mitarbeiter, die freiwillig aus der Zeitkontenführung ausgeschieden sind. Sie kann in Konfliktfällen von den Akteuren der individualisierten Aushandlung angerufen werden, sie kann sich aber auch selber aktiv in die dezentrale Arbeitszeitgestaltung einschalten. Dies gilt vor allem bei Verstößen; dann sind die betroffenen Mitarbeiter und Vorgesetzten anzusprechen. Sind Einigungen in der dezentralen Aushandlung nicht möglich, entscheidet die Kommission nach dem Mehrheitsprinzip, ist das auch nicht möglich, entscheidet die Einigungsstelle.

Die Arbeitszeitkommission ist nicht nur eine formal starke Konstruktion der Mitbestimmung, sie hat sich auch in der betrieblichen Praxis als starkes Instrument erwiesen. Dies gilt sowohl für die Funktionen der Steuerung und Kontrolle der Arbeitszeiten als auch, dadurch bedingt, für die Präsenz der Arbeitszeitregulierung in der Wahrnehmung der dezentralen Akteure und für die Schaffung einer Kultur des reflektierten Umgangs mit Arbeitszeit. Durch ihre Arbeit steuert sie nicht nur Prozesse, sie sorgt auch dafür, dass die Arbeitszeitnormen im Betrieb inzwischen fest verankert sind. Auf diese Weise konnte die Arbeitszeitregulierung bei Software dem Schicksal entgehen, das sie bei IT-Services ereilt hat: Nämlich weitgehend in die kollektive Vergessenheit zu geraten.

In den Experten- und Beschäftigteninterviews ist immer wieder die große Gewissenhaftigkeit und Ernsthaftigkeit betont worden, mit der die Arbeitszeitkommission ihrer Arbeit nachgeht. Ein wichtiger Grund dafür dürfte in der hohen personellen Kontinuität der Kommission mit der Projektgruppe zur Entwicklung der Arbeitszeitregelung zu suchen sein. Viele der Mitglieder betrachten die Arbeitszeitregelung als ihr Kind, das sie in mühevollen Aushandlungen geboren haben, das sie in der täglichen Praxis mit Leben zu füllen haben und das sich als erfolgreiches Instrument bewähren soll. Es besteht dadurch bei wichtigen Akteuren aus beiden Betriebsparteien eine hohe Motivation, die Arbeitszeitregulierung im Betrieb zu einem praktischen Erfolg zu machen.

Dabei stechen, gerade auch mit Blick auf die Beziehungen zur Arena der individualisierten Aushandlung, zwei entscheidende Handlungsfelder der Kommission hervor: Die Vermeidung von Kappungen und Veto-Interventionen gegen Zusatzzeitbudgets.

Die Vermeidung von Kappungen ist ein zentraler Mechanismus sowohl der Sensibilisierung der Beschäftigten für die Dauer ihrer tatsächlichen Arbeitszeiten als auch für das Monitoring der Arbeitszeitkommission bei Fehlentwicklungen. Dieses Monitoring erfolgt in Form von Nachfragen an Mitarbeiter und Führungskräfte.

„Die Arbeitszeitkommission hat die Kappungsstatistiken einmal pro Monat auf dem Tisch. Die Kommission geht jeder einzelnen Kappung nach. Wir nehmen dann Kontakt auf, der Personalbereich schreibt der Führungskraft, wir als Betriebsrat dem Mitarbeiter. ... Wir fragen dann: Bist du bewusst, dass Stunden gekappt werden? Ist das für dich ein Problem? Welche Gegenmaßnahmen willst du treffen? Dieselben Fragen gehen an die Führungskräfte." (Betriebsrat Software)

„Wir sind zu Beginn richtig in die Bereiche reingegangen. Das waren meistens Führungskräfte und Mitarbeiter, die sich mit dem Thema nicht richtig beschäftigt hatten. Wir haben sie dann darauf gestoßen, da sind einige richtig erschrocken. Es war nämlich nicht immer ein Zuviel an Arbeit, sondern auch Probleme

Mitbestimmung – der Anker der Arbeitszeitregulierung? 197

im Umgang. Ich würde sagen, der größte Teil der Umstellungsprobleme beruhte auf Unkenntnis. Da haben wir dann unsere Mails verschickt. Das war auch für die Führungskräfte nicht schön, ihre Namen auf einer Liste von Personen zu sehen, die das nicht im Griff haben." (Human Resources Software)

Das Monitoring hatte also gerade in der Anfangsphase der Regulierung eine entscheidende Funktion der Information. Durch die Hinweise der Arbeitszeitkommission hat sich bei den dezentralen Akteuren erst ein Bewusstsein für die Inhalte und Normen der Arbeitszeitregulierung eingespielt. Dies gilt bis heute. Die Arbeitszeitkommission nimmt dadurch eine kontinuierliche „Pflege" der Arbeitszeitregulierung in der betrieblichen Praxis vor. Es ist ihren beharrlichen Interventionen zu verdanken, dass die formellen Normen der Regulierung sich auch zu Normen der Praxis haben entwickeln können. Von entscheidender Bedeutung war dabei, dass es nicht nur der Betriebsrat war, der Verstößen gegen die Kappung nachgegangen ist, sondern auch die Unternehmensseite durch die Personalabteilung. Die Arbeitszeitkommission ist ja eine paritätische Veranstaltung. Dadurch entstand bei Führungskräften und Mitarbeitern der Eindruck, dass die Einhaltung der Arbeitszeiten ein gemeinsames Interesse aller ist, auch ihrer eigenen Führung.

Die Nachfragen von Betriebsrat und Personalabteilung geben Anstöße für dezentrale Verhandlungen – entweder über die Rückführung von Zeiten oder, sollte dies nicht möglich sein, über die Vereinbarung von Zusatzzeitbudgets. Die einzige Ausnahme davon bildet der Fall, dass die Beschäftigten ausdrücklich darauf bestehen, dass ihnen die Kappung von Gleitzeit egal ist. Für diese Fälle hat die Arbeitszeitkommission eine „EGAL-Liste" eingeführt, auf denen die Beschäftigten geführt werden, die weiterhin in der Zeiterfassung arbeiten, die aber nicht mehr von den Nachfragen der Kommission behelligt werden wollen. Auf dieser Liste stehen derzeit 27 Beschäftigte, das entspricht etwa 2,6% der Belegschaft in Zeiterfassung.

Der Betriebsrat begründet die EGAL-Liste mit der freien Entscheidung des Einzelnen und seinem Verzicht auf Bevormundung. Die Liste ist ein wichtiges Element für den Balanceakt von kollektiver Regulierung und individueller Aushandlung. Die Arbeitszeitkommission kann schützen, ohne den Beschäftigten in seiner Entscheidung einzuengen.

„Die Leute sind schließlich über 18, die müssen wissen was sie tun. Wir sprechen sie ja an, wir können ihnen Infos über die gesundheitlichen Wirkungen von Stress und überlanger Arbeitszeit geben. Was sie damit machen, müssen sie aber selber wissen." (Betriebsrat Software)

„Ich selbst war bislang in der Zeiterfassung. Ich habe auch immer im Auge gehabt, dass ich die Limits der Arbeitszeit überschritten habe. Ich meine, dass es nachweisbar sein sollte, wie viel ich gearbeitet habe. Aber für mich ist es so: Ich möchte die Zeit aufwenden, um ein Ergebnis zu erzielen. Ich habe dafür die Limits immer überschritten, wenn das nötig war. Ich habe dann eine Vereinbarung getroffen, die besagt, dass ich weiß, was ich tue, wenn ich die Limits überschreite. Ich kann das jetzt tun, ohne dass deswegen eine Führungskraft examiniert wird ... Meine Meinung ist: Es sollte in weiten Teilen den Einzelnen überlassen bleiben, sich so zu engagieren oder auch nicht." (Beschäftigter Software)

Das zweite zentrale Instrument der Arbeitszeitkommission sind die Veto-Interventionen gegen Zusatzzeitbudgets. Vetos gründen sich weniger auf gemeinsame Interessen von Betriebsrat und Personalabteilung als die Vermeidung von Kappungen. Hier dominiert der Betriebsrat das Handlungsfeld eindeutig.

„Die Arbeitszeitkommission hat sich meines Wissens nach noch nie um Zusatzzeitbudgets gekümmert. Die meisten Vetos kamen von den lokalen Betriebsräten. ... Von Arbeitgeberseite her gab es überhaupt noch kein Veto. Das macht man auch als Arbeitgeber nicht. Es gibt halt Projekte, die unter Zeitdruck stehen, da müssen die Leute eben schaffen wie verrückt. Dagegen würden wir als Arbeitgeber nie einschreiten. Wir machen das nicht, weil wir natürlich den Projekterfolg nicht gefährden wollen. Der Betriebsrat kann viel eher sagen: Nein Arbeitgeber, nicht weiter. Ich kann das doch nicht als Arbeitgeber sagen. Ich sage das dann eher am Tisch direkt den betroffenen Leuten: Leute, ihr dürft eure Mitarbeiter nicht verschleißen, sonst gibt es ein Veto. So würde ich das machen." (Human Resources Software)

Vetos werden vom Betriebsrat dann eingelegt, wenn in einem Bereich mehrere Zusatzzeitbudgets kumulieren. Dies geschieht derzeit eher sporadisch und wenig koordiniert. In der mittel- und langfristigen Perspektive will der Betriebsrat die Vetos aber zu einem wichtigen Instrument zur Steuerung der Personalbemessung ausbauen.

„Was passiert, wenn zu häufig Zusatzzeitbudgets vereinbart werden, das ist derzeit nicht unser Problem, wir sind ja eher von einer Rezession der Branche geprägt. Wir haben aber vor, dies über den Betriebsrat und die Arbeitszeitkommission zum Thema zu machen. Darüber wollen wir auch Einfluss auf die Personalsituation nehmen. Wenn also beispielsweise in der Summe einer Abteilung alle Gleitzeitkontenstände im Schnitt über fünfundzwanzig Stunden liegen oder wenn mehrmals in Folge Zusatzzeitbudgets vereinbart werden, dann sagen wir, muss etwas passieren. Das ist sowohl eine Aufgabe der lokalen Betriebsräte als auch – abteilungsübergreifend – der Arbeitszeitkommission." (Betriebsrat Software)

Vetos sind Mitbestimmungsschwellen, sie stellen Interventionspunkte für die Interessenvertretung dar, mit deren Hilfe sie sich neue Mitbestimmungsfelder erschließen kann. Im Zusammenspiel von kollektiver und individualisierter Aushandlung entsteht auf diese Weise aus der Dezentralisierung der Arbeitszeit-

Mitbestimmung – der Anker der Arbeitszeitregulierung?

gestaltung auch eine Chance für neuartige Formen einer Mitbestimmungspraxis, die über die Wahrnehmung traditioneller Mitbestimmungsrechte des Betriebsrates hinausweisen. Eine spannende Frage für die Zukunft wird es sein, ob es dem Betriebsrat tatsächlich gelingt, seine Mitbestimmungsmöglichkeiten auf Fragen der Personalbemessung auszudehnen. Dies wäre mit einer Politisierung der Marktsteuerung und ihrer Folgen in der Organisation verbunden. Mitbestimmung könnte damit zu einem gewissen Gegengewicht zu marktorientierten Steuerungsformen werden.

Die Instrumente der Arbeitszeitregulierung bei Software ebnen der Praxis den Weg. Sie ist eine wichtige Voraussetzung für die wirkungsmächtige Politik des Betriebsrates. Doch offensichtlich ist es darüber hinaus von entscheidender Bedeutung, dass der Betriebsrat – wie auch das Management – als Promotor der neuen Regulierungsformen auftritt. Wie der Umgang mit der Vetomöglichkeit gegen Arbeitszeitbudgets zeigt, wird in letzter Instanz der Betriebsrat dabei immer die treibende Kraft sein müssen. Bei Software hat er die praktische Wirksamkeit der neuen kollektivvertraglichen Arbeitszeitregulierung zu einem Problem seiner eigenen Politik gemacht.

15.4 Zusammenfassung

Was folgt aus den Vergleichen? Bei oberflächlicher Betrachtung könnte die Botschaft ziemlich pessimistisch ausfallen. Kommunikator und IT-Services sind Beispiele für die Dominanz marktorientierter Steuerungsformen, die Bedeutungslosigkeit der individualisierten Aushandlung und der Defensive der Mitbestimmung. Wenn diese Unternehmen die Zukunft darstellen, dann ist die Perspektive der kollektiven Arbeitszeitregulierung düster.

Doch bei näherer Betrachtung liegen die Dinge nicht so einfach. Zum einen sind die angetroffenen Probleme in diesen Unternehmen auch Probleme der Ausformulierung der Regulierungen selbst. Sie sind damit zu einem guten Teil das Ergebnis politischer – und damit beeinflussbarer – Weichenstellungen. Welches Potential andere Weichenstellungen bergen können, zeigt das Gegenbeispiel Software, wo sich eine interessante Wechselwirkung zwischen indirekter Steuerung, dezentraler Partizipation, betrieblicher Mitbestimmung und kollektivvertraglicher Arbeitszeitregulierung entwickelt.

Was die Probleme der Regulierungen im engeren Sinne angeht, so ist zunächst einmal von Bedeutung, ob die Regelungen für den Betriebsrat starke oder schwache Mitbestimmungschancen bereithalten. Wo weder Beschäftigten noch Betriebsrat Handhabungen für den Umgang mit Arbeitszeitproblemen eröffnet werden, ist der Weg in die uneingeschränkte Dominanz der Marktsteuerung mit ihren Folgen für die Arbeitszeitentwicklung vorgezeichnet. Das Beispiel Kommunikator verdeutlicht, welche Dilemmata damit für die Mitbestimmung verbunden sein können. Bei der ungepufferten Konfrontation der einzelnen Beschäftigten mit der Konkurrenz kann Arbeitszeitregulierung zu einer Störgröße bei der Erfüllung der Arbeitsaufgaben werden. Gleiches gilt für den Betriebsrat, der in der entfesselten indirekten Steuerung als Wahrer der Normen von den Beschäftigten mehr als Hindernis denn als Interessenvertretung wahrgenommen wird.

Aber auch dort, wo starke Mitbestimmungsrechte in den neuen Arbeitszeitregulierungen eingeschrieben sind, können diese wirkungslos bleiben. Dies zeigt das Beispiel IT-Services, wo die Regulierung alternative Prozesskanäle öffnet, die von den betrieblichen Akteuren bevorzugt werden. Dort wurden zwar neue Prozessformen geschaffen, aber nur als Alternative neben den traditionellen Genehmigungsverfahren von Mehrarbeit. Als bloße Alternativen jedoch können sich die neuen Formen nicht etablieren, während die Möglichkeiten, die die traditionellen Formen bieten, nicht aktiv genutzt werden. Dennoch sorgt, und dies ist der kleine, aber feine Unterschied zu schwachen Mitbestimmungsrechten wie bei Kommunikator, die intakte Mitbestimmung immerhin dafür, dass die Transparenz der tatsächlichen Arbeitszeiten nicht verloren geht.

Wie wichtig die aktive Arbeitszeitpolitik des Betriebsrates ist zeigt sich am Beispiel Software. Dort ist der Betriebsrat zum Anker für die praktische Wirksamkeit der Arbeitszeitregulierung geworden. Die entscheidende Voraussetzung dafür ist, dass der Betriebsrat die praktische Wirksamkeit der Regulierung zum Problem seiner eigenen Politik gemacht hat. Natürlich wäre dies ohne eine mehr oder weniger stabile Machtposition des Betriebsrates im Unternehmen ein ziemlich aussichtsloses Unterfangen. Aber diese Machtposition kann, dies zeigt das Beispiel, durch die Arbeitszeitregulierung eher noch ausgebaut werden. Und auf genau dieser Grundlage ist es bei Software dann auch gelungen, ein wirkungsvolles Ineinandergreifen der Arenen Mitbestimmung und Arbeitsverfassung in Gang zu setzen. Die Mitbestimmung schaltet sich dann ein, wenn auf der Ebene individualisierter Aushandlungen Probleme entstehen, die zu einem Kontrollverlust der Arbeitszeiten zu führen drohen. Es ist die spannende Frage für die Zukunft, inwieweit dadurch eine Politisierung der Arbeitszeitfrage in der Organisation entstehen kann und damit ein wirksames Gegengewicht zu den Konsequenzen der Marktsteuerung gebildet werden kann. Immerhin aber lässt sich schon heute aus den Erfahrungen in diesem Betrieb lernen, dass sich im Rahmen neuartiger kollektivvertraglicher Arbeitszeitregulierungen neue Mitbestimmungschancen für die repräsentative Interessenvertretung begründen lassen, die den Verlust entgangener Mitbestimmung über Mehrarbeit durchaus aufwiegen und Perspektiven für weitergehende Mitbestimmungsansprüche bieten können.

Teil 4: Schlussfolgerungen

Ausgangspunkt unserer Untersuchung war die Vermutung, dass der gegenwärtige heftige Streit um die Institution der Flächentarifverträge nicht allein eine machtpolitische Auseinandersetzung um eine der Säulen der deutschen Sozialordnung ist, sondern zugleich einen tiefer liegenden Bedeutungswandel der Tarifverträge ausdrückt, der sich bereits seit längerer Zeit abzeichnet. An der Arbeitszeitregulierung, die im Brennpunkt dieser Auseinandersetzung steht, lässt sich diese Problematik gut erkennen: Die Tarifpolitik hat den Betriebsparteien immer mehr Gestaltungsvollmachten für betriebsspezifische Lösungen übertragen, die der Bedeutung der Arbeitszeitorganisation für die Steigerung der Wettbewerbsfähigkeit Rechnung tragen. Dies geschah und geschieht auch aus der politischen Überlegung heraus, dass nur durch diese Anpassungsleistung das Tarifvertragssystem als Ganzes erhalten werden könne. Tatsächlich ist die Flexibilisierung der Arbeitszeit in den 90er Jahren rasch vorangeschritten, und die Gewerkschaften verteidigen das bestehende Tarifvertragssystem nicht zuletzt mit dem Hinweis auf diesen Fortschritt. Doch die Kehrseite dieses Prozesses besteht darin, dass die Grenzen zwischen einer Stärkung und einer Untergrabung des Tarifvertragssystems auf dem Wege seiner Reform recht unscharf sind. Durch eine Reihe qualitativer Studien wird seit einigen Jahren die Frage aufgeworfen, ob nicht die Tarifverträge auf Branchenebene bereits auf dem besten Wege seien, ihre normensetzende Kraft für die Gestaltung der Arbeitszeit in vielen Betrieben einzubüßen. Dass diese Frage über Einzelbeobachtungen hinaus von breiterer empirischer Relevanz ist, hat – im ersten Teil dieses Buches – unsere Analyse der Dynamik der tatsächlichen Arbeitszeiten im zurückliegenden Jahrzehnt gezeigt.

Nun verlaufen soziale Veränderungen, wie wir es eingangs formuliert haben, nicht auf Schienen. Krisen bieten auch Anlass zu Reformen, oder mehr noch: Sie sind sogar Voraussetzung für Reformen und bringen zugleich neue Möglichkeiten hervor, diese ins Werk zu setzen. Zudem wissen die Beteiligten häufig nicht, und können es auch nicht wissen, ob eine Reform in die Richtung einer Stärkung oder einer Erosion des Tarifvertragssystems führt. Der Geist der „Verbetrieblichung" ist aus der Flasche, und die Ausdifferenzierung betrieblicher Arbeitszeitmodelle mit Blick auf spezifische, ja „individuelle" Problemlagen ist nicht nur ein Stoff, aus dem die Krise der Tarifverträge gemacht ist, sondern sie setzt auch Kreativität frei. Die Brisanz liegt in der Frage, was alles unter „individuellen" Problemlagen zu verstehen ist. Ist es der einzelne Betrieb, gleichbedeutend mit der Politik seines Managements? Diese Sichtweise steht bislang zweifellos im Vordergrund. Oder sind es – was dem Sinn des Wortes entspräche – auch die einzelnen Beschäftigten, also die Individuen? Wenn Letzteres nicht als Propagandafloskel gemeint ist, dann käme es darauf an, die Dezentralisierung zu nutzen, um die Arbeitszeitregulierung näher an die Betroffenen im Arbeitsprozess zu bringen. Ihre vielfältigen Zeitbedürfnisse müssten durch die Reform der Arbeitszeitregulierung, also auch mit Hilfe der Flächentarifverträge, größere Durchsetzungschancen bekommen.

Im vorliegenden Buch haben wir einige Betriebe vorgestellt, die Betriebsvereinbarungen oder Tarifverträge zur Arbeitszeitorganisation abgeschlossen haben, die man als Gehversuche in diese Richtung verstehen kann. Der gemeinsame Nenner der fünf Arbeitszeitmodelle besteht in dem erklärten Anspruch der betrieblichen Akteure, mit der Flexibilisierung der Arbeitszeiten den Beschäftigten zugleich größere individuelle Gestaltungsmöglichkeiten zu geben. Wir haben diese Gehversuche in der Praxis beobachtet, um eine einfache Frage beantworten zu können: Sind diese neuartigen Formen der Arbeitszeitregulierung im Wesentlichen auf geduldiges Papier gedruckt, oder prägen sie den betrieblichen Alltag?

So unterschiedlich, ja teilweise gegensätzlich die Erfahrungen sind, die wir angetroffen und in den beiden vorangegangenen Teilen dieses Buches dargestellt haben, so klar wurde uns, dass die praktische Wirksamkeit einer Arbeitszeitregulierung nicht allein davon abhängt, wie gut durchdacht oder – um es modisch zu formulieren – wie „intelligent" die Konstruktion des jeweiligen Arbeitszeitmodells ist. Die Qualität der Gestaltung ist zwar sehr wichtig, doch die beste Gestaltung eines Arbeitszeitmodells entfaltet keine praktische Wirksamkeit, wenn das betriebliche Umfeld ihr nicht entspricht. Damit aber gerät die – durchaus konfliktreiche – Wechselwirkung von Regulierung, industriellen Beziehungen, Personalpolitik und Unternehmenssteuerung in den Blick, und es ist diese Wechselwirkung, die über die normstiftende Kraft neuartiger Ansätze der Arbeitszeitregulierung maßgeblich entscheidet.

16. Wirksame und unwirksame Arbeitszeitregulierungen

Trotz aller Probleme, die wir in diesem Buch beschrieben haben, fällt ein Grundzug in den Arbeitszeitrealitäten „unserer" Betriebe ins Auge, der ein grundsätzliches Vertrauen in die Möglichkeit einer kontrollierten oder regulierten Flexibilität rechtfertigt. Die Beschäftigten, mit denen wir gesprochen haben, sind dazu bereit und auch in der Lage, ihren Arbeitsalltag in hohem Maße eigenverantwortlich zu organisieren. Dies drückt sich darin aus, dass Kundenanforderungen in der Planung der Arbeit und der Arbeitszeit berücksichtigt werden, dass das eingesetzte Arbeitsvolumen und auch die Lage der Arbeitszeit an diese Kundenanforderungen angepasst wird, kurz: in dem verantwortungsvollen Umgang mit der Arbeitszeit im Interesse des Unternehmens. Aus dieser Haltung spricht nicht allein Verantwortungsbewusstsein für das Unternehmen, sondern – allgemeiner – ein hohes Selbstbewusstsein abhängig Beschäftigter, die wissen, dass von der Qualität und Termintreue ihrer Arbeit der wirtschaftliche Erfolg des Unternehmens – und damit auch ihres eigenen Arbeitsplatzes – abhängt. Die andere Seite derselben Haltung ist die selbstverständliche Erwartung, die individuellen Zeitbedürfnisse im Prozess der eigenverantwortlich organisierten Arbeitszeit „unterbringen" zu können. Die Beschäftigten möchten ihre individuelle Arbeitszeit und Freizeit mit derselben Souveränität organisieren, mit der sie den betrieblichen Zeitanforderungen gerecht zu werden versuchen.

Der hier sichtbare kulturelle Wandel im Umgang mit der Arbeitszeit – und damit auch mit der Arbeitsorganisation – ist bemerkenswert. Manch einem mag es übertrieben erscheinen, wenn Autoren wie Bosch (2001) oder Seifert (2001) dies als „stille Revolution" bezeichnen. Und doch ist dies der Keil, der auf den Klotz der gewohnheitsmäßig geführten Klage über die Starrheit und Reformunwilligkeit „am Standort Deutschland" gehört.

Welche Erfahrungen wurden nun mit den Gestaltungselementen flexibler Arbeitszeitmodelle gesammelt, die bewirken sollen, dass der neue Flexibilitätskompromiss tatsächlich zustande kommt?

16.1 Arbeitszeitkonten als Flexibilitäts- und als Verlängerungsinstrument

Beginnen wir mit der Arbeitszeitform, die am meisten verbreitet ist, den Arbeitszeitkonten im Rahmen der so genannten neuen Generation von Gleitzeitkonten, die wir der Einfachheit halber als die „neue Gleitzeit" bezeichnen. Die Arbeitszeitkonten mit einem überschaubaren Ausgleichszeitraum, in der Regel von bis zu zwölf Monaten, sind die eigentliche Erfolgsstory der gegenwärtigen Arbeitszeitregulierung. Ihr Erfolgsgeheimnis ist die pragmatische Anpassung: Die Beschäftigten akzeptieren – oder befürworten sogar ausdrücklich – den Vorrang betrieblicher Zeiterfordernisse innerhalb bestimmter, nicht allzu weit gezogener Grenzen, und nutzen dies gewissermaßen als Plattform für die Wahrnehmung individueller Zeitinteressen. Die Regeln sind einfach: Arbeitszeit wird erfasst und bleibt dadurch für alle Beteiligten transparent. Wer mit einem Girokonto umgehen kann, kann auch ein Arbeitszeitkonto managen (wobei er oder sie allerdings – im Unterschied zum Girokonto – nie ins Minus rutschen möchte; Lebenszeit ist offenbar doch wertvoller als Geld, man will sie niemandem schulden). Beim Managen des Kontos helfen klare Orientierungsmarken. Der Ausgleichszeitraum erfüllt eine solche Funktion. Es muss überschaubar bleiben, wann Guthaben abgefeiert werden können. Die wenigsten wollen das auf die lange Bank schieben. Übergroße Guthaben, deren Abbau unrealistisch erscheint, will man gar nicht erst zulassen. Deshalb gibt man auch mit definierten Obergrenzen der Konten dem Unternehmen gewissermaßen einen (allerdings zinslosen) Überziehungskredit und achtet darauf, ähnlich wie die Bank selber, dass die Linie nicht überschritten wird. Die Zeit, die einem gehört, nimmt man sich, wenn man sie benötigt und wenn es die betrieblichen Prozesse ermöglichen. Dazu spricht man sich mit Vorgesetzten und Kolleg/inn/en ab.

Die eigenverantwortliche Bewältigung von Schwankungen des Arbeitsanfalls in Verbindung mit der Möglichkeit, eigene Zeitbedürfnisse unter Berücksichtigung der Interessen des Betriebes und in Absprache mit anderen zu realisieren, ist zu einer verbreiteten Norm der Arbeitszeitgestaltung geworden. Dieses „Modell" ist so selbstverständlich geworden, dass es überall informell praktiziert werden und gut funktionieren kann, selbst wenn es keine Betriebsvereinbarung gibt, die dies vorsieht. Man weiß, wie es „eigentlich" funktionieren müsste, und verhält sich dementsprechend.

So weit die Erfolgsstory. Ihre Botschaft lautet: Die regulierte Flexibilität ist möglich, und sie funktioniert nicht selten überraschend gut. Die Basis dieses Erfolges ist der eigenverantwortliche Umgang der Beschäftigten mit ihrer Arbeitszeit. Das Problem ist nur: Die Story hat noch kein Happy End.

In vielen Fällen – auch wir konnten das beobachten – wird die Variabilisierung der Regelarbeitszeit, das Kernstück jeder flexiblen Arbeitszeitorganisation, überstrapaziert. Der Grund dafür ist nicht die mangelnde Flexibilität der Vereinbarungen. Das, was mancher Betriebsvereinbarung an Flexibilität fehlt, kann ja in der Praxis auch informell hergestellt werden, und die informelle Praxis kann durchaus funktional sein für die normative Bindekraft einer Regulierung. Wir denken hierbei beispielsweise an die Schattensysteme bei Software. Was dagegen häufig tatsächlich fehlt ist die Gewissheit, größere Arbeitszeitguthaben eines Tages wieder abbauen zu können.

Der Grund dieses Misstrauens ist die zu dünne Personaldecke in vielen Unternehmen. De facto hat sich vielfach in den 90er Jahren eine „Personalpolitik der unteren Linie" durchgesetzt. In ihr wird das Normalmaß für die Personalausstattung auf der Grundlage der Ausschöpfung der Regelarbeitszeit bei schwacher Auslastung definiert, so dass alle Schwankungen nach oben durch irgendeine Form der Mehrarbeit abgepuffert werden müssen. Das führt dazu, dass der betriebliche Zeitbedarf immer wieder und auf längere Sicht das Arbeitszeitvolumen übersteigt, das sich aus den vereinbarten Arbeitszeiten ergibt.

Selbstverständlich sprengt dies die Möglichkeiten eines Gleitzeitkontos, selbst wenn der Ausgleichszeitraum ein Jahr beträgt und die Obergrenze des Kontos auf vielleicht 100 Stunden festgelegt wurde. Wenn ein Jahr lang wöchentlich nur zwei Stunden länger als vereinbart gearbeitet wird und keine Möglichkeit zum Zeitausgleich besteht, sind am Ende dieses Jahres die 100 Stunden fast erreicht. Sehr bald entwickelt sich das, was uns in vielen unserer Gespräche begegnete: Die Beschäftigten hangeln sich am oberen Rand ihres Gleitzeitkontos entlang. Das Gleitzeitkonto verändert dadurch seinen Charakter. Es hilft nicht mehr bei der Organisation von Flexibilität, sondern es dient nur noch als eine Art Schamgrenze, jenseits derer alles Mögliche passiert: bezahlte Mehrarbeit, unbezahlte Mehrarbeit, und – schon seltener – die Übertragung von Zeitguthaben auf andere Konten. Diesseits dieser Schamgrenze ist die Erfolgsstory der neuen Gleitzeit zu besichtigen. Nur dass die Arbeitszeiten nicht, wie es die reine Lehre will, um den Nullpunkt schwanken, sondern um einen Punkt irgendwo weiter oben, häufig dicht unter der definierten Obergrenze der Konten.

Es sind keine Einzelbeobachtungen von fragwürdiger Verallgemeinbarkeit, über die wir in diesem Buch berichtet haben. Andere aktuelle qualitative Studien (Böhm et al. 2003; Eberling et al. 2004) sowie repräsentative Erhebungen (Bauer et al. 2002) haben Ähnliches zu Tage gefördert, und auch unsere Datenanalyse im ersten Teil hat die Auswirkungen der verbreiteten Personalpraxis der „unteren Linie" auf die gesamtwirtschaftliche Entwicklung von Beschäftigung und Arbeitszeiten deutlich gemacht. Unter der Hand findet also längst ein Themenwechsel statt. Es geht bei Arbeitszeitflexibilisierung nicht mehr in erster Linie um Flexibilität. Es geht vielmehr darum, permanent längere Arbeitszeiten in der einen oder anderen Form mit der Arbeitszeitregulierung in Einklang zu bringen. Diese Art der Arbeitszeitregulierung und -praxis segelt unter der Flagge der Flexibilität, doch ihre „hidden agenda" ist das Verwalten von struktureller Mehrarbeit. Gleitzeitkonten werden dann von einem Flexibilitätsinstrument zu einem Hintertürchen zur über längere Zeiträume hinweg praktizierten Überschreitung der vertraglichen Arbeitszeiten. Kurz: Häufig ist Arbeitszeitverlängerung drin, wo Flexibilisierung draufsteht. Ein beachtlicher Teil der betrieblichen Arbeitszeitpolitik, die gegenwärtig in Deutschland betrieben wird, segelt unter falscher Flagge.

16.2 Der schwierige Abschied von der Mehrarbeit

Vor dem Hintergrund dieser Erfahrungen ist es nachvollziehbar, dass selbst in Betrieben mit innovativen Arbeitszeitregelungen in teilweise beträchtlichem Umfang weiterhin auf bezahlte Mehrarbeit zurückgegriffen wird. Dieser Befund ist nicht allein daraus zu erklären, dass viele Beschäftigte nach wie vor stärker auf Einkommenssteigerung als auf Arbeitszeitbegrenzung per Zeitausgleich orientiert sind. Gerade weil diese Orientierung – insbesondere bei einigen unserer jüngeren Gesprächspartner – recht stark ist, muss die ungewisse Aussicht auf zukünftige Entnahmemöglichkeiten von Zeitguthaben als Spatz auf dem Dach erscheinen, dem die Taube in der Hand allemal vorzuziehen sei. Aber auch diejenigen, deren Präferenzen eher in Richtung freier Zeit tendieren, verhalten sich nur selten anders. Der Realitätssinn gebietet es, auf das Instrument der bezahlten Mehrarbeit auszuweichen, so lange es noch angeboten wird. Die Arbeit muss nun einmal erledigt werden, und man kennt die Einstellungspraxis des Unternehmens: Entlastung ist nicht in Sicht.

Auch für die Betriebsräte ist wegen der Zustimmungspflichtigkeit von Mehrarbeit das Festhalten an dieser klassischen Lösung die einfachste Lösung. Im Prinzip können sie das Instrument der Überstundengenehmigung auch für die Beeinflussung der Personalpolitik nutzen. So definieren einige Betriebsräte für ihre Politik Schmerzgrenzen, bei deren Überschreitung sie Personalmaßnahmen anmahnen oder sogar zum Mittel der – taktischen – Überstundenverweigerung greifen. Wie die Erfahrungen der letzten Jahre zeigen, ist es für Betriebsräte allerdings wesentlich schwerer geworden, der Personalpolitik der unteren Linie entgegenzuwirken. Der Konkurrenzdruck, der in die Betriebe hineingelassen oder -getragen wird, erweist sich als eine wichtige politische Beschränkung für die faktische Nutzung des Mitbestimmungsrechts. Mit zunehmender Bedeutung indirekter Steuerung kommt das Problem hinzu, dass – wie im Falle von IT-Services – die Beantragung von Mehrarbeit von den Beschäftigten selber ausgeht und vom Management nur noch formal an den Betriebsrat weitergereicht wird. Trotz dieser Schwierigkeiten lassen sich Beispiele konsequenter Nutzung des Mitbestimmungsrechts beobachten, selbst in der IT-Branche (vgl. z.B. Voss-Dahm 2003). Alles hängt von den Möglichkeiten und der Politik des örtlichen Betriebsrates ab.

Wenn man außerdem bedenkt, dass es auch die alternative „Lösungsmöglichkeit" eines Rückgriffs auf *un*bezahlte Mehrarbeit gibt, wie wir sie bei Kommunikator angetroffen haben, dann wird die anhaltende Akzeptanz der bezahlten Mehrarbeit noch verständlicher. Bezahlte Mehrarbeit hat ja nicht nur den Vorteil für die Beschäftigten, dass gearbeitete Zeit auch entlohnt wird, sondern sie sorgt auch dafür, dass das Problem der strukturellen Mehrarbeit im Prinzip sichtbar bleibt. Wenn dagegen im Rahmen eines „flexiblen Arbeitszeitmodells" Gleitzeitguthaben jenseits einer bestimmten Grenze gekappt werden, ohne dass irgendein Verfahren vorgesehen wäre, um dies bereits im Vorfeld zu vermeiden, dann wird die strukturelle Mehrarbeit lediglich den Blicken der Beteiligten entzogen. Das Problem ist nicht mehr bearbeitbar. Die Arbeitszeitregulierung wird zu einer Fiktion.

Bezahlte Überstunden gelten deshalb bei vielen Praktikern nicht als das schlechteste Flexibilitätsinstrument, und sie erweisen sich trotz des Booms verschiedenster flexibler Arbeitszeitmodelle als erstaunlich zählebig. Dennoch haben ihnen, worauf wir im ersten Teil dieses Buches hingewiesen haben, die Überstunden „mit Zeitausgleich" zumindest in der Statistik mittlerweile den Rang abgelaufen (ob der Zeitausgleich dann tatsächlich stattfindet, ist allerdings nicht immer gesichert). Wie unsere Fallstudien zeigen, birgt diese Tendenz für Betriebsräte sowohl eine Herausforderung als auch eine Chance. Die Herausforderung besteht darin, im Rahmen des neu vereinbarten Arbeitszeitmodells ein funktionales Äquivalent für das nicht mehr – oder nur noch in geringem Umfang – genutzte Mitbestimmungsrecht über Mehrarbeit zu erlangen. Selbstverständlich ist es dann immer noch ein weiter Weg von einem Rechtsanspruch zu seiner praktischen Nutzung. Jeder Eingriff in die Versuche, die Arbeitszeit zu verlängern, ist mit der Personalpolitik der unteren Linie konfrontiert. Aber wenn der Geldanreiz für die Beschäftigten aus der Mehrarbeit herausgenommen ist, wird zumindest die klassische Überstundenkoalition zwischen Management und Beschäftigten deutlich geschwächt. Unsere Fallstudie bei HighTech hat diesen Umschwung in Nahaufnahme gezeigt. Die Auseinandersetzung um die Begrenzung der Arbeitszeit kann dann gewissermaßen auf einem günstigeren Terrain geführt werden, weil es wirklich nur noch um die Zeit und nicht mehr außerdem um das Geld geht. Darin besteht die Chance für die Betriebsräte – aber führen müssen sie die Auseinandersetzung dennoch, und dies ist schwer genug. Und es ist eine Gratwanderung, denn bezahlte Mehrarbeit soll ja nicht durch unbezahlte ersetzt werden, sondern durch eine effektive Begrenzung der Arbeitszeit.

Hinsichtlich der Gestaltung von Alternativen zur bezahlten Mehrarbeit zeigen die von uns beobachteten Erfahrungen, dass es günstig ist, wenn die betrieblichen Akteure sich konsequent entscheiden. Wenn sie tatsächlich die Weichen in Richtung auf Abkehr von der betrieblichen Auszahlungskultur stellen wollen, dann empfiehlt es sich, das Ventil der bezahlten Überstunden entweder ganz zu schließen oder seine dosierte Öffnung an restriktive Bedingungen zu knüpfen. Ein beeindruckendes Beispiel für die Wirksamkeit einer konsequenten Einschränkung von Mehrarbeit ist die Praxis bei HighTech, die wir im zweiten Kapitel von Teil 3 vorgestellt haben. Solange dagegen bezahlte Überstunden im Rahmen eines neuen Arbeitszeitmodells noch als Option mitlaufen, wird es schwer sein, die neuen Flexibilitätsinstrumente ins Zentrum der Praxis zu rücken.

Dies vorausgesetzt, zeigen die Erfahrungen bei Software (vgl. vor allem Kapitel 15), dass die Kombination von zustimmungspflichtigen Zusatzzeitbudgets und Langzeitkonten ein sehr wirksames Mittel der Arbeitszeitkontrolle innerhalb einer Organisation sein kann. Doch auch hier gilt das oben Gesagte: Entscheidend für die Funktionsfähigkeit eines Arbeitszeitkontos ist nicht allein, wie die Zeitguthaben entstehen, sondern ebenso, wie sie wieder abgebaut werden können. Denn die „hidden agenda" der Arbeitszeitflexibilisierung, das Verwalten von struktureller Mehrarbeit, belastet auch den praktischen Umgang mit Langzeitkonten.

16.3 Langzeitkonten mit Risiken und Nebenwirkungen

Wenn die Möglichkeit der Entnahme großer Zeitguthaben fraglich ist, werden Langzeitkonten von vielen Beschäftigten nicht als *Flexibilitätsinstrument* wahr- und angenommen. Falls sie überhaupt in nennenswertem Umfang genutzt werden, dann in der faktischen Funktion eines Renten-Ansparkontos oder als Ersatz für Kurzarbeit – zwei Nutzungsvarianten, die mit erheblichen Zielkonflikten einhergehen, auf die wir in Teil 3 ausführlicher eingegangen sind. Langzeitkonten als Vorsorge für einen eventuell notwendig werdenden Kurzarbeit-Ersatz zu nutzen bedeutet, sich von der verbreiteten Erwartung zu lösen, dass mit Hilfe von Langzeitkonten die individuelle Arbeitszeitsouveränität erhöht werden könne. Die Umfunktionierung zu Renten-Ansparkonten wiederum ist von der Vorstellung geleitet, dass längerfristig die Arbeitszeiten von Beschäftigten in der „Prime-Age"-Lebensphase, in der sie als besonders leistungsfähig gelten, verlängert werden sollten. Diesem heimlichen Leitbild zu folgen würde nicht allein bedeuten, an Stelle der viel diskutierten „Vereinbarkeit von Familie und Beruf" einer Polarisierung der Arbeitszeiten zwischen Männern und Frauen Vorschub zu leisten, sondern es würde zugleich auf mittlere bis längere Sicht erhebliche Knappheitssituationen auf den Arbeitsmärkten höher qualifizierter Beschäftigter vorprogrammieren. Zumindest als breit genutztes Instrument wären Langzeitkonten dieser Art nicht vereinbar mit einer nachhaltigen Arbeitszeit- und Beschäftigungspolitik.

Vor diesem Hintergrund ist der Vorschlag des Betriebsrates von HighTech hervorhebenswert, einen Pool von zunächst befristet eingestellten qualifizierten Reservekräften zu bilden, die genügend Erfahrungen innerhalb des Betriebes sammeln, um Beschäftigte vertreten zu können, die ihre Guthaben von Langzeitkonten entnehmen (vgl. Kapitel 13). Die Idee zielt darauf ab, die Abschottung des internen vom externen Arbeitsmarkt zu überwinden. In einem Milieu der Personalpolitik, dem der Mut fehlt, sich vom ständigen Manövrieren auf dem Niveau des Personalminimums zu lösen, werden Langzeitkonten nicht die ihnen zugedachte Rolle beim Zustandekommen eines neuen Flexibilitätskompromisses spielen können.

Mit der Frage der Entnahmemöglichkeiten von Zeitguthaben untrennbar verknüpft ist die Frage, wie diese Guthaben überhaupt entstehen. Die Reduzierung von Langzeitkonten auf die Funktion von Renten-Ansparkonten verträgt sich gut mit einer Praxis der permanenten Mehrarbeit, in der Guthaben ohne große Hindernisse und geräuschlos aufgebaut werden. Die Arbeitszeitverlängerung von heute ist dann die vorgezogene Verrentung von morgen – mit Flexibilität hat dies selbstverständlich nichts zu tun. Eine Politik dagegen, die auf die Schaffung tatsächlicher Möglichkeiten zur Zeitentnahme abzielt, wird auch der Entstehung der dafür erforderlichen Guthaben große Aufmerksamkeit schenken. Bei Software und IT-Services ist der Gedanke aufgegriffen worden, zusätzlichen Zeitbedarf, sobald er absehbar wird, als Zeitbudget zu definieren, das vom Betriebsrat zu genehmigen ist. Die dadurch entstehenden Zeitguthaben werden auf Langzeitkonten verbucht. Bei IT-Services spielt diese Regelung in der Praxis allerdings kaum eine Rolle, weil die bisherige Möglichkeit der Mehrarbeit weiterhin besteht. Bei Software dagegen wurde Mehrarbeit formell abgeschafft, so dass – bei Beachtung der Betriebsvereinbarung – nur der Weg über die Beantragung von Arbeitszeitbudgets bleibt, denen der Betriebsrat im Prinzip die Zustimmung verweigern kann. Die Verlängerung der Arbeitszeit ist damit begründungspflichtig. Die Begründungspflicht wiederum ist die Basis für die betriebsöffentliche Bearbeitung des Problems, man kann auch sagen: für seine Politisierbarkeit.

Dabei hilft auch die zur Beantragung von Zusatzzeitbudgets komplementäre Regelung, dass überschüssige Guthaben auf den Gleitzeitkonten gekappt werden. Beide Regelungen im Zusammenhang begünstigen eine Praxis, die die Vermeidung des Verfalls geleisteter Arbeitszeit nicht allein den Beschäftigten in den Projekten überträgt, sondern deren Vorgesetzten bzw. den Betriebsparteien. Die ungelösten Probleme in der Organisation, die zur Verlängerung der Arbeitszeit führen, werden nicht bei denen „entsorgt", die auf deren Lösung keinen Einfluss haben. Sie werden in die Organisation zurückgeleitet und zum Problem der für die Organisation Verantwortlichen gemacht.

Dieses Zurückleiten ungelöster Organisationsprobleme zum Management aber berührt den Kern dessen, was neue Formen der Arbeitszeitregulierung zu leisten haben. Wie wir im dritten Kapitel von Teil 3 gezeigt haben, kann die Selbstorganisation der Beschäftigten unter den Bedingungen der indirekten Steuerung dazu führen, dass das Kostenproblem der Unternehmen in ein Arbeitszeitproblem der Beschäftigten umgedeutet wird. Transparenz und Kontrolle über die tatsächlichen Arbeitszeiten bleiben dabei auf der Strecke. Weil auf diese Weise Organisationsprobleme privatisiert werden, fehlen Anreize für eine Auseinandersetzung mit den Problemen in der Organisation. Arbeitszeitbegrenzungen, die von den Beschäftigten selber mitgetragen werden, lenken dagegen den Druck in die Richtung einer Verbesserung der Organisation und auch der Personalpolitik. Die alte Erfahrung, dass Arbeitszeitbegrenzungen als „Produktivitätspeitsche" wirken, behält auch zukünftig ihre Bedeutung. Die Frage, auf welche Weise die Produktivität erhöht werden kann, wird dadurch nicht automatisch und quasi geräuschlos zu einem individuellen Problem von Beschäftigten gemacht und auf deren Kosten „beantwortet", sondern potentiell zu einem Gegenstand betriebsöffentlicher Auseinandersetzungen, in denen die Verantwortung des Managements allen Beteiligten klar ist.

Selbstverständlich müssen die in einem Arbeitszeitmodell wie bei Software enthaltenen Mitbestimmungsmöglichkeiten des Betriebsrates auch genutzt werden. Es stellt sich also zunächst dasselbe Problem wie bei der Mitbestimmung nach § 87 Betriebsverfassungsgesetz. Allerdings macht die Praxis bei Software auf einen wichtigen politischen Unterschied aufmerksam. Nicht die Regelung alleine ist wichtig, sondern mindestens ebenso wichtig ist, wie sie zustande kommt und welchen Stellenwert sie für die betrieblichen Akteure hat. Die Überwindung der früheren Mehrarbeits- und Gleitzeitpraxis war ein wichtiges Ziel des Betriebsrates, und die langwierigen Verhandlungen, die zur Realisierung dieses Ziels erforderlich waren, wurden von vielen Diskussionen im Betrieb begleitet. Es gab also eine in dieser Frage politisierte Betriebsöffentlichkeit, mit der die dann eingerichtete Institution einer Arbeitszeitkommission in eine produktive Wechselwirkung eintreten konnte. Alle Beteiligten wissen, dass der Betriebsrat und mit ihm die Arbeitszeitkommission ihre Aufgabe ernst nehmen, auch unter Beteiligung des Managements, das die damit hergestellte Transparenz über die Zeitverwendung als effizienzfördernd schätzt.

Dies darf nicht mit Harmonie verwechselt werden. Jeder vertritt dabei seine Interessen und übernimmt seine spezifische Funktion. Wenn Vetos gegen zusätzliche Zeitbudgets eingelegt werden, dann kommen diese von den lokalen Betriebsräten und nicht von der Arbeitgeberseite. Die Arbeitszeitkommission tritt also nur dann in Aktion, wenn der Betriebsrat seine Rolle aktiv wahrnimmt. Die neue Arbeitszeitregulierung benötigt und hat Promotoren, von denen sie sichtbar und spürbar verkörpert wird. Dies prägt die Arbeitszeitkultur im Betrieb. So konnte sich eine Praxis einspielen, mit der die Gleitzeitkonten entlastet und für individuelle Zeitbedarfe nutzbar gemacht werden. Zugleich verschafft sich der Betriebsrat einen Ansatzpunkt für die Verwirklichung seiner erklärten Absicht, mehr Einfluss auf die Personalbemessung zu gewinnen.

Diese Erfahrung ist von großer Bedeutung für die Diskussion des perspektivischen Problems von Arbeitszeitregulierung, mit dem wir uns in diesem Buch wiederholt befasst haben: der Möglichkeit, dass die Wirksamkeit der Arbeitszeitregulierung nicht allein durch das Management untergraben, sondern zugleich durch die Beschäftigten in eigener Initiative unterlaufen wird. Auch zu diesem Thema wurden in den von uns untersuchten Betrieben interessante Erfahrungen gesammelt, die wir im Folgenden zusammenfassen.

17. Indirekte Steuerung und Interessenvertretung

Im ersten Teil des vorliegenden Buches haben wir die grundsätzliche Problematik skizziert, die mit der indirekten Steuerung von Arbeitsprozessen für die Wirksamkeit von Arbeitszeitregulierung aufgeworfen wird. Den Beschäftigten wird keine andere Wahl gelassen, als mit den Folgen knapperer Ressourcen und härter werdenden Konkurrenzdrucks in eigener Regie fertig zu werden. Sie können sich einem als sachliche Notwendigkeit daherkommenden Zwang weitaus schwerer entziehen als einer persönlichen Anordnung. In diesem Organisationsmilieu entsteht die Situation, die ein Projektmanager bei Kommunikator mit den Worten beschrieb:

„Im Grunde ist es ja so: Sie haben eine Arbeit und die muss gemacht werden. Die Arbeitszeit spielt dabei keine Rolle."

Indirekte Steuerung ist dort besonders durchschlagskräftig, wo die Beschäftigten in unmittelbarem Kundenkontakt stehen. Dies ist in unserem Sample bei Kommunikator, IT-Services, dem Bereich Professional Services von Software und einigen Entwicklungsabteilungen bei HighTech der Fall. Die Kundennähe verstärkt zumindest temporär hohe Zeitbedarfe, die gekoppelt mit der Personalpolitik der unteren Linie strukturelle Mehrarbeit als Sachzwang nach sich ziehen, weil Belastungsspitzen nicht mehr durch Zeitabbau ausgeglichen werden können. Nicht zu vernachlässigen ist aber auch der allgemeine Marktdruck als Triebkraft der indirekten Steuerung, der wegen des starken Personalabbaus der letzten Jahre besonders ausgeprägt bei Kommunikator vorherrscht, aber auch in allen anderen Fallunternehmen immer wieder thematisiert wurde. Im Kampf um existenzielle Fragen wie die eigene Beschäftigungssicherung werden mögliche Ansprüche auf die Einhaltung der vertraglichen oder zumindest auf gesundheitsverträgliche Arbeitszeiten zurückgestellt.

Dennoch ist im Kreis der fünf von uns untersuchten Betriebe nur bei Kommunikator die vereinbarte Arbeitszeitregulierung reine Fiktion. Niemand – außer dem Betriebsrat – scheint sich dort für sie zu interessieren. Es wird so verfahren, als gäbe es sie nicht, im Grunde ist sie ein Fremdkörper. Die Marktsteuerung in diesem Betrieb lässt die Arbeitszeitregulierung als überflüssig erscheinen. Während jede auch noch so flexible betriebliche Arbeitszeitregulierung implizit immer voraussetzt, dass Partizipation und dezentrale Vereinbarungen über die Arbeitszeitgestaltung tatsächlich möglich sind, beruht die innere Logik indirekter Steuerung auf dem stummen Zwang der Verhältnisse, der diesen Möglichkeiten den Boden entzieht. Aber die Existenz dieser inneren Logik ist ja nicht gleichbedeutend mit ihrer Durchsetzung in der Realität. Allein die wenigen von uns untersuchten Betriebe zeigen ein erstaunliches Spektrum verschiedener Varianten von indirekter Steuerung der Arbeitsprozesse und der Formen, in denen das Management versucht, den Konkurrenzdruck in die Organisation hineinzuleiten. Marktsteuerung ist – wie andere Steuerungsformen vor ihr – ein Prinzip, das in der Wirklichkeit vielfach modifiziert umgesetzt wird.

Die Differenziertheit der Arbeitszeitrealitäten trotz Marktsteuerung in den von uns untersuchten Betrieben ermöglicht eine Einschätzung der Faktoren, die ein Gegengewicht zur ungefilterten Weitergabe äußeren Drucks auf die Arbeitszeit der Beschäftigten bilden können.

Einen möglichen Ansatzpunkt für die Beeinflussung der individuellen Arbeitszeiten kann das Instrument der Zielvereinbarungen bieten. Immerhin existiert hier ein Rahmen, in dem die Frage thematisiert werden kann, ob ein zu vereinbarendes Arbeitsvolumen innerhalb der vertraglichen Arbeitszeit zu bewältigen ist. Die Erfahrung in den von uns untersuchten Betrieben stimmt diesbezüglich jedoch skeptisch. Teilweise haben die Ziele den Charakter von Vorgaben, denen überdies der direkte Bezug zur Arbeitsleistung der Beschäftigten fehlt. Aber auch als partizipatives Gegengewicht zur indirekten Steuerung bleiben Zielvereinbarungen, so weit wir dies beobachten konnten, fast wirkungslos. Eine Beteiligung der Beschäftigten an der Ausgestaltung der Rahmenbedingungen der Arbeit, die geeignet wäre, den Druck der indirekten Steuerung auf die Arbeitszeiten abzufedern, ist über die in den Gesprächen thematisierten Ziele derzeit offensichtlich nicht zu erreichen. Ansätze dazu finden sich nur bei Software, dem einzigen Unternehmen, in dem Ziele in Teilbereichen aktiv für organisatorische Lernprozesse genutzt werden. Zwar sind auch in diesem Betrieb Fragen der Personalbemessung aus den Zielvereinbarungsgesprächen ausgeklammert. Wohl aber werden Effizienz- und Effektivitätsgesichtspunkte angesprochen, die nicht nur zu einer Verbesserung der Produktivität, sondern auch zu einer – wenn auch begrenzten – zeitlichen Entlastung der Beschäftigten führen können.

Aber Instrumente der individualisierten Aushandlung wie die Zielvereinbarungen funktionieren, wie wir feststellen konnten, nicht aus sich heraus als Gegengewichte der Marktsteuerung. In welchem Maße sie diese Bedeutung erlangen können, hängt davon ab, wie sie in die industriellen Beziehungen des Unternehmens eingebettet sind. Die industriellen Beziehungen können den wohl wichtigsten erkennbaren Beitrag zur Pufferung der Marktprozesse auf die Arbeitszeit leisten. Sie wirken dann wie ein Katalysator, der nicht nur Grenzen für die Durchschlagskraft der Marktsteuerung setzt, sondern auch die Wirkungsweise der Marktsteuerung und ihrer Instrumente in den Organisationen verändert – und sich dabei schließlich auch selber verändert.

Diese Wechselwirkung kann am Beispiel von Software im Vergleich mit Kommunikator gut studiert werden, also zwei Betrieben derselben Branche mit sehr ähnlichen Arbeitspraktiken und Steuerungsformen. Als die Kernfrage neuer Formen der Arbeitszeitregulierung haben wir eingangs herausgearbeitet, ob und wie sie dazu beitragen, die Kontrolle der einzelnen Beschäftigten über ihre Arbeitszeit zu erhöhen. Davon hängt unseres Erachtens letztlich auch die Möglichkeit ab, kollektivvertragliche Normen insgesamt – einschließlich der Arbeitszeitnormen in Flächentarifverträgen – näher an die einzelnen Beschäftigten heranzubringen. Dem äußeren Anschein nach haben die Beschäftigten beider Betriebe ähnliche individuelle Kontrollmöglichkeiten über ihre Arbeitszeit. Die Arbeitsanforderungen sind in hohem Maße vom Kundenkontakt und von betriebswirtschaftlichen Imperativen bestimmt, die Arbeitszeitgestaltung obliegt den Einzelnen und ihren Teams. Die Arbeitszeiten werden dezentral erfasst und mit sehr variablen Gleitzeitkonten individuell gemanagt. Überschießende Zeitguthaben auf diesen Konten werden in beiden Betrieben gekappt. Und – nicht zu vergessen: Beide Betriebe sind tariflich nicht gebunden, und in beiden wird überdurchschnittlich lange gearbeitet. Dennoch ist es, als hätten wir zwei verschiedene Welten vor uns. In dem einen Betrieb wird die Arbeitszeitregulierung weitgehend als irrelevant betrachtet, in dem anderen gelang es, eine Kultur des reflektierten Umgangs mit Arbeitszeit zu entwickeln.

Die beiden Welten entstehen sowohl durch die „Technik" der Arbeitszeitregulierung als auch durch deren Nutzung. Der entscheidende Unterschied zwischen den Regelungen liegt nicht auf der Arbeitsplatzebene. Dem Anspruch nach wird in beiden Fällen ein Gleitzeitkonto individuell gemanagt. Die spannende Frage lautet vielmehr, was passiert, wenn die Kappungsgrenze erreicht wird. In dem einen Fall herrscht Gleichgültigkeit bis Resignation vor, weil die einzelnen Beschäftigten im Arbeitszeitkonflikt vollständig auf sich gestellt sind. In der Praxis, auch entgegen der Realität keine Aufzeichnungen außerhalb des gesetzlich zulässigen Rahmens vorzunehmen, findet diese Vereinzelung ihren Höhepunkt. In dem anderen Fall wird die Kappung mehrheitlich vermieden. Dies ist möglich, weil es eine Handlungsebene oberhalb der individuellen Arbeitsebene gibt, auf der Promotoren des reflektierten Umgangs mit Arbeitszeit aktiv sind. Durch deren Kontrolltätigkeit wird individuelle Kontrolle erst zu einer realistischen Option. Durch einen intelligenten Schachzug demonstrieren die „kollektiven Kontrolleure", dass sie nicht die Individuen, sondern die Organisation kontrollieren wollen: Die so genannte „EGAL-Liste" gibt allen Beschäftigten die Möglichkeit, unbehelligt von den Nachstellungen der Arbeitszeitkommission unbezahlte Mehrarbeit zu leisten (bezahlte Überstunden wurden ja abgeschafft). Die Tür ist auf, doch nur die wenigsten sehen sich durch Marktdruck, Kundenanforderungen, Karrierestreben oder was auch immer dazu veranlasst oder getrieben, durch diese Tür zu gehen. Die attraktivere Alternative ist die Beantragung eines zusätzlichen Zeitbudgets immer dann, wenn der überschießende Zeitbedarf absehbar ist. Der Betriebsrat reagiert auf diese Anträge nicht automatisch zustimmend, sondern selbstbewusst. Jeder weiß, dass im Extremfall von der Möglichkeit des Vetos Gebrauch gemacht wird, so dass das Ventil der Zeitbudgets nicht allzu weit geöffnet ist. Seine Öffnung ist reguliert, so dass der Druck überschießender Zeitanforderungen teilweise wieder in die Organisation zurückgelenkt wird.

Kurz: es gibt mehrere Stellschrauben, und alle werden genutzt. Nach individuellen „Haltegriffen" wird tatsächlich gegriffen, und zwar deshalb, weil die Regelung Interventionspunkte für den Betriebsrat, also „Mitbestimmungsschwellen" definiert, die spürbare Aktionen des Betriebsrates auslösen. Die Tätigkeit der Arbeitszeitkommission gibt den Individuen die Sicherheit und Rückendeckung, die sie benötigen, wenn sie den Verlust von Zeitguthaben vermeiden wollen. Die Existenz und Wirksamkeit der Arbeitszeitregulierung bedeutet, dass Arbeitszeit ihren Status als eine – wenn auch in Grenzen – unabhängige Variable behält, ja, dass dieser Status sogar gestärkt werden konnte. Dies wirkt auf die Organisation zurück. Die Auswirkung der Marktsteuerung auf die einzelnen Beschäftigten wird insoweit abgeschwächt, als die Personalverantwortung der Bereichsleiter gestärkt wird.

Solche regulierten Modelle müssen in der Konkurrenz mit dem „reinen" Marktmodell bestehen (die Anführungsstriche sind notwendig, denn auch im scheinbar reinen Marktmodell entscheidet die Unternehmensführung, mit welchen Ressourcen die Beschäftigten die Anforderungen des Marktes zu bewältigen haben). Was in dieser Konkurrenz letztlich den Ausschlag gibt ist der wirtschaftliche Erfolg. Wer wollte heute prognostizieren, welche der beiden Herangehensweisen wirtschaftlich aussichtsreicher ist? Die weitere Entwicklung ist offen. Die Branchenkrise bewirkt im Falle von Kommunikator, dass Personalabbau und unveränderter, teilweise sogar verstärkter Arbeitsdruck Hand in Hand gehen. Marktsteuerung beinhaltet nun zusätzlich zum Druckmittel des Kapitalmarktes auch die des Arbeitsmarktes. Bei Software wird die Branchenkrise mit Verhandlungen über ein Beschäftigungssicherungsabkommen beantwortet, das allgemeine oder bereichsspezifische Arbeitszeitverkürzungen beinhalten soll. Das „reine" Marktmodell bedient sich zwar durchaus des Verantwortungsbewusstseins, der professionellen Standards und der Arbeitsbegeisterung vieler Beschäftigter, doch es würde nicht mit dieser Breitenwirkung funktionieren ohne die Angst um den Arbeitsplatz. Deshalb ist es letztlich autoritär und bringt eher subalterne und resignative Verhaltensweisen hervor als das stärker regulierte Modell. Falls Selbstbewusstsein und Selbstvertrauen – und nicht zuletzt auch die Gesundheit – der Arbeitenden sich auch im Markterfolg eines Unternehmens niederschlagen, dann sind die Chancen für das stärker regulierte Modell nicht schlecht.

Dennoch: Die Marktsteuerung bleibt eine ständige Herausforderung für das stärker regulierte Modell. Bei Software war zu beobachten, wie der Börsengang den Kosten- und Erfolgsdruck auf die einzelnen Abteilungen weiter verstärkt, und damit auch die Arbeitszeitregulierung neuen Bewährungsproben aussetzt. Wichtig ist aber: Krise und Börsengang werden von den Akteuren, insbesondere vom Betriebsrat, als eine solche Herausforderung begriffen. Sie wissen, dass die *Politisierung des Arbeitszeitkonfliktes* (auch wenn sie dies wohl anders formulieren würden) das A und O der von ihnen mit ins Leben gerufenen Arbeitszeitregulierung ist. Es ist ja nicht so, dass diese Regulierung bereits seit langem verankert wäre und eine Art gewohnheitsmäßigen Respekts für sich in Anspruch nehmen könnte. Sie ist nichts Vorgegebenes oder Vorgefundenes, nichts Traditionelles, sondern etwas Neues, das aus politischen und betriebsöffentlichen Diskussionen und Verhandlungen hervorgegangen ist. Trotz des spürbarer werdenden Drucks, der von der Marktsteuerung ausgeht, kann sie deshalb möglicherweise dem Schicksal eines Kartenhauses entgehen, das deshalb zusammenbricht, weil die untersten Karten vom Management herausgezogen werden (was dann als das Unterlaufen der Arbeitszeitregulierung in eigener Initiative der Beschäftigten erscheinen würde). Die Voraussetzungen für das Aufrechterhalten des bewussten Umgangs mit der Arbeitszeit auch unter Bedingungen einer stärker nach unten weitergereichten Marktsteuerung sind vergleichsweise günstig. Es wird offensichtlich, in welchem Maße die indirekte Steuerung den Betriebsrat zwingt, sein Konzept von Interessenvertretung, sein ganzes Selbstverständnis zu reflektieren. Der herkömmlichen, verbreiteten Praxis der Stellvertretung steht der Ansatz einer „Hilfe zur Selbsthilfe" gegenüber.

Es geht hier also nicht allein um einen neuen Typ von Betriebsvereinbarungen, sondern auch um einen neuen Umgang mit ihnen. Kam es bisher vor allem darauf an, klare materielle Normen zu vereinbaren und über deren Einhaltung in der Praxis zu wachen, wird es jetzt immer wichtiger, materielle Normen mit Verfahrensnormen zu kombinieren und diese dann aktiv zu nutzen. Kurz: Betriebsvereinbarungen werden nicht mehr abgeheftet und kommen in den Schrank, sondern werden zu einem Handlungsinstrument.

Die hier aufgeworfene Frage nach dem Konzept von Interessenvertretung berührt die vielleicht wichtigste Voraussetzung jeder Reform der Arbeitszeitregulierung, nämlich die Verständigung darüber, wer das Subjekt der Politik im Betrieb ist. In manchen IT-Betrieben, aber nicht nur dort, klagen Betriebsräte darüber, dass viele Beschäftigte sich „an keine Arbeitszeitregelungen halten" und der Betriebsrat alle Mühe habe, „die Arbeitszeiten zu kontrollieren". Die Brisanz dieser Sichtweise für das hier behandelte Thema ist offensichtlich: Aufgeworfen wird die Frage, um wessen Arbeitszeit es geht und wer die Kontrolle benötigt. Tatsächlich besteht das eigentliche Problem aber darin, dass die Beschäftigten selber die Kontrolle über ihre Arbeitszeit verlieren, wenn sie das Autonomieangebot des Unternehmens annehmen, dies aber als Einzelne nicht anders als zu den Bedingungen des Unternehmen tun können. Um es zugespitzt zu formulieren: Ein Betriebsrat kann sie als *unmündig* betrachten, da sie „mit ihrer Arbeitszeit nicht vernünftig umgehen können", während sie in Wirklichkeit als Einzelne möglicherweise *machtlos* sind – auch wenn sie in Anbetracht ihrer hohen beruflichen Kompetenz über ein hohes Maß an Handlungsfähigkeit verfügen. Nicht zufällig gehört es zu den Paradoxien dieser Beschäftigtengruppen, dass die meisten hoch qualifizierten Beschäftigten mit ihren im Durchschnitt sehr langen Wochenarbeitszeiten, wenn sie nach ihren Arbeitszeitpräferenzen befragt werden, eine 40-Stunden-Woche bevorzugen würden (Bielenski/Bosch/Wagner 2002). Dieser Widerspruch zwischen Worten und Taten bringt die gegensätzlichen Interessen zum Ausdruck, die von Beschäftigten artikuliert werden und sich auch im Widerstreit innerhalb von Individuen befinden können. In dieser Situation als Arbeitszeitpolizei gegenüber den Beschäftigten auftreten zu wollen, wäre für den Betriebsrat eine offenkundig zum Scheitern verurteilte Strategie. Deshalb steht hier das herkömmliche Verständnis von Betriebsratsarbeit und von Arbeitszeitregulierung auf dem Prüfstand.

Unsere bisherige Darstellung könnte den Eindruck erwecken, dass Politik des Betriebsrates gleichbedeutend sei mit Gewerkschaftspolitik im Betrieb. Gerade das Beispiel Software belegt, dass diese Gleichung falsch ist. Der Kontakt des Betriebsrates zur IG Metall ist eher distanziert, seine Haltung zur Politik der Gewerkschaft und den sie repräsentierenden Personen ist skeptisch, seine betriebliche Politik ist, wovon wir uns selber überzeugen konnten, in der Gewerkschaft und unter anderen Betriebsräten umstritten. Kurz: Er „weiß es besser". Jetzt könnte man sich seitens der Gewerkschaft damit beruhigen, dass die Dinge bei Software so schlecht ja nicht laufen. Zwar ist das Unternehmen nicht tarifgebunden, doch werden Arbeitszeitnormen wie die 40-Stunden-Woche, die die IG Metall ja für vergleichbare Beschäftigtengruppen andernorts selber aushandelt, in der Praxis dieses Betriebes in erstaunlich hohem Maße respektiert. Allerdings ist die Lage für die Gewerkschaft komplizierter.

Die Wirksamkeit der Arbeitszeitregulierung bei Software hängt an der Politik des Betriebsrates. Selbstverständlich profitiert er dabei – und ihm ist dies bewusst – vom Betriebsverfassungsgesetz ebenso wie von der Existenz der Flächentarifverträge, auch wenn sein Arbeitgeber sich keinem Verband anschließt. Er agiert in einem Milieu der industriellen Beziehungen, das über Jahrzehnte hinweg durch gewerkschaftlichen Einfluss mit geprägt wurde, und er hat Wege gefunden, dieses Milieu in eigener Initiative und mit eigenen Ideen zu nutzen. Anderen Betriebsräten gelingt dies in geringerem Maße, teilweise selbst in Unternehmen, die im Unterschied zu Software tarifgebunden sind. Das Problem der Gewerkschaften, das mit der Verbetrieblichung einhergeht, liegt letztlich in der darin zum Ausdruck kommenden Delegation des „Schicksals" der Gewerkschaften an die Betriebsräte. Die mehr oder minder stark ausgeprägte „inneren Erosion" der Flächentarifverträge ist dann die Erscheinungsform dieses Problems.

In einigen Betrieben kann aufgrund der Politik des Betriebsrates diesbezüglich – zumindest vorläufig – Entwarnung gegeben werden, aber in einigen Betrieben eben auch nicht.

Die Gewerkschaften stehen deshalb vor der Frage, wie es ihnen gelingen könnte, „einen Teil des Einflusses über das betriebliche Verhandlungsgeschehen zurückzugewinnen, den sie im Zuge der Verbetrieblichung der Arbeitsbeziehungen zunächst verloren haben" (Streeck/Rehder 2003: 360). Die beiden Autor/inne/n raten den Gewerkschaften dazu, „sich in effektive Beratungsorganisationen für Betriebsräte zu verwandeln". Die Ausgangsfrage halten wir für richtig, doch den gegebenen Rat für zu kurz gegriffen. Abgesehen davon, dass ein großer Teil der Arbeit örtlicher Gewerkschaftsleitungen ohnehin seit langem darin besteht, Betriebsräte zu beraten, liefe eine Identifizierung der Gewerkschaften mit dieser Rolle (dies legt das Wort „sich verwandeln" nahe) auf eine einschneidende Reduzierung ihres Selbstverständnisses hinaus. Vor dem Hintergrund unserer Analyse der unterschiedlichen Folgen von Verbetrieblichung, die im vorliegenden Buch präsentiert wurden, kommen wir zu anderen Vorschlägen, die wir im nun folgenden, abschließenden Kapitel kurz vorstellen.

18. Betriebliche Arbeitszeitpolitik der Gewerkschaften

Das erste Problem, mit dem die Gewerkschaften im Zuge einer allmählichen Erosion der Wirksamkeit von Arbeitszeitregulierung konfrontiert sind, ist das gesellschaftspolitische Umfeld, in dem sie ihre Tarifpolitik betreiben. Dies betrifft nicht allein das machtpolitische Kräfteverhältnis, das sich gegenwärtig vor allem in der Auseinandersetzung um die Zukunft der Flächentarifverträge verdichtet. Grundsätzlich ist Arbeitszeitpolitik mehr oder minder explizit und bewusst immer auch Gesellschaftspolitik. Auch unsere Fallstudien enthalten dazu eine Reihe von Anhaltspunkten, auf die wir in den vorangegangenen Abschnitten hingewiesen haben. Dazu gehören die gesundheitspolitisch problematischen Aspekte dauerhaft langer Arbeitszeiten und hohen Arbeitsdrucks, oder das Spannungsverhältnis zwischen der demografischen Entwicklung und hohen Volumina struktureller Mehrarbeit, die heute auf Langzeitkonten verbucht und später in eine vorgezogene Rente verwandelt werden. Ein vermeintlich ausschließlich innerbetriebliches Problem – die Unternehmenspolitik der indirekten Steuerung – kann sich als sozial nicht nachhaltig erweisen. Nicht alles, was aus rein einzelbetrieblicher Sicht vernünftig erscheint, ist gesellschafts- und beschäftigungspolitisch tragfähig. Gerade dann, wenn unternehmensinterne „checks and balances" de facto außer Kraft gesetzt werden, kommt es umso mehr darauf an, neue Gegengewichte gegen das Wirken des „reinen" Marktmodells zu entwickeln. Diese können, wie soeben gezeigt, aus den industriellen Beziehungen im Betrieb hervorgehen, aber auch von einer mit längerfristiger Perspektive betriebenen Beschäftigungspolitik und von außerbetrieblichen, gesellschaftlichen Arbeitszeitstandards herrühren.

Ein besonders wichtiges Beispiel ist diesbezüglich die Art und Weise, wie eine Gesellschaft die Kombination von Erwerbstätigkeit und Zusammenleben mit Kindern organisiert. In Deutschland sind aus dieser Sphäre bislang nur geringe Gegengewichte zu den innerbetrieblichen Triebkräften der Arbeitszeitverlängerung zu erwarten. Von einigen unserer Gesprächspartner/inne/n wurde dies sehr plastisch zum Ausdruck gebracht:

> „Glücklicherweise habe ich eine Partnerschaft ohne Kinder, so dass ich sehr flexibel bin" (Beschäftigte Kommunikator).

> „Familiäre Verpflichtungen? Mein Mann arbeitet in derselben Branche. Da ist dann einfach das Verständnis da für die Arbeitszeiten, die hier üblich sind. Kinder haben wir nicht. Das kann man sich aber auch abschminken. Das geht in dieser Branche nicht. Entweder macht man seinen Beruf gut, oder man kriegt Kinder. Beides geht nicht und wird nicht akzeptiert. Das ist ja in Deutschland gene-

rell ganz schlecht. Kinderbetreuung und Ganztagsschulen, das gibt es ja viel zu wenig." (Beschäftige IT-Services).

„Ich würde sagen, flexibler als wir es hier haben, geht es kaum noch. Auf dem Stundenzettel darf ich halt nicht mehr als zehn Stunden angeben, sonst wird es nicht unterschrieben. Wir arbeiten da schon sehr zum Wohl der Firma. Das fand die Familie nicht immer so toll, das ist klar. Aber meine Frau ist ja zu Hause, deshalb gab es da kein größeres Problem. Wir haben zwei Kinder." (Beschäftigter Kommunikator).

Möglicherweise bieten andere gesellschaftliche Arrangements der Kombination von Erwerbstätigkeit und Zusammenleben mit Kindern auch neue, wenn auch indirekte Möglichkeiten der Arbeitszeitregulierung. Je stärker die Unternehmen zu indirekter Steuerung der Arbeitsprozesse übergehen, desto wichtiger können solche indirekten Regulierungsformen werden. Wir vermuten, dass die Wirksamkeit betrieblicher Arbeitszeitregulierung zukünftig immer stärker von ihrer gesellschaftlichen und gesellschaftspolitischen Verankerung abhängen wird.

Unser Projekt war nicht so angelegt, dass wir dieser Frage gründlicher hätten nachgehen können. Doch es bietet reichlich Denkanstöße für die zweite Ebene, auf der die Gewerkschaften mit den Erosionstendenzen in der Wirksamkeit der Flächentarifverträge zur Arbeitszeit konfrontiert sind: dem Betrieb. Die Wirksamkeit von Tarifverträgen wird von der Gesellschaftspolitik unterstützt oder unterminiert, aber ebenso vom unmittelbaren Einfluss der Gewerkschaft im Betrieb. Das Problem für die Gewerkschaften, wie wir es sehen, besteht darin, ob und wie sie – analog zum betrieblichen Politikansatz der „Hilfe zur Selbsthilfe" – die Voraussetzungen beeinflussen können, unter denen die Verbetrieblichung von Arbeitszeitregulierung stattfindet. Dies betrifft sowohl die Gestaltung der Flächentarifverträge als auch die gewerkschaftliche Betriebspolitik.

Die bisherige Konstruktion der Flächentarifverträge in der Metallindustrie ist ja die, im Tarifvertrag Eckdaten zu vereinbaren (zum Beispiel die Dauer des Zeitraums, in dem die durchschnittliche tarifvertragliche Wochenarbeitszeit nicht überschritten werden darf), und die konkrete Gestaltung an die Betriebsparteien zu delegieren. Denkbar wären selbstverständlich auch andere Konstruktionsprinzipien, die den Tarifparteien nach Abschluss des Tarifvertrages Einfluss auf dessen Umsetzung sichern.

Insbesondere die IG Bergbau-Chemie-Energie sammelt seit Jahren Erfahrungen mit der Zustimmungspflicht der Tarifparteien zu Abweichungen vom tarifvertraglichen Standard. In der Chemieindustrie betrifft dies die Nutzung der im Tarifvertrag geschaffenen Option, abweichend von der Standardarbeitszeit von 37,5 Wochenstunden betrieblich längere oder kürzere Arbeitszeiten innerhalb eines „Korridors" zwischen 35 und 40 Wochenstunden zeitlich befristet festzulegen. Nach internen Erhebungen der Gewerkschaft werden beide Möglichkeiten in ungefähr gleichem Umfang genutzt. Auch die IG Metall hat – im Zusammenhang mit Härtefallklauseln – Erfahrungen mit der Zustimmungspflicht der Tarifparteien.

Eine andere, möglicherweise auch alternativ dazu bestehende Möglichkeit wäre die Bindung von Normabweichungen an die betriebliche Vereinbarung bestimmter Prozessnormen. Unternehmen haben z.b. teilweise ein Interesse an längeren Ausgleichszeiträumen. In Tarifverträgen könnten deshalb für den Fall, dass von der tariflichen Norm abgewichen wird, die Elemente festgelegt werden, die in einer Betriebsvereinbarung über mehrjährige Ausgleichszeiträume zu berücksichtigen wären. Es geht dabei nicht um starre Regeln, sondern um verbindliche Verfahrensregeln im Sinne von Wenn-Dann-Bestimmungen. Derartige tarifvertragliche „Leitplanken" hätten im Grunde eine ähnliche Funktion wie die von uns beschriebenen „Haltegriffe" für einzelne Beschäftigte in Betriebsvereinbarungen. Auch Betriebsräte benötigen zuweilen Haltegriffe. Eine Gewerkschaftspolitik, die auch Betriebsräten Hilfe zur Selbsthilfe anbieten will, könnte versuchen, diesen Gedanken in die Diskussion über die Reform der Flächentarifverträge einzubringen.

Wiederum alternativ dazu kann auch der Weg der Ergänzungstarifverträge gewählt werden, um dem Betriebsrat durch betriebsbezogene Tarifpolitik mehr Rückhalt zu geben. Drei der fünf Betriebe, die wir untersucht haben, hatten Arbeitszeitregelungen auf der Grundlage von Ergänzungstarifverträgen. Interessant ist der Ausgangsgedanke, die unmittelbare gewerkschaftliche Präsenz in Verhandlungen über betriebsbezogene Arbeitszeitregulierung zu stärken, also dem Gedanken der „betriebsnahen Tarifpolitik" aus gewerkschaftlicher Sicht wieder einen offensiveren Akzent zu verleihen (Schulz/Teichmüller 2001). Wie unsere Fallbeispiele Luftschiff, High-Tech und IT-Services zeigen, geht es dabei nicht um eine Beaufsichtigung oder Bevormundung des Betriebsrates, sondern um den Versuch, strategische Ziele der Gewerkschaft (konkret ging es in diesen Fällen um die Beschäftigungspolitik und um die Entwicklung von Alternativen zur 18-Prozent-Quote) in betriebliche Verhandlungen einzubringen. Durch die Bildung betrieblicher Tarifkommissionen bieten sich Möglichkeiten, mehr Beschäftigte unmittelbar anzusprechen, und zugleich wird das Expertentum der Betriebsräte für die Gestaltung der Tarifpolitik genutzt. Letztlich zielt der Gedanke der Ergänzungstarifverträge darauf ab, ein Gegengewicht zu entwickeln zu dem entsolidarisierenden Potential, das in der Tendenz zum betrieblichen „Wettbewerbskorporatismus" steckt, also der zunehmenden Wahrscheinlichkeit von betrieblichen Vereinbarungen zu Lasten Dritter. Die Gewerkschaft demonstriert damit ihre Bereitschaft, auch unmittelbar Mitverantwortung zu übernehmen für das komplizierte Ausbalancieren betrieblicher Besonderheiten und allgemeiner Arbeitnehmerinteressen, die ja in tarifvertraglichen Normen ihren Niederschlag finden sollen.

Wie unsere Fallbeispiele gezeigt haben, ist dieses Instrument selber kein Allheilmittel, aber das gilt für alle Instrumente. Durch den Tarifabschluss 2004 gewinnen Ergänzungstarifverträge als Politikoption in der Metallindustrie sicherlich weiter an Gewicht. Mit der neuen Vereinbarung wird die bisherige Quotenregelung zwar nicht abgeschafft, doch es wird die Möglichkeit verbessert, Abweichungen von der 35-Stunden-Woche wieder der Logik der Flächentarifverträge unterzuordnen und in die Mitbestimmung einzubeziehen. Jede der in der Verabredung der Tarifparteien ins Auge gefassten Sonderregelungen ist Gegenstand von Betriebsvereinbarungen bzw. Ergänzungstarifverträgen, also von kollektivvertraglicher Arbeitszeitregulierung. Der unvermindert starke Druck der Unternehmen auf Unterschreitung von Tarifstandards wird dadurch wieder stärker auf die Gewerkschaft und nicht in erster Linie auf die Betriebsräte gelenkt. Dadurch rückt im Gesamtkonzert der tarifpolitischen Instrumente der Ergänzungstarifvertrag stärker ins Zentrum, der – im Unterschied zur Betriebsvereinbarung – der Gewerkschaft Möglichkeiten einer aktiveren betriebsbezogenen Tarifpolitik bietet, die im Prinzip – wie ein Teil unserer Fallstudien zeigt – auch in eigener gewerkschaftlicher Initiative genutzt werden können.

Mit dieser tarifpolitischen Dynamik wird allerdings ein bislang wenig beachtetes politisches Problem aufgeworfen. Jeder der verschiedenen Ansätze einer Aktivierung betrieblicher Arbeitszeitpolitik der Gewerkschaften hat strategische Implikationen, die sich voneinander unterscheiden. Sie beruhen auf unterschiedlichen „Philosophien" der Interessenvertretung. Derartige Probleme werden nach unserer Wahrnehmung innerhalb der Gewerkschaften nur selten explizit gemacht. Sinnvoll erschiene es uns demgegenüber, gewerkschaftliche Organisationen auch als ein Labor zu verstehen, in dem die Erfahrungen mit politischen Experimenten – einige davon haben wir in diesem Bericht vorgestellt – zur Debatte stehen. Wenn die Wirksamkeit der Flächentarifverträge zur Arbeitszeit allmählich nachlässt und die Betriebsparteien immer mehr Verantwortung für die Arbeitszeitregulierung übertragen bekommen, wenn neue Formen der Unternehmenssteuerung herkömmliche Erfahrungen der Interessenvertretung in Frage stellen, dann berührt dies nicht allein die Betriebsräte, sondern ebenso das Selbstverständnis der Gewerkschaften.

Literatur

Ahlers, Elke; Gudrun Trautwein-Kalms (2002): Entwicklung von Arbeit und Leistung in IT-Unternehmen. Betriebsratsinformationen aus erster Hand, Edition der Hans-Böckler-Stiftung, 63. Düsseldorf

Artus, Ingrid (2003): Die Kooperation zwischen Betriebsräten und Gewerkschaften als neuralgischer Punkt des Tarifsystems. Eine exemplarische Analyse am Beispiel Ostdeutschlands. In: Industrielle Beziehungen, 10. Jg./Nr. 2, S. 250-272

Bach, Hans-Uwe et al. (2002): Der Arbeitsmarkt in den Jahren 2001 und 2002 mit Ausblick auf 2003. In: MittAB, Heft 1, S. 7-36

Bauer, Frank et al. (2002): Arbeits- und Betriebszeiten 2001. Neue Formen des betrieblichen Arbeits- und Betriebszeitmanagements. Ergebnisse einer repräsentativen Betriebsbefragung. Köln: ISO Institut zur Erforschung sozialer Chancen

Becker, Steffen (2003): Der Einfluss des Kapitalmarktes und seine Grenzen: Die Chemie- und Pharmaindustrie. In: Streck, Wolfgang; Höppner, Martin: Alle macht dem Markt? Fallstudien zur Abwicklung der Deutschland AG. Frankfurt/M., New York, S. 222-248

Bellmann, Lutz et al. (2003): Arbeitszeiten in der öffentlichen und privaten Dienstleistungswirtschaft. Sachstand, Datenlage und Möglichkeiten einer verbesserten Erfassung auf Basis betriebsbezogener Erhebungen (Ms.)

Bender, Gerd (1997): Lohnarbeit zwischen Autonomie und Zwang. Neue Entlohnungsformen als Element veränderter Leistungspolitik. Frankfurt/M., New York

Bensel, Norbert (2000): Herausforderungen an die Personalarbeit eines internationalen Dienstleistungsunternehmens. In: Bensel, Norbert (Hg.): Von der Industrie- zur Dienstleistungsgesellschaft. Arbeit und Tarifpolitik im 21. Jahrhundert. Frankfurt/M., S. 32-39

Beyer, Jürgen et al. (2002): Arbeitsbeziehungen in Deutschland: Wandel durch Internationalisierung. Bericht über Forschungen am MPIfG. Köln: Max-Planck-Institut für Gesellschaftsforschung

Bispinck, Reinhard (2003): Das deutsche Tarifsystem in Zeiten der Krise – Streit um Flächentarif, Differenzierung und Mindeststandards. In: WSI Mitteilungen, Heft 7, S. 395-403

Bispinck, Reinhard; Trautwein-Kalms, Gudrun (1997): Gewerkschaftliche Tarifpolitik im Sektor Informationstechnik. Ausgangsbedingungen, bestehende tarifliche Regelungen und neue gewerkschaftliche Handlungsansätze. In: WSI Mitteilungen, Heft 4, S. 228-241

Bispinck, Reinhard; Schulten, Thorsten (1997): Globalisierung und das deutsche Kollektivvertragssystem. In: WSI Mitteilungen, Heft 4, S. 241-248

Bispinck, Reinhard; Schulten, Thorsten (2003): Verbetrieblichung der Tarifpolitik? Aktuelle Tendenzen und Einschätzungen aus Sicht von Betriebs- und Personalräten. In: WSI Mitteilungen, Heft 3, S. 157-166

BMWA (2003): Tarifvertragliche Arbeitsbedingungen im Jahr 2002. Berlin: Bundesministerium für Wirtschaft und Arbeit

Boes, Andreas; Baukrowitz, Andrea (2002): Arbeitsbeziehungen in der IT-Industrie. Erosion oder Innovation der Mitbestimmung? Berlin

Bogner, Alexander; Menz, Wolfgang (2001): „Deutungswissen" und Interaktion. Zu Methodologie und Methodik des theoriegenerierenden Experteninterviews. In: Soziale Welt, 52, S. 477-500

Böhm, Sabine et al. (2003): Vertrauensarbeitszeit. Ein neues Arbeitszeitmodell aus der Perspektive von Beschäftigten, Betriebsräten, Gewerkschaften und Unternehmen. Projektbericht

Bosch, Aida (1997): Vom Interessenkonflikt zur Kultur der Rationalität. Neue Verhandlungsbeziehungen zwischen Management und Betriebsrat. München, Mering

Bosch, Aida et al. (1992): Gleitzeit: Wieviel Zeitautonomie ist gefragt? In: WSI Mitteilungen, Heft 1, S. 51-59

Bosch, Aida et al. (1999): Betriebliches Interessenhandeln. Zur politischen Kultur der Austauschbeziehungen zwischen Management und Betriebsrat in der westdeutschen Industrie. Opladen

Bosch, Gerhard (1996): Flexibilisierung der Arbeit und Umverteilung der Arbeit. In: WSI Mitteilungen, Heft 7, S. 423-432

Bosch, Gerhard (2001): Konturen eines neuen Normalarbeitsverhältnisses. In: WSI Mitteilungen, Heft 4, S. 219-230

Bosch, Gerhard (2003): The Changing Nature of Collective Bargaining in Germany: Coordinated Decentralization. To be published in Katz, H. (ed.): The New Structure of Labor Relations: Tripartism and Decentralization. Cornell University Press

Bosch, Gerhard et al. (2003): Aktueller und künftiger Fachkräftemangel und Fachkräftebedarf: eine Analyse für die Bundesrepublik Deutschland und das Land Berlin. Berlin: BBJ-Verl. Arbeitsmarktpolitische Schriftenreihe der Senatsverwaltung für Wirtschaft, Arbeit und Frauen, Bd. 57 – Arbeitsmarktpolitik

Bosch, Gerhard, (2001): Von der Umverteilung zur Modernisierung der Arbeitszeit: Paradigmenwechsel in der Arbeitszeitpolitik. Gelsenkirchen: Inst. Arbeit und Technik (Graue Reihe des Instituts Arbeit und Technik, Nr. 2001-02)

Boyer, Robert; Durand, Jean Paul (1997): After Fordism. Houndmills

Brödner, Peter (1997): Der überlistete Odysseus. Über das zerrüttete Verhältnis von Menschen und Maschinen. Berlin

Bruyère, Mireille; Chagny, Odile (2002): „La fragilité des compairaisons internationales des volumes de travail. Une tentative de construction d'un indicateur homogène." In: Travail et Emploi, No. 90, S. 55-69

Bundesmann-Jansen, Jörg et al. (2000): Arbeitszeit '99. Ergebnisse einer repräsentativen Beschäftigtenbefragung zu traditionellen und neuen Arbeitszeitformen in der Bundesrepublik Deutschland. Köln: ISO Institut zur Erforschung sozialer Chancen (im Auftrag des Ministeriums für Arbeit, Soziales und Stadtentwicklung, Kultur und Sport des Landes Nordrhein-Westfalen)

Castells, Manuel (2000): The Rise of the Network Society. The Information Age: Economy, Society and Culture, Vol. I. Oxford (2nd ed.)

Copeland, Tom et al. (2002): Unternehmenswert. Methoden und Strategien für eine wertorientierte Unternehmensführung. Frankfurt/M., New York

D'Alessio, Nestor; Oberbeck, Herbert (2000): Rationalisierung in Eigenregie. Ansatzpunkte für den Bruch mit dem Taylorismus bei VW. Hamburg

Literatur

DIHT (2000): Arbeitszeitflexibilisierung zur Steigerung der Wettbewerbsfähigkeit. Deutscher Industrie- und Handelstag. Berlin

DIW (2001): Lohnzurückhaltung – ein Beitrag zu mehr Beschäftigung? Deutschland und Frankreich im Vergleich. In: DIW-Wochenbericht, 50, S. 803-809

Dörre, Klaus (1996): Die „demokratische Frage" im Betrieb. Zu den Auswirkungen partizipativer Managementkonzepte auf die Arbeitsbeziehungen in deutschen Industrieunternehmen. In: SOFI-Mitteilungen, 23, S. 7-23

Dörre, Klaus (2002): Kampf um Beteiligung. Arbeit, Partizipation und industrielle Beziehungen im flexiblen Kapitalismus. Wiesbaden: Westdeutscher Verlag

Dörre, Klaus (2003): Das flexibel-marktzentrierte Produktionsmodell – Gravitationszentrum eines neuen Kapitalismus? In: Dörre, Klaus; Röttger, Berndt (Hg.): Das neue Marktregime. Konturen eines nachfordistischen Produktionsmodells. Hamburg, S. 7-34

Dörre, Klaus et al. (1993): New Deal im Betrieb? Unternehmerische Beteiligungskonzepte und ihre Auswirkungen auf die Austauschbeziehungen zwischen Management, Belegschaften und Interessenvertretungen. In: SOFI-Mitteilungen, 20, S. 15-36

Eberling, Matthias et al. (2004): Prekäre Balancen. Flexible Arbeitszeiten zwischen betrieblicher Regulierung und individuellen Ansprüchen. Berlin

Ellguth, Peter (2003): Quantitative Reichweite der betrieblichen Mitbestimmung. In: WSI Mitteilungen, Heft 3, S. 194-199

Faust, Michael et al. (1994): Dezentralisierung von Unternehmen. Bürokratie- und Hierarchieabbau und die Rolle betrieblicher Arbeitspolitik. München, Mering

Faust, Michael et al. (2000): Befreit und entwurzelt: Führungskräfte auf dem Weg zum „internen Unternehmer." München, Mering

Flecker, Jörg (2000): Zwischen unerledigter Humanisierung und wettbewerbsorientierter Modernisierung: Zur politischen Gestaltung von Arbeitsorganisation. In: Österreichische Zeitschrift für Politikwissenschaft, Vol. 29/No. 4, S. 433-448

Friedberg, Erhard (1995): Ordnung und Macht. Dynamiken organisierten Handelns, Frankfurt/M., New York

Gerst, Detlef (2000): Arbeitspolitik im Rückwärtsgang? Konzeptionskonkurrenz und Wandel von Kontrolle in der Automobilindustrie. In: WSI Mitteilungen, Heft 1, S. 37-45

Gesamtmetall (2002): Arbeitszeit in der Metall- und Elektroindustrie. Ifo-Umfrage im Auftrag von Gesamtmetall. Köln: Gesamtmetall

Glißman, Wilfried; Peters, Klaus (2001): Mehr Druck durch mehr Freiheit. Die neue Autonomie in der Arbeit und ihre paradoxen Folgen. Hamburg

Haipeter, Thomas (2000): Mitbestimmung bei VW. Neue Chancen für die betriebliche Interessenvertretung? Münster

Haipeter, Thomas (2001): Vom Fordismus zum Postfordismus? Über den Wandel des Produktionssystems bei Volkswagen seit den siebziger Jahren. In: Boch, R. (Hg.): Geschichte und Zukunft der deutschen Automobilindustrie. Stuttgart, S. 216-246

Haipeter, Thomas (2002): Innovation zwischen Markt und Partizipation. Widersprüchliche Arbeitsgestaltung im Bankgewerbe. In: Zeitschrift für Soziologie, 31, Heft 2, S. 125-137

Haipeter Thomas (2003): Erosion der Arbeitsregulierung? Neue Steuerungsformen der Produktion und ihre Auswirkungen auf Arbeitszeit und Leitung. In: Kölner Zeitschrift für Soziologie 55, Heft 3, S. 521-542

Haipeter, Thomas (2003a): Mitbestimmung im nachfordistischen Produktionsmodell. In: Dörre, Klaus; Röttger, Bernd (Hg.): Das neue Marktregime: Konturen eines nachfordistischen Produktionsmodells. Hamburg, S. 189-205

Haipeter, Thomas; Lehndorff, Steffen (2002): Regulierte Flexibilität? Arbeitszeitregulierung in der deutschen Automobilindustrie. In: WSI Mitteilungen, Heft 5, S. 649-655

Haipeter, Thomas et al. (2002): Vertrauensarbeitszeit. Analyse eines neuen Rationalisierungskonzeptes. In: Leviathan 30, Heft 3, S. 360-383

Hartz, Peter (1996): Das atmende Unternehmen. Jeder Arbeitsplatz hat einen Kunden. Frankfurt/M., New York

Häußermann, Hartmut; Siebel, Walter (1995): Dienstleistungsgesellschaften. Frankfurt/M.

Herrmann, Christa et al. (1999): Forcierte Arbeitszeitflexibilisierung. Die 35-Stunden-Woche in der betrieblichen und gewerkschaftlichen Praxis. Berlin

Hoff, Andreas (2002): Vertrauensarbeitszeit: Einfach flexibel arbeiten. Wiesbaden

Julkunen, Raija; Nätti, Jouko (1999): The Modernization of Working Times. Flexibility and Work Sharing in Finland. Jyväskylä

Kädtler, Jürgen (2003): Globalisierung und Finanzialisierung. Zur Entstehung eines neuen Begründungskontextes für ökonomisches Handeln. In: Dörre, Klaus; Röttger, Berndt (Hg.): Das neue Marktregime. Konturen eines nachfordistischen Produktionsmodells. Hamburg, S. 227-249

Kädtler, Jürgen; Sperling, Hans-Joachim (2001): Worauf beruht und wie wirkt die Herrschaft der Finanzmärkte auf der Ebene von Unternehmen? In: SOFI-Mitteilungen, 29, S. 23-43

Kirsch, Johannes et al. (1999): „Darf's etwas weniger sein?" Arbeitszeiten und Beschäftigungsbedingungen im Lebensmitteleinzelhandel. Ein europäischer Vergleich. Berlin

Kohaut, Susanne; Schnabel, Claus (2003): Zur Erosion des Flächentarifvertrags: Ausmaß, Einflussfaktoren und Gegenmaßnahmen. In: Industrielle Beziehungen, Nr. 2, S. 193-219

Kölling, A., K. Lehmann (2002): Arbeitszeitregelungen und Tarifbindung. In: BeitrAB, 251, S. 105-133

Kotthoff, Hermann (1997): Führungskräfte im Wandel der Firmenkultur. Quasi-Unternehmer oder Arbeitnehmer? Berlin

Kratzer, Nick (2003): Arbeitskraft in Entgrenzung. Grenzenlose Anforderungen, erweiterte Spielräume, begrenzte Ressourcen. Berlin

Kühl, Stefan (2001): Die Heimtücke der eigenen Organisationsgeschichte. Paradoxien auf dem Weg zum dezentralisierten Unternehmen. In: Soziale Welt, 4, S. 383-402

Kühl, Stefan (2002): Jenseits der Face-to-Face-Organisation. Wachstumsprozesse in kapitalmarktorientierten Unternehmen. In: Zeitschrift für Soziologie, Jg. 31/Heft 3, S. 186-210

Kühl, Stefan (2002a): Sisyphos im Management. Die vergebliche Suche nach der optimalen Organisationsstruktur. Weinheim

Küpper, Hans-Ulrich (2001): Controlling. Konzeption, Aufgaben und Instrumente (3. Aufl.). Stuttgart

Lang, Klaus et al. (2001): Handbuch Arbeit – Entgelt – Leistung. Tarifanwendung im Betrieb (3. Aufl.). Köln

Literatur

Lehndorff, Steffen (1999): New working time systems, work organisation and re-distribution of work. Final Report. Gelsenkirchen: Graue Reihe des Instituts Arbeit und Technik 1999-03

Lehndorff, Steffen (2001): Weniger ist mehr. Arbeitszeitverkürzung als Gesellschaftspolitik. Hamburg

Lehndorff, Steffen (2003a): Wie lang sind die Arbeitszeiten in Deutschland? Fakten und Argumente zur aktuellen Debatte über Arbeitszeitverlängerungen. Internet-Dokument. Gelsenkirchen: Institut Arbeit und Technik. IAT-Report, Nr. 2003-07

Lehndorff, Steffen (2003b): The Long-Good-Bye? Tarifvertragliche Arbeitszeitregulierung und gesellschaftlicher Arbeitszeitstandard. In: Industrielle Beziehungen, 10. Jg./Heft 2, S. 5-27

Lehndorff, Steffen; Mansel, Bernd (1999): Überstundenabbau – geht das? Einige betriebliche Erfahrungen. Gelsenkirchen: Graue Reihe des Instituts Arbeit und Technik

Liebold, Renate; Trinczek, Rainer (2002): Experteninterview. In: Kühl, Stefan, Strodtholz, Petra (Hg.): Methoden der Organisationsforschung. Ein Handbuch. Reinbek, S. 33-70

Lipietz, Alain (1985): Akkumulation, Krisen und Auswege aus der Krise. Einige methodische Überlegungen zum Begriff der Regulation. In: Prokla, 58, S. 109-137

Meuser, Michael; Nagel, Ulrike (1994): Expertenwissen und Experteninterview. In: Hitzler, Roland; Honer, Anne; Maeder, Christoph: Expertenwissen. Die institutionalisierte Kompetenz zur Konstruktion von Wirklichkeit. Opladen, S. 180-192

Minssen, Heiner (1999): Von der Hierarchie zum Diskurs? Die Zumutungen der Selbstregulation. München, Mering

Moldaschl, Manfred (1997): Internalisierung des Marktes. Neue Unternehmensstrategien und qualifizierte Angestellte. In: ISF, INIFES, IfS, SOFI (Hg.): Jahrbuch Sozialwissenschaftliche Technikberichterstattung. Schwerpunkt: Moderne Dienstleistungswelten. Berlin, S. 197-250

Moldaschl, Manfred (2001): Herrschaft durch Autonomie – Dezentralisierung und widersprüchliche Arbeitsanforderungen. In: Lutz, Burkhard (Hg.): Entwicklungsperspektiven von Arbeit. Weinheim, S. 132-164

Moldaschl, Manfred; Sauer, Dieter (2000): Internalisierung des Marktes – Zur neue Dialektik von Kooperation und Herrschaft. In: Minssen, Heiner (Hg.): Begrenzte Entgrenzungen. Wandlungen von Organisation und Arbeit. Berlin, S. 205-224

Moldaschl, Manfred; Voß, Günter G. (Hg.) (2002): Subjektivierung von Arbeit. München, Mering

Müller-Jentsch, Walther (1997): Wandel der Unternehmens- und Arbeitsorganisation und ihre Auswirkungen auf die Interessenbeziehungen zwischen Arbeitgebern und Arbeitnehmer. In: Mitteilungen aus der Arbeitsmarkt- und Berufsforschung, Jg. 31/Heft 3, S. 575-584

Müller-Jentsch, Walther (2003): Re-Assessing Codetermination. In: Müller-Jentsch, Walther; Weitbrecht, Hansjörg: The Changing Contours of German Industrial Relations. München, Mering, S. 39-56

Ohl, Kay et al. (2000): Handbuch Manteltarifverträge. Gestaltung – Auslegung – Umsetzung. Köln

Pekruhl, Ulrich (2001): Partizipatives Management. Konzepte und Kulturen. München, Mering

Pfahl, Svenja (Hg.): Moderne Arbeitszeiten für qualifizierte Angestellte? Projektarbeit und Termine. Edition der Hand-Böckler-Stiftung, 26. Düsseldorf

Pinchot, Gifford (1988): Intrapreneuring: Mitarbeiter als Unternehmer. Wiesbaden

Pongratz, Hans J.; Voß,G. Günter (1997): Fremdorganisierte Selbstorganisation. Eine soziologische Diskussion aktueller Managementkonzepte. In: Zeitschrift für Personalforschung, 1, S. 30-53

Promberger, Markus; Trinczek, Rainer (1993): „Stell Dir vor, es gibt Möglichkeiten zur flexiblen Gestaltung der Arbeitszeit, und sie werden kaum genutzt!" Erfahrungen aus der betrieblichen Umsetzung von Tarifverträgen. In: Seifert, H. (Hg.): Jenseits der Normalarbeitszeit. Perspektiven für eine bedürfnisgerechte Arbeitszeitgestaltung. Köln, S. 104-129

Promberger, Markus et al. (2002): Hochflexible Arbeitszeiten in der Produktion. Chancen, Risiken und Grenzen für die Beschäftigten. Berlin

Rappaport, Alfred (1999): Shareholder Value. Ein Handbuch für Manager und Investoren (2. Aufl.). Stuttgart

Robinson, John P. et al. (2002): Measuring the complexity of hours at work: the weekly work grid. In: Monthly Labor Review, Vol. 125/No. 4, S. 44-54

Schief, Sebastian (2003): Arbeitszeiten in Deutschland – eine Frage der Messung? (Ms.)

Schild, Armin; Wagner, Hilde (2003): Flächentarif und betriebliche Differenzierung? In: Industrielle Beziehungen, 10. Jg./Nr. 2, S. 326-335

Schiller, Herbert (2000): Der Dienstleistungstarifvertrag aus Arbeitnehmersicht. In: Bensel, Norbert (Hg.): Von der Industrie- zur Dienstleistungsgesellschaft. Arbeit und Tarifpolitik im 21. Jahrhundert. Frankfurt/M., S. 66-81

Schmidt, Rudi et al. (2003): Prekarisierung des kollektiven Tarifsystems am Beispiel der ostdeutschen Metallindustrie. In: Industrielle Beziehungen, Nr. 2, S. 220-249

Schroeder, Wolfgang; Weinert, Rainer (1999): Anmerkungen zum Wandel industrieller Beziehungen in Deutschland. Kontrollierte oder unkontrollierte Dezentralisierung? In: Zeitschrift für Politikwissenschaft, 9. Jg./Heft 4, S. 1295-1317

Schulz, Hartmut; Teichmüller, Frank (2001): Betriebsnahe Tarifpolitik. Die IG Metall stärken – den Flächentarifvertrag verteidigen. In: Wagner, H. (Hg.): Interventionen wider den Zeitgeist. Für eine emanzipatorische Gewerkschaftspolitik im 21. Jahrhundert. Hamburg, S. 188-202

Schumann, Michael (1998): Frißt die Shareholder-Value-Ökonomie die Modernisierung der Arbeit? In: Hirsch-Kreinsen, Hartmut; Wolf, Harald (Hg.): Arbeit, Gesellschaft, Kritik. Orientierungen wider den Zeitgeist. Berlin, S. 19-30

Seifert, Hartmut (2001): Zeitkonten: Von der Normalarbeitszeit zu kontrollierter Flexibilität. In: WSI Mitteilungen, Heft 2, S. 84-90

Seifert, Hartmut (2002): Betriebliche Bündnisse für Arbeit – Beschäftigen statt entlassen. In: Hartmut Seifert (Hg.): Betriebliche Bündnisse für Arbeit. Rahmenbedingungen – Praxiserfahrungen – Zukunftsperspektiven. Berlin, S. 65-86

Sengenberger, Werner (2002): Globalization and Social Progress: The Role and Impact of International Labour Standards. A Report Prepared for the Friedrich-Ebert-Stiftung. Bonn

Literatur

Springer, Roland (1999): Rückkehr zum Taylorismus? Arbeitspolitik in der Automobilindustrie am Scheideweg. Frankfurt/M., New York

Stamm, Jürgen (2000): Die Bedeutung des debis Dienstleistungstarifvertrages aus Sicht der Gewerkschaft. In: Bensel, Norbert (Hg.): Von der Industrie- zur Dienstleistungsgesellschaft. Arbeit und Tarifpolitik im 21. Jahrhundert. Frankfurt/M., S. 82-89

Streeck, Wolfgang (1979): Gewerkschaftsorganisation und industrielle Beziehungen. In: Politische Vierteljahresschrift, 20, S. 241-257

Streeck, Wolfgang (2001): Kontinuität und Wandel im deutschen System der industriellen Beziehungen: Offene Fragen. In: Arbeit, Heft 4, S. 299-313

Streeck, Wolfgang; Höppner, Martin (Hg.) (2003): Alle Macht dem Markt? Fallstudien zur Abwicklung der Deutschland AG. Frankfurt/M., New York

Streeck, Wolfgang; Rehder, Britta (2003): Der Flächentarifvertrag: Krise, Stabilität und Wandel. In: Industrielle Beziehungen, 10. Jg./Heft 3, S. 341-362

Thompson, James D. (1967): Organizations in Action. Social Science Base of Administrative Theory. New York u.a.O.

Trautwein-Kalms, Gudrun (1995): Ein Kollektiv von Individualisten? Interessenvertretung und neue Beschäftigtengruppen. Berlin

Trautwein-Kalms, Gudrun; Viedenz, Jürgen (2000): Dienstleistungsarbeit und Interessenvertretung (WSI-Dikussionspapier, Nr. 94)

Trinczek, Rainer (1995): Experteninterviews mit Managern: methodische und methodologische Hintergründe. In: Brinkmann, Christian; Deeke, Axel; Völkel, Brigitte (Hg.): Experteninterviews in der Arbeitsmarktforschung. Diskussionsbeiträge zu methodischen Fragen und praktischen Erfahrungen (BeitrAB 191). Nürnberg, S. 59-66

Voß, Günter G.; Pongratz, Hans J. (1998): Der Arbeitskraftunternehmer. Eine neue Grundform der Ware Arbeitskraft. In: Kölner Zeitschrift für Soziologie und Sozialpsychologie, Jg. 50/Heft 1, S. 131-158

Wagner, Alexandra (2000): Arbeiten ohne Ende? Über die Arbeitszeiten hochqualifizierter Angestellter. Institut Arbeit und Technik im Wissenschaftszentrum Nordrhein-Westfalen, Jahrbuch 1999/2000. Gelsenkirchen, S. 258-275

Wagner, Hilde (2000): Informations- und Dienstleistungsarbeit: Ein tarifpolitisches Gestaltungsfeld der IG Metall. In: Peters, Jürgen (Hg.): Dienstleistungsarbeit in der Industrie. Ein gewerkschaftliches Gestaltungsfeld. Hamburg, S. 81-112

Wagner, Hilde, Armin Schild (1999): Auf dem Weg zur Tarifbindung im Informations- und Kommunikationssektor. Ein Beispiel der Tarifpolitik der IG Metall im Bereich industrieller Dienstleistungen. In: WSI Mitteilungen, Heft 2, S. 87-98

Wassermann, Wolfram (2001): Diener zweier Herren. Arbeitnehmer zwischen Arbeitgeber und Kunde – Interessenvertretung in Unternehmen des privaten Dienstleistungsgewerbes (2. Aufl.). Münster

Weltz, Friedrich (1977): Kooperative Konfliktverarbeitung – Ein Stil industrieller Beziehungen in deutschen Unternehmen. In: Gewerkschaftliche Monatshefte, Heft 5, S. 291-302

Weltz, Friedrich (1988): Die doppelte Wirklichkeit der Unternehmen und ihre Konsequenzen für die Industriesoziologie. In: Soziale Welt, Jg. 39, S. 97-103

Werner, H. (2000): Beschäftigungspolitik: Frankreich geht andere Wege – und erzielt Erfolge (IAB Kurzbericht, Nr. 13)

Williams, Karel et al. (1994): Cars. Analysis, History, Cases. Providence
Wolf, Harald (1999): Arbeit und Autonomie. Ein Versuch über Widersprüche und Metamorphosen kapitalistischer Produktion. Münster
VDI (2004): Fachkräftemangel bei Ingenieuren. ZEW-Studie im Auftrag der VDI Nachrichten. Düsseldorf

Ebenfalls bei edition sigma – eine Auswahl

Sabine Böhm, Christa Herrmann, Rainer Trinczek
Herausforderung Vertrauensarbeitszeit
Zur Kultur und Praxis eines neuen Arbeitszeitmodells
Forschung aus der Hans-Böckler-Stiftung, Bd. 54
2004 258 S. ISBN 3-89404-985-5 Euro 15,90

Matthias Eberling, V. Hielscher, E. Hildebrandt, K. Jürgens
Prekäre Balancen
Flexible Arbeitszeiten zwischen betrieblicher Regulierung und individuellen Ansprüchen
Forschung aus der Hans-Böckler-Stiftung, Bd. 53
2004 307 S. ISBN 3-89404-984-7 Euro 18,90

Jürgen P. Rinderspacher (Hg.)
Zeitwohlstand
Ein Konzept für einen anderen Wohlstand der Nation
Forschung aus der Hans-Böckler-Stiftung, Bd. 39
2002 205 S. ISBN 3-89404-899-9 Euro 14,90

Markus Promberger, Sabine Böhm, Thilo Heyder, Susanne Pamer, Katharina Strauß
Hochflexible Arbeitszeiten in der Industrie
Chancen, Risiken und Grenzen für Beschäftigte
Forschung aus der Hans-Böckler-Stiftung, Bd. 35
2002 186 S. ISBN 3-89404-895-6 Euro 14,90

Margareta Steinrücke, H. Spitzley, S. Raasch, U. Mückenberger, E. Hildebrandt (Hg.)
Neue Zeiten – neue Gewerkschaften
Auf der Suche nach einer neuen Zeitpolitik
Forschung aus der Hans-Böckler-Stiftung, Bd. 33
2001 347 S. ISBN 3-89404-893-X Euro 19,90

Eckart Hildebrandt (Hg.) in Zusammenarbeit mit G. Linne
Reflexive Lebensführung
Zu den sozialökologischen Folgen flexibler Arbeit
Forschung aus der Hans-Böckler-Stiftung, Bd. 24
2000 395 S. ISBN 3-89404-884-0 Euro 22,90

Johannes Kirsch, Martina Klein, Stefan Lehndorff, Dorothea Voss-Dahm
„Darf's etwas weniger sein?"
Arbeitszeiten und Beschäftigungsbedingungen im Lebensmitteleinzelhandel. Ein europäischer Vergleich
Forschung aus der Hans-Böckler-Stiftung, Bd. 20
1999 216 S. ISBN 3-89404-880-8 Euro 14,90

– bitte beachten Sie auch die folgende Seite –

Ebenfalls bei edition sigma – eine Auswahl

Ulrich Mückenberger
Metronome des Alltags
Betriebliche Zeitpolitiken, lokale Effekte, soziale Regulierung
2004   318 S.   ISBN 3-89404-509-4   Euro 19,90

Martin Kuhlmann, Hans Joachim Sperling, Sonja Balzert
Konzepte innovativer Arbeitspolitik
Good-Practice-Beispiele aus dem Maschinenbau, der Automobil-, Elektro- und Chemischen Industrie
Mit einem Vorwort von Michael Schumann
2004   440 S.   ISBN 3-89404-511-6   Euro 22,90

Martina Parge
Steuerung durch Verständigung
Zur Bedeutung „kommunikativen Handelns" in neuen Arbeitsformen
2004   252 S.   ISBN 3-89404-520-5   Euro 18,90

Markus Pohlmann, D. Sauer, G. Trautwein-Kalms, A. Wagner (Hg.)
Dienstleistungsarbeit: Auf dem Boden der Tatsachen
Befunde aus Handel, Industrie, Medien und IT-Branche
Forschung aus der Hans-Böckler-Stiftung, Bd. 51
2003   310 S.   ISBN 3-89404-982-0   Euro 18,90

Hans J. Pongratz, G. Günter Voß
Arbeitskraftunternehmer
Erwerbsorientierungen in entgrenzten Arbeitsformen
Forschung aus der Hans-Böckler-Stiftung, Bd. 47
2003   279 S.   ISBN 3-89404-978-2   Euro 15,90

Hans J. Pongratz, G. Günter Voß (Hg.)
Typisch Arbeitskraftunternehmer?
Befunde der empirischen Arbeitsforschung
Forschung aus der Hans-Böckler-Stiftung, Bd. 56
2004   306 S.   ISBN 3-89404-987-1   Euro 18,90

Nick Kratzer
Arbeitskraft in Entgrenzung
Grenzenlose Anforderungen, erweiterte Spielräume, begrenzte Ressourcen
Forschung aus der Hans-Böckler-Stiftung, Bd. 48
2003   285 S.   ISBN 3-89404-979-0   Euro 16,90